目次

【凡　例】

○『滴天髓』の原文は、以下の書によります。
『滴天髓輯要』　海昌陳素庵輯・乾乾書社出版
『滴天髓闡微』　任鐵樵増注・袁紹珊校刊・五洲出版社・民国五十八年出版（一九六九年）
『滴天髓徴義』　古越任鐵樵原著・武原東海徐樂吾編訂・国民出版社
『滴天髓補註』　明誠意伯劉伯溫著・東海徐樂吾補註・瑞成書局・民国五十四年再版（一九六五年）
○右書名は、必要に応じて、『輯要』『闡微』『徴義』『補註』と略記します。
○『滴天髓』原文は、書により相違点がありますので、文体、内容からして『滴天髓』の真の原文と思われるものを掲げ、解註しました。
○原注、任氏増注は、『滴天髓闡微』によります。
○原書中の明らかに誤植や脱字と思われるものは、断りなく逐次訂正しました。
○本文中の〔　〕内は拙註です。（　）内は、原文中に元々ある、それぞれの註者による註釈です。
○節気・土旺の日時分は、中国・中原時区標準時で表示しました（明石標準時との時差はマイナス一時間）。
○挙例は各註者が実際に審察した実造として、『日本暦日原典』（内田正男編著・雄山閣刊）、『命理・遁甲万年暦』（秀央社刊）によって生年月日を逆算し、立運年数を計算してあります。因みに、任鐵樵氏は、一七七三年生～一八四八年以降の没、徐樂吾氏は、一八八六年生～一九四八年没です。
○徐樂吾氏の挙例の解命中の年齢、立運年数の表記は数え年です。考玄解註中は、原則的に満年齢の表記です。

序

序

昭和四十九年（一九七四年）九月『滴天髄和解大全』巻一を出版してより、毎年一巻ずつ発刊し、巻四をもって一応完結したのが、昭和五十二年（一九七七年）ですから、平成十二年（二〇〇〇年）で約二十三年になります。

もともとは、『滴天髄和解大全』は、『造化元鑰和訳』『原本子平真詮考玄評註』（上、下巻）と共に、通信講座『四柱推命学詳義』の副読本として、より深く命理学を理解していただけるよう執筆したものであります。またそれと同時に『詳義』（『四柱推命学詳義』の略称）を学んでいらっしゃらない方にも、それぞれ独立した書でありながら密接に関連したこれら三書によって、普遍・妥当な命理学の理論を理解していただけるよう配慮もしてあるのです。

しかし、ここ二十余年の間に、より正しく命理を理解していただけるようにと、数度にわたって『詳義』に手を加え、新しい理論を導入することによって内容的にさらに肉付けをし、全巻を書き改めもしました。またこの間に、『造化元鑰和訳』の細密なる補註とも言うべき『造化真髄』（上、中、下巻）を発刊もしました。

こうした経過の中で、『原本子平真詮考玄評註』はほとんど手を加える必要はないものの、『滴天髄和解大全』については、根本的な点から全面的に改訂をしなければならないことを感じていたのです。

『滴天髄和解大全』出刊によって、命理を学ぶ方々が〝『滴天髄』は初学の人の書に非ず、難解にして複雑、理解するに極めて困難〟と異口同音に言ってきた点については、相当程度に解決することができ、正しい命理学の発展・普及に大なる役割を担ったものと思います。しかし、なおかつ十分とは思えない点も多々あることは否めません。その大きな原因と考えられる点は、

一、『滴天髓』原文構成

一、任鐵樵氏挙例

の二点に絞られます。理由については本文中で詳しく述べますが、この二点が、根本的な点から全面的に改訂をしなければならない理由なのです。

本書は、この二点を矛盾することなく整理しながら、『滴天髓』の作者が言わんとしている「真義」を理解していただくべく新たに執筆したもので、『滴天髓和解大全』の改訂版、あるいは補註などではないのです。

平成十二年十月

考　玄　識

『滴天髓和解大全』初版　自　序

命理学を学ばれんとする方々にとりまして、『滴天髓』は必読不可欠の書であることは、つとに真摯なる研究家には知られているところであります。既に中国におきましては、後掲の諸先賢の序や跋にありますように、

『滴天髓輯要』を初めとし、『滴天髓闡微』『滴天髓徴義』、さらに『滴天髓補註』として出版されているのみならず、中国の命理家にして『滴天髓』に言及しない人はないくらいです。そして、日本におきましても、和解あるいは註訳として、二、三の『滴天髓』に関する書が出版されましたが、残念ながら、忠実に任鐵樵氏の註は言うに及ばず、徐樂吾氏の補註をも含めた書が一書も出版されていないのであります。そのいずれも、自説に固執し合理化・正当化し弁護するために、時には原文をも改竄し、都合の好いところのみ任註を自説として取り入れ、都合の悪いところは甚だしい曲解をさえしている箇所も多々身受けられるものであります。

確かに『滴天髓』の原文は、簡潔な文章の中に、高遠深奥な精理を論述し尽くしたものですから、文字の意義、行間の意味、言い尽くされていない内包する意味等、解釈される理論的背景によって、種々に解釈される点が実に多いものです。劉伯温氏の原註、陳素庵氏の註、任鐵樵氏の註、徐樂吾氏の補註でさえも、時に解釈がそれぞれに相反している箇所が少なくはないのであります。この事はどういうことを意味するか、と申しますと、政治・経済・社会の歴史的変遷とともに、命理学自体が社会的なものとして、より理論的・実証的となってきたためである、と一応は言うことができると思いますが、だからと言って四人の方の中で、最も新しい徐樂吾氏の説くところが全面的に正しいとも、なお現代の新しい人の註解が、小生をも含めて正しいとも必ずしも言えないものと思います。ただ多くの解釈の中から、一貫した秩序体系をもつ理と、実証的解明によって裏付けられたものが、今後も多くの論争を経て確立されていくものであると考えている次第で、そこに参加されるお一人が、本書を読まれるあなたであると、申し上げたいのです。

本書はそうした意味合いにより、次のような序述の構成を取りました。まず第一に、区切りよい原文一項を掲げ、括弧をもって読み下し文を入れ、原註、任註、徐註の順に、これらは原文は省いて平易にかつ忠実に和訳し、さらに解註として前三者の解釈を比較検討するとともに、その他の中国の方々および日本の方々の解釈の種々なる相違を評註し、そうした展開の中に、小生の解をでき得る限り押し付けがましくならないように加え解註しました。解註の中で引用しました種々なる解釈につきましては、徒ずらに読者に繁雑の感をお与えしないよう、筆者名、著者名はすべて省略させていただきました。ただ、特にお断りして、諒としていただきたいことは、解註中の諸家に対する評註は、あくまで命理学の学術的論評でございまして、決して含むところあっての個人攻撃ではない、ということです。そうした誤解を招きたくはないという意もありまして、中国の方の名も、日本の方の名も省略させていただきました。また、註解中のいくつかの点につきまして、今まで一人としてなされていなかった、新しい視点からの解釈もございますが、それとてもでき得る限り、問題提起の形にすべく配慮したつもりです。主体性を持ちながら、しかも忠実に過去の多くの遺産を一点も歪めることなく総集したものとして、『滴天髄和解大全』とした次第でございます。なお、浅学非才、他に『滴天髄』を註解した書もあるでしょうし、ご意見、反論、小生の誤訳、あるいは新しい解釈、等々、頭註を十分附せられるよう余白を取ったものでございます。

また、目次は『滴天髄』の原文のすべてでございます。

命理学向上発展のため、誤訳、反論、異議がございましたなら、どうかご叱正、ご指摘くださいますようお願い申し上げます。

昭和四十九年八月

考　玄　識

『滴天髄輯要』自序

『滴天髄』は命理を知る人の著で、誠意伯劉基の手になるものとされています。本書は、干支の情を窮わめ、陰陽の変に通じ、格局に拘らず、神殺を用いず、唯命理に準じて推求しているものでありまして、段々読み進むに連れて、いよいよ微となり、いよいよ微となるに連れていよいよ顕然と明らかになっていく書でございまして、誠に命理学上得難い専精の書であり、命理として抜群の精粋であります。世間の多くの方々は、子平の諸旧書になじんでいますので、この書を高遠で正当ではないと言っていますが、それは干支八字そのものをよく知らないからであります。数とは理であるものでございます。数をもって云々しますと必ず通じ難い点がありますが、理をもってこれを推しますと一貫しないところはないものでございます。学ばれる方が、本書を熟読玩味するならば、必ずや、命の理は暁然と明らかに会得されるに至るものでございます。用いるに数をもって推して、安易に一を執りますと全く不完全なものとなるでしょうし、臆断するはまた的確性を失うことは当然でございます。ただ、本書の命名も雅ではございませんし、その論の次序も大変参錯もしておりますし、その意も必ずしもすべて十分尽くしていると言えないところもございます。そこで、私はその篇目を正しく直し、辞句の区切りを正しく定めましたが、かと言って旧観を全く改めたものではないのであります。高い知識を持つ人でも、間々ちょっとした間違いは犯すものですから、どうして誠意の撰が雑であると非難することができましょうか。そして顧みて名を附し託しもって後世に伝えんとするものでございます。世に才能優れた人があったとしましても、本書を読まれた貴方は、その方より命理に優ったものとなるのは間違いございません。

順治戊戌〔一六五八年〕春二月望日　　素庵老人書

『滴天髓闡微』 袁 序

民國二十一年壬申〔一九三二年〕の冬十一月、句章蘅園主人孫氏、その御子息の篁齋氏、その老友陳華荘氏、林茹香氏等が鎮江に来られ、命理について語り合いたいとのことで、私は李氏挹江樓に招待を受けた次第であります。初めてお逢いした方々ですが、なかなか優れた方々であると好感が持てましたので、「相逢邂逅渾如舊。閑話陰陽共樂天。」と、〈初めて皆様にお逢いするのですが、本当に昔からの古い友達のような気が致しまして、陰陽命理の話し合いをするのは全く天にも昇るような楽しい思いが致します。〉という詩をお贈りしましたところ、篁齋氏もなかなか詩文に達者な方でして、「媿我十年初學易。心欣康節樂追陪。」と、〈命理を学んで十年易しいと思っておりました私はまことにお恥ずかしい思いがしますが、こうやって皆様の高遠なお話の仲間入りをさせていただき心から嬉しいことと存じます。〉という返詩をいただきました。そうして本当に虚心坦懐、心から打ち解け合ってお話をしたのでございました。

ところが、翌日孫氏が、任鐵樵先生増註の『滴天髓闡微』の精鈔本を持って来られ、よくよく拝見しましたところ、古本の『滴天髓』原文に古註が加えられ、さらに古註の外にまた任先生の新註が補足されておりまして、解明するに要を得、逐条ごとに命造を例示して、証明の資としているもので、学識深奥で、文章は誠に適切、理論精微で、一点として無駄なく、誠に命学の書として稀に見る素晴らしいものであることを知らされたのであります。また、觀復居士の原跋によって、本書が海甯の陳氏の蔵本で、心ある人々にこの優れたる書を広く伝えたいものである、と言っておられるのを知ったのでございます。そこで私は孫氏に、かつて張文襄公が〝名を立てれば朽ちることなく、古書を刊行すればその書は永く後世に残り、出版した人の名もまた滅ぶものではない。〃と言っておられると聞き及んでいますが、この書を刊行することこそ、先哲の精蘊を伝えて、後学の方々を啓発する、利済の急務、積善の雅談である、と申し上げたのでございます。孫氏は小躍りせん許りに喜ばれまして、〃この書は命を論ずるに誠に筋道が立っているもので、写本をするのもよいのですが、私は早くからこれを出版して、同好の士に公けにしたいと考えていたのです。〃とおっしゃり、また篁齋氏も父は早くから出版を考えていたのですが、今が出版を敢行すべき時です、と勧め、陳氏も林氏も、私共も校正に努めますから、どうか先生が主となって序文を書いてください、とも言われましたので、私は心よく了承した次第でございます。

そして、今年の夏の初めに、篁齋氏からも出版のための原稿四巻が郵送されて来て、手紙で序文を書くよう申されても来ましたので、前々からのお約束でもあったのですから、序文を書くべく、本書を何度も読み返してみたのでございます。それで、任鐵樵先生が、乾隆三十八年〔一七七三年〕四月十八日辰時、すなわち、癸巳年、戊午月、丙午日、壬辰時の命であることを、原稿巻二第四十五葉に記されていることから初めて知ったのでございます。そして次のように言っておられるのです。〃兄は父の志を継がずして名を成し、弟は田畑を守らずして事業を始めた。〃とのことで、先生の父君はきっと名だたる官吏であられたでしょうし、中流の財産家であったことを知りました。先生、卯運に至って、壬水絶地、陽刃逢生、肉親兄弟の変事に遭うとともに、家産傾き、父君の死後、命学に潜心され、生活の資とされたのは、既に三旬を過ぎてからであることも知り得たのです。また、こうも言っておられます。〃どうも私の性情は偏拙でして、誠実を喜び、虚浮を喜ばず、人にお上手も言えず、大変傲慢でして、人様とのお付き合いも体よく調子を合わせることできず、勇盛んなところは父に似たのでしょう。しかし、ただただ忠厚の訓えに背かぬようひたすら努めて来たに過ぎません。〃と。

つまり、先生の人格、節義明らかで、風格高邁、貧に安んじて道を楽しまれた方であることが分かるのです。

また巻三の第十二葉に、某氏の命を挙げ、〃私の生年月日と全く同じですが、生時が違うだけです。私の生時壬辰は弱殺相制することはできませんが、この方は庚寅時で、兄弟六人あるのも私と同じですが、力を得る兄弟は早く亡くなり、生き残った者は皆不肖で、遂に家産蕩尽してしまったのです。〃と言われていることから、先生の友人、そして兄弟のことを、困苦を辞さなかったことが分かります。さらに、巻二の巻七十四葉で、壬子年生の某氏の命を論じて、〃丁巳運、連遭回禄〃とあります点から、この方は五十六歳から丁運に交わり、道光二十七年〔一八四七年〕が丁未年ですから、この時先生七十五歳、このお年でなお勉強欠かさず、請われるままに懇切に人のため推命されておられたことをも知った次第であります。

観復居士の原跋にも、陳氏も任先生がいつの時代の人かわからない、と言っておられるのですが、それは本書をよくよく読まれていないし、また命理にも十分通じておられないからであります。ところで、任先生の生地住所となりますと、原書にも記されておりませんので、敢えていい加減な断定はできませんが、しかしその註には、『命理約言』と『子平眞詮』によっているところが多く、『命理約言』は海甯の陳相國素庵の著ですし、『子平眞詮』は山陰の沈進士孝瞻の著で、お二人共に浙江の方であり、その著も当時刊行本なく、わずかに写本が伝鈔されていたのですが、それも浙江に多かったのです。かつ陳相國は、康熙五年〔一六六六年〕に亡くなっておられ、沈氏は乾隆四年〔一七三九年〕に進士となっておりますので、任先生乾隆三十八年の生まれとしますと、そんなに時代は隔たってはおらず、陳氏とは百年と少し、沈氏とは数十年の距りです。こうしてみますと、任先生は恐らく浙江の方であったろうと思われるのです。

『約言』『眞詮』の学説は、もともと私が服膺するところのものでありまして、先に私が著述しました『命理探原』に採禄しているところ少なくございませんが、任先生の『闡微』と比較しますと、私の書などは大きな山に対するちっぽけな丘にしか過ぎないものです。それは、先生が朝夕をいとわず命理の研究に没頭され、本末を一貫して整理して文章としているからであります。五行の生尅、衰旺、顛倒の理を論ずるに、極めて玄妙、旺ずる者は尅するが宜しく、旺の極は洩らすが宜しく、弱き者は生が宜しく、弱きの極は尅するが宜し、とする説は最も精奥なるものであります。また、人に厚薄あり、山川同じからず、命に貴賤あり、世徳に別あり、と言っているのは、天命をもって地利にあわせ、人事を言っているものであります。ゆえに命を論ずるに、某造は純粋中和、太平の宰相である、と、某造は仕路清高、才華卓越す、某造は、事業で利を得、勤倹成功す、某造は生地を離れて富む、某造は貪婪お構いなしで、性情矯傲、某造は浪費甚だしく、破家亡身、某造は生産に従事せず、必ず後災いあり、某造は出身貧寒であるが、人となり賢淑、某造は青年にして節を守って、子を教えて名を成す、某造は金銭に走って、夫に背き子を棄てる、某造は急流に勇退せずんば、意外の風波に見舞われる、某造は蒲柳秋に望んで零落す、松柏は霜の季節に耐えて後よく繁栄す、というように種々な言葉をもって命を云々するのは、一片ならない苦心があるもので、大義微言、皆世道に関わるものなのであります。

古（いにしえ）の君子は、既に没して言だてせず、すべてはその人自体にあるものです。ですから、読者は命理の学を見るに、一を知って二を知らず、重箱の隅をつついて大局を把えないようなことがあっては、蘅園氏が出版する真意、誠意に反するものである、と言えましょう。

民國二十二年〔一九三三年〕歳次癸酉夏五月庚寅朔越二十有一日庚戌　　鎮江袁樹珊撰

『滴天髓徵義』 徐氏跋

私の叔父の父は術数をよく学んでおり、書きつけたり調べたりして、およそ五星、子平を初めとして、太乙、奇門、六壬の書で渉獵しないものはないくらいで、広東省にも随官して行っており、常に占して的確でございましたが、惜しいことに壮年で亡くなったのでございます。そして遺された書籍類は散逸したのですが、後嗣が散逸したものを収集しまして、精抄本および写本類十余部を得て、大切に保存されていただけでございました。叔父は若くして遁世し、書籍や写本は久しく束ねられ蔵(しま)われていたものです。民国後は門を閉じて外へは出なかったのです。当時私は子平の術を研習し始めており、叔父はそんな私を見て喜び、〝我家に伝わって来たこの本をよく勉強しなさい〟と一書を下さったのが、この『滴天髓徵義』でございます。惜しいことには、蟲や鼠に傷められて、欠けて全きものではございませんでしたし、またその由来も知らなかったものです。

　昨年四明銀行の孫衡甫君が、『滴天髓闡微』の出版本を持っているので、拝見しましたところ、大同小異で、初めてこの本が任鐵樵氏の稿本であることを知ったのです。しかし、題名は同じではなく、内容も省略あり、本人が改めたものと存じます。伝抄の互いに異なるところ、参考に供すべく、友人の勧めもありまして、ここに欠くるところを補い、重複するところを削り、訂正『滴天髓徵義』と題しまして、広く出版するもので、編するに、そのよって来たる由来を申し上げる次第でございます。

民國二十四年〔一九三五年〕乙亥三月　　東海樂吾識

『滴天髓補註』自序

『滴天髓』は明の誠意伯劉基の撰するところとなっています。年譜に見ますと、原署京圖撰、劉基註となっていますが、仔細に考え推察しますと、文も註も一人の手になったものであることが分かります。大体、明の太祖〔洪武帝〕は猜疑心が強く、誠意はすべて陰陽に関わる書を石室に封じて、明太祖の命に従ったもので、他の人々もこれに習ったのです。誠意歿しました翌年、太祖は李鐸に命じて、誠意の家を調べさせましたことは、誠意の墓誌に見るところです。このように、洪武帝は猜疑心が強かったので、誠意は早くこれを知り、京圖の仮名をもって、自分が原著したものではないとして、遠禍を避けたのであります。

明から清まで四、五百年の間流伝されたもの少なく、秘録、珍蔵され、大切な宝と同様考えられていたものです。清道光四年〔一八二四年〕、休陽程芝雲氏が、百二漢鏡齋中に収め、四種の叢刊の一となしたのです（千頃堂で売本があり、他に精刻本を見ませんが、その有無を断言することはできません。また四庫全書中にも収められていません。）。そうした点から世に流布され始めたのであります。そして、義は精にして、理は粋を極め、読者難解としたものであります。任鐵樵氏の「徵義」が出るに及んで、全くその義は暁然と明らかになりました。任氏『滴天髓徵義』は、一名『闡微』、一名『眞解』とも言われますが、内容は大同小異で、皆伝抄者の書するところのもので、原名ではありません。そして任氏の註は、新しい解釈を推し精しいのですが、原註と背反している点が多く、『滴天髓』の原意ではないのです。

私が永年命理を研習しておりまして、常日頃最も服膺しているものは、『子平眞詮』『窮通寶鑑』とこの『滴天髓』の三書でございます。『眞詮』と『寶鑑』は前後してその評註を世に出しましたが、『滴天髓』の一書のみは、任註が珠玉の如きものとされておりまして、まだ誰もそれを凌ぐほどのことを敢えてしてはいないのでございます。間々意見の違うところがございまして、書き綴ったものが積もって一冊となっておりました。ところが小日報主人が命理をもって一欄を設けましたので、補綴して書とし、『補註』と名付けた次第であります。補とは、任氏の欠を補う意で、任氏の既に詳しく説いているところは、概略とし、おのおの一点の義について云々しているもので、敢えて任氏と長短を争おうとするものではございません。特にその原起となった点を記して敍とする次第です。

丁丑仲春〔一九三七年〕　　　　東海樂吾敍　於海上寓次

『滴天髄真義』執筆に際して

拙著『滴天髄和解大全』は、『四柱推命学詳義』の副読本として和訳・註解をしながら、多くの『滴天髄』への解・訳の軌跡を検討するという主旨から、『滴天髄闡微』を主たる底本とし、各命家の論の比較もでき得るものとして発刊したものであります。その後二十数年の歳月を経まして、より解りやすく書き改めるに当たって、

一、『滴天髄』原文の配列・構成
一、任鐵樵（にんてつしょう）氏の挙例

の二点が、『滴天髄』をして、難解にして複雑、理解するのに困難である、と言わせる原因となっていることから、これに大きく変更を加えることとしました。理由は以下の通りです。

一、『滴天髄』原文の配列・構成

陳素庵氏が『滴天髄輯要』を執筆するに際し、どのような書を底本としたのか判りませんが、その自序で〈その論の次序も大変参錯もしております〉とし、〈その篇目を正しく直し〉と、構成を直したことが言われております。また徐樂吾氏編訂による『滴天髄徵義』の敍に、『徵義』『闡微』の原文を比較し、〈ここに欠くところを補い、重複するところを削り、訂正『滴天髄徵義』と題しまして、広く出版する〉と述べられていることから分かるように、当時『滴天髄』には、共に任鐵樵注の『闡微』と『徵義』の二つの流れがあったようです。徐氏は二つを比較して『徵義』の方を採ったようですが、構成自体に対しては何らの疑義も抱いていなかったことは、その敍文でも解るところであります。

『滴天髓闡微』は、『滴天髓徵義』より前に袁樹珊氏編著として出版されておりますが、その序から解るように、袁氏はその構成についても一片の疑念を抱かなかったようです。また、袁氏は伝抄本に『滴天髓徵義』なる書があることも知らなかったようです。

以下、『滴天髓輯要』『滴天髓闡微』『滴天髓徵義』『滴天髓補註』の四書の原文を示しておきます。

『滴天髓輯要』原文の構成

陳素庵氏

通天論

欲識三元萬物宗。先観帝載與神功。
坤元合德機緘通。五氣偏全定吉凶。
戴天履地人爲貴。順則吉兮悖則凶。
欲與人間開聾瞶。順悖之機須理會。
理行承氣豈有常。進兮退兮宜抑揚。
配合干支仔細詳。斷人禍福與災祥。
五陽皆陽丙爲最。五陰皆陰癸爲至。
五陽從氣不從勢。五陰從勢無情義。

天干論

甲木參天。胞胎要火。春不容金。秋不容土。火熾乘龍。水蕩騎虎。地潤天和。植立千古。

乙木雖柔。刲羊解牛。懷丁抱丙。跨雞乘猴。虛濕之地。騎馬亦憂。藤蘿繫甲。可春可秋。

丙火猛烈。欺霜侮雪。能煅庚金。逢辛反怯。土衆成慈。水猖顯節。虎馬犬鄉。甲來焚滅。

丁火柔中。內性昭融。抱乙而孝。合壬而忠。旺而不烈。衰而不窮。如有嫡母。可秋可冬。

戊土固重。既中且正。靜翕動闢。萬物司命。水旺物生。火燥喜潤。若在坤艮。怕冲宜靜。

己土卑溼。中正蓄藏。不愁木盛。不畏水旺。火少火晦。金多金明。若要物昌。宜助宜幫。

庚金帶煞。剛强爲最。得水而清。得火而銳。土潤則生。土乾則脆。能勝甲兄。輸於乙妹。

辛金軟弱。溫潤而清。畏土之疊。樂水之盈。能扶社稷。能救生靈。熱則喜母。寒則喜丁。

壬水汪洋。能洩金氣。剛中之德。周流不滯。通根透癸。冲天奔地。化則有情。從則相濟。

癸水至弱。達於天津。龍德而運。功化斯神。不畏火土。不論庚辛。合戊化火。火根乃眞。

地支論

陽支動且强。速達顯災祥。

陰支靜且專。否泰每經年。

生方怕動庫宜開。敗地逢冲子細裁。

支神只以冲爲重。刑與害兮動不動。

暗冲暗會尤爲喜。彼冲我冲皆冲起。

旺者冲衰衰者拔。衰者冲旺旺神發。

干支論

陽順陰逆。其理固殊。陽生陰死。其論勿執。
天全一氣。不可使地道莫之載。
地全三物。不可使天道莫之覆。
陽乘陽位陽氣昌。最要行程安頓。
陰乘陰位陰氣盛。還須道路光亨。
地生天者。天衰怕冲。
天合地者。地旺喜靜。
甲申戊寅。是爲煞印相生。庚寅癸丑。亦是煞印兩旺。
上下貴乎情協。
左右貴乎志同。
年月爲始。日時爲終。年月不妒忌之。日時不反悖之。

形象論

兩氣合而成象。象不可破。
五氣聚而成形。形不可害。
獨象喜行化地。而化神要昌。

全象喜行財地。而財神要旺。
形全者宜損其有餘。形缺者宜補其不足。

方局論

方是方兮局是局。方要得方莫混局。
局混方兮有純疵。行運喜南或喜北。
若然方局一齊來。須是干頭無反覆。
成方干透一元神。生地庫地皆非福。
成局干透一官星。左邊右邊空碌碌。

格局論

財官印綬分偏正。兼論食傷格局定。
影響遙繫既爲虛。雜氣財官不可拘。
官煞相混來問我。有可有不可。
傷官見官果難辨。可見不可見。

從化論

從得眞者只論從。從神又有吉和凶。
化得眞者只論化。化神還有幾般話。
眞從之家有幾人。假從亦可發其身。

假化之人亦可貴。孤兒異姓能出類。

歳運論

休咎係乎運。尤係乎歳。衝戰視其孰降。和好視其孰切。

何謂戰。

何謂衝。

何謂和。

何謂好。

體用論

道有體用。不可以一端論也。要在扶之抑之得其宜。

精神論

人有精神。不可以一偏求也。要在損之益之得其中。

衰旺論

能知衰旺之眞機。其於立命之奥。思過半矣。

中和論

能識中和之正理。而於五行之妙。有全能焉。

剛柔論

剛柔不一也。不可制者。引其性情而已矣。

順逆論

順逆不齊也。不可逆者。順其氣勢而已矣。

寒煖論

天道有寒煖。發育萬物。人道得之。不可過也。
地道有燥濕。生成品彙。人道得之。不可偏也。

月令論

月令提綱。譬之宅也。人元用事之神。宅之向也。不可以不卜。

生時論

生時歸宿。譬之墓也。人元用事之神。墓之穴也。不可以不辨。

源流論

何處起根源。流向何方住。機括此中求。知來亦知去。

通隔論

兩意本相通。中間有關隔。此關若通也。到處歡相得。

清濁論

一清到底有清神。管取平生富貴眞。澄濁求清清得去。時來寒谷也生春。
滿盤濁氣令人苦。一局清枯也苦人。半濁半清無去取。多成多敗度晨昏。

眞假論

令上尋眞聚得眞。假神休要亂眞神。眞神得用平生貴。用假終爲碌碌人。
眞假參差難辨論。不明不暗受邅迍。提綱不與眞神照。暗處尋眞也有眞。

隱顯論

吉神太露。起爭奪之風。凶物深藏。成養虎之患。

衆寡論

抑强扶弱者常理。用强舍弱者元機。

奮鬱論

局中顯奮發之機者。神舒意暢。局内多沈埋之氣者。心鬱志灰。

恩怨論

兩意情通中有媒。雖然遙立意尋追。有情卻被人離間。怨起中間死若灰。

順反論

一出門來要見兒。見兒成氣轉相楣。從兒不論身强弱。只要吾兒又遇兒。
君賴臣生理最微。兒能生母洩天機。母慈滅子關頭異。夫健何爲又怕妻。

戰合論

天戰猶自可。地戰急如火。
合有宜不宜。合多不爲奇。

震兌論

震兌勢不兩立。而有相成者存。

坎離論

坎離氣不並行。而有相濟者在。

君臣論

君不可亢也。貴乎損上以益下。

臣不可過也。貴乎損下而益上。

母子論

知慈母恤孤之道。方有瓜瓞無疆之慶。

知孝子奉親之方。始能克諧大順之風。

才德論

德勝才者。局全君子之風。才勝德者。用顯多能之象。

性情論

五行不戾。惟正清和。濁亂偏枯。性情乖逆。

火烈而性燥者。遇金水之激。

水奔而性柔者。全金木之神。

木奔南而軟怯。

金見水以流通。

最拗者。西水還南。
至剛者。東火轉北。
順生之機。遇擊神而抗。
逆折之序。見閒神而狂。
陽明遇金。鬱而多煩。
陰濁藏火。包而多滯。
陽刃局戰則逞威。弱則怕事。傷官局淸則謙和。濁則剛猛。用神多者。情性不常。支格濁者。作爲多滯。

疾病論

五行和者。一世無災。
血氣亂者。平生多疾。
忌神入五臟而病凶。
客神遊六經而災小。
木不受水者血病。
土不受火者氣傷。
金水傷官。寒則冷嗽。熱則痰火。火土印綬。熱則風痰。燥則皮癢。論痰多木火。生毒鬱火金。金水枯傷而腎經虛。水土相勝而脾胃洩。

閒神論

閒神一二未爲疵。不去何妨莫動伊。半局閒神任閒看。要緊之地立根基。

絆神論

出門要向天涯遊。何似裙釵恣意留。不管白雲與明月。任君策馬上皇州。

六親論

夫妻姻緣宿世來。喜神有意傍妻財。
子女根枝一世傳。喜神看與殺相聯。
父母或興與或替。歳月所關果非細。
兄弟誰廢與誰興。提綱喜神問重輕。
女命須要論安詳。氣靜平和婦道彰。二德三奇虛好話。咸池驛馬漫推詳。
小兒財殺論精神。四柱平和易養成。氣勢悠長無斷喪。關星雖有不傷身。

出身論

巍巍科第邁等倫。一個元機暗裏尋。
清得靜時黄榜客。雖雜濁氣亦中式。
秀才不是塵凡子。淸氣只嫌官不起。
異路功名莫說輕。日干得氣遇財星。

地位論

臺閣勳勞百世傳。天然淸氣顯機權。

職掌兵權豸冠客。刃殺神淸氣勢特。
分藩司牧財官和。淸奇純粹局全多。
便是諸司并首領。也從淸濁分形影。

貴賤貧富吉凶壽夭論

何知其人貴。官星有理會。
何知其人賤。官星總不見。
何知其人富。財氣通門戸。
何知其人貧。財神終不眞。
何知其人吉。喜神爲輔弼。
何知其人凶。忌神輾轉攻。
何知其人壽。性定元氣厚。
何知其人夭。氣濁神枯了。

貞元論

造化生生不息機。貞元往復運誰知。有人識得其中數。貞下開元是處宜。

『滴天髓闡微』原文の構成

任鐵樵氏

通神論

天道

欲識三元萬法宗。先觀帝載與神功。

地道

坤元合德機緘通。五氣偏全定吉凶。

人道

戴天履地人爲貴。順則吉兮凶則悖。

知命

要與人間開聾聵。順逆之機須理會。

理氣

理承氣行豈有常。進兮退兮宜抑揚。

配合

配合干支仔細詳。定人禍福與災祥。

天干

五陽皆陽丙爲最。五陰皆陰癸爲至。
五陽從氣不從勢。五陰從勢無情義。
甲木參天。脱胎要火。春不容金。秋不容土。火熾乘龍。水宕騎虎。地潤天和。植立千古。

乙木雖柔。刲羊解牛。懷丁抱丙。跨鳳乘猴。虚溼之地。騎馬亦憂。藤蘿繫甲。可春可秋。
丙火猛烈。欺霜侮雪。能煅庚金。逢辛反怯。土衆成慈。水猖顯節。虎馬犬鄉。甲來成滅。
丁火柔中。内性昭融。抱乙而孝。合壬而忠。旺而不烈。衰而不窮。如有嫡母。可秋可冬。
戊土固重。既中且正。靜翕動闢。萬物司命。水潤物生。火燥物病。若在艮坤。怕沖宜靜。
己土卑溼。中正蓄藏。不愁木盛。不畏水狂。火少火晦。金多金光。若要物旺。宜助宜幫。
庚金帶煞。剛健爲最。得水而清。得火而鋭。土潤則生。土乾則脆。能贏甲兄。輸于乙妹。
辛金軟弱。溫潤而清。畏土之疊。樂水之盈。能扶社稷。能救生靈。熱則喜母。寒則喜丁。
壬水通河。能洩金氣。剛中之德。周流不滯。通根透癸。沖天奔地。化則有情。從則相濟。
癸水至弱。達于天津。得龍而運。功化斯神。不愁火土。不論庚辛。合戊見火。化象斯眞。

地支

陽支動且强。速達顯災祥。陰支靜且專。否泰每經年。
生方怕動庫宜開。敗地逢沖子細推。
支神只以沖爲重。刑與穿兮動不動。
暗沖暗會尤爲喜。彼沖我兮皆沖起。
旺者沖衰衰者拔。衰神沖旺旺神發。

干支總論

陰陽順逆之説。洛書流行之用。其理信有之也。其法不可執一。

故天地順遂而精粹者昌。天地乖悖而混亂者亡。不論有根無根。俱要天覆地載。

天全一氣。不可使地德莫之載。

地全三物。不可使天道莫之容。

陽乘陽位陽氣昌。最要行程安頓。

陰乘陰位陰氣盛。還須道路光亨。

地生天者。天衰怕沖。

天合地者。地旺喜靜。

甲申戊寅。眞爲殺印相生。庚寅癸丑。也坐兩神興旺。

上下貴乎情協。

左右貴乎同志。

始其所始。終其所終。富貴福壽。永乎無窮。

形　象

兩氣合而成象。象不可破也。

五氣聚而成形。形不可害也。

獨象喜行化地。而化神要昌。

全象喜行財地。而財神要旺。

形全者宜損其有餘。形缺者宜補其不足。

方局

方是方兮局是局。方要得方莫混局。
局混方兮有純疵。行運喜南或喜北。
若然方局一齊來。須是干頭無反覆。
成方干透一元神。生地庫地皆非福。
成局干透一官星。左邊右邊空碌碌。

八格　正財、偏財、正官、偏官、正印、偏印、食神、傷官、是也。

財官印綬分偏正。兼論食傷八格定。
影響遙繫既爲虛。雜氣財官不可拘。

體用

道有體用。不可以一端論也。要在扶之抑之得其宜。

精神

人有精神。不可以一偏求也。要在損之益之得其中。

月令

月令乃提綱之府。譬之宅也。人元爲用事之神。宅之定向也。不可以不卜。

生時

生時乃歸宿之地。譬之墓也。人元爲用事之神。墓之穴方也。不可以不辨。

衰旺

能知衰旺之眞機。其于三命之奥。思過半矣。

中和

既識中和之正理。而于五行之妙。有全能焉。

源流

何處起根源。流到何方住。機括此中求。知來亦知去。

通關

關内有織女。關外有牛郎。此關若通也。相邀入洞房。

官殺

官殺混雜來問我。有可有不可。

傷官

傷官見官果難辨。可見不可見。

清氣

一清到底有精神。管取生平富貴眞。澄濁求淸淸得去。時來寒谷也回春。

濁氣

滿盤濁氣令人苦。一局淸枯也苦人。半濁半淸猶是可。多成多敗度晨昏。

眞神

令上尋眞聚得眞。假神休要亂眞神。眞神得用生平貴。用假終爲碌碌人。

假　神

眞假參差難辨論。不明不暗受迍邅。提綱不與眞神照。暗處尋眞也有眞。

剛　柔

柔剛不一也。不可制者。引其性情而已矣。

順　逆

順逆不齊也。不可逆者。順其氣勢而已矣。

寒　暖

天道有寒暖。發育萬物。人道得之。不可過也。

燥　溼

地道有燥溼。生成品彙。人道得之。不可偏也。

隱　顯

吉神太露。起爭奪之風。凶物深藏。成養虎之患。

衆　寡

强衆而敵寡者。勢在去其寡。强寡而敵衆者。勢在成乎衆。

震　兌

震兌主仁義之眞機。勢不兩立。而有相成者存。

坎離

坎離宰天地之中氣。成不獨成。而有相持者在。

六親論

夫妻

夫妻因緣宿世來。喜神有意傍天財。

子女

子女根枝一世傳。喜神看與殺相連。

父母

父母或隆與或替。歲月所關果非細。

兄弟

兄弟誰廢與誰興。提用財神看重輕。

何知章

何知其人富。財氣通門戸。

何知其人貴。官星有理會。

何知其人貧。財神反不眞。

何知其人賎。官星還不見。

何知其人吉。喜神爲輔弼。

何知其人凶。忌神輾轉攻。

何知其人壽。性定元神厚。

何知其人夭。氣濁神枯了。

女命章

論夫論子要安祥。氣靜平和婦道章。三奇二德虛好語。咸池驛馬半推詳。

小　兒

論財論殺論精神。四柱和平易養成。氣勢攸長無斲喪。殺關雖有不傷身。

才　德

德勝才者。局合君子之風。才勝德者。用顯多能之象。

奮　鬱

局中顯奮發之機者。神舒意暢。象內多沈埋之氣者。心鬱志灰。

恩　怨

兩意情通中有媒。雖然遙立意尋追。有情却被人離間。怨起恩中死不灰。

閑　神

一二閑神用去麼。不用何妨莫動他。半局閑神任閑着。要緊之場作自家。

出門要向天涯遊。何事裙釵恣意留。

不管白雪與明月。任君策馬朝天闕。

從象

從得眞者只論從。從神又有吉和凶。

化象

化得眞者只論化。化神還有幾般話。

假從

眞從之象有幾人。假從亦可發其身。

假化

假化之人亦多貴。孤兒異姓能出類。

順局

一出門來只見兒。吾兒成氣構門閭。從兒不管身强弱。只要吾兒又得兒。

反局

君賴臣生理最微。兒能救母洩天機。母慈滅子關頭異。夫健何爲又怕妻。

戰局

天戰猶自可。地戰急如火。

合局

合有宜不宜。合多不爲奇。

君象

君不可抗也。貴乎損上以益下。

臣　象

臣不可過也。貴乎損下以益上。

母　象

知慈母恤孤之道。始有瓜瓞無疆之慶。

子　象

知孝子奉親之方。始克諧成大順之風。

性　情

五氣不戻。性情中和。濁亂偏枯。性情乖逆。

火烈而性燥者。遇金水之激。

水奔而性柔者。全金木之神。

木奔南而軟怯。

金見水以流通。

最拗者西水還南。

至剛者東火轉北。

順生之機。遇擊神而抗。

逆生之序。見閑神而狂。

陽明遇金。鬱而多煩。

陰濁藏火。包而多滯。

羊刃局。戰則逞威。弱則怕事。傷官格。清則謙和。濁則剛猛。用神多者。情性不常。時支枯者。虎頭蛇尾。

疾 病

五行和者。一世無災。

血氣亂者。生平多疾。

忌神入五臟而病凶。

客神遊六經而災小。

木不受水者血病。

土不受火者氣傷。

金水傷官。寒則冷嗽。熱則痰火。火土印綬。熱則風痰。燥則皮癢。論痰多木火。生毒鬱火金。金水枯傷而腎經虛。水木相勝而脾胃泄。

出 身

巍巍科第邁等倫。一個元機暗裏存。

清得盡時黃榜客。雖存濁氣亦中式。

秀才不是塵凡子。清氣還嫌官不起。

異路功名莫說輕。日干得氣遇財星。

地　位

臺閣勛勞百世傳。天然清氣發機權。
兵權獬豸弁冠客。刃煞神清氣勢特。
分藩司牧財官和。清純格局神氣多。
便是諸司并首領。也從清濁分形影。

歳　運

休囚係乎運。尤係乎歳。戰冲視其孰降。和好視其孰切。〔「休囚」は「休咎」の誤植〕
何爲戰。
何爲沖。
何爲和。
何爲好。

貞　元

造化起於元。亦止於貞。再肇貞元之會。胚胎嗣續之機。

『滴天髓徵義』原文の構成

徐樂吾氏

通神頌

欲識三元萬法宗。先觀帝載與神功。坤元合德機緘通。五氣偏全論吉凶。
戴天履地人爲貴。順則吉兮凶則悖。要與人間開聾瞶。順逆之機須理會。
理乘氣行豈有常。進兮退兮宜抑揚。
配合干支仔細詳。定人禍福與災祥。

第一篇上　論天干

五陽皆陽丙爲最。五陰皆陰癸爲至。
五陽從氣不從勢。五陰從勢無情義。
甲木參天。脫胎要火。春不容金。秋不容土。火熾乘龍。水蕩騎虎。地潤天和。植立千古。
乙木雖柔。刲羊解牛。懷丁抱丙。跨鳳乘猴。虛溼之地。騎馬亦憂。藤蘿繫甲。可春可秋。
丙火猛烈。欺霜侮雪。能煅庚金。逢辛反怯。土衆成慈。水猖顯節。虎馬犬鄉。甲來成滅。
丁火柔中。內性昭融。抱乙而孝。合壬而忠。旺而不烈。衰而不窮。如有嫡母。可秋可冬。
戊土固重。既中且正。靜翕動闢。萬物司命。水潤物生。土燥物病。若在艮坤。怕冲宜靜。
己土卑溼。中正蓄藏。不愁木盛。不畏水狂。火少火晦。金多金光。若要物旺。宜助宜幫。
庚金帶煞。剛健爲最。得水而清。得火而銳。土潤則生。土乾則脆。能贏甲兄。輸於乙妹。
辛金軟弱。溫潤而清。畏土之疊。樂水之盈。能扶社稷。能救生靈。熱則喜母。寒則喜丁。
壬水通河。能洩金氣。剛中之德。周流不滯。通根透癸。冲天奔地。化則有情。從則相濟。
癸水至弱。達於天津。得龍而運。功化斯神。不愁火土。不論庚辛。合戊見火。化象斯眞。

第一篇中　論地支

陽支動且强。速達顯災祥。陰支靜且專。否泰每經年。
天戰猶自可。地戰急如火。
合有宜不宜。合多不爲奇。
生方怕動庫宜開。敗地逢冲仔細推。
支神只以冲爲重。刑與穿兮動不動。
暗冲暗會尤爲喜。我冲彼冲皆冲起。
旺者冲衰衰者拔。衰神冲旺旺神發。

第一篇下　干支總論

陰陽順逆之說。洛書流行之用。其理信有之也。其法不可執一。
故天地順遂而精粹者昌。天地乖悖而混亂者亡。不論有根無根。俱要天覆地載。
天全一氣。不可使地德莫之載。
地全三物。不可使天道莫之容。
陽乘陽位陽氣昌。最要行程安頓。
陰乘陰位陰氣盛。還須道路光亨。
地生天者。天衰怕冲。
天合地者。地旺宜靜。

甲申戊寅。眞爲殺印相生。庚寅癸丑。也坐兩神興旺。

上下貴乎情和。

左右貴乎氣協。

始其所始。終其所終。福壽富貴。永乎無窮。

第二篇上　形象格局

一、形　象

兩氣合而成象。象不可破也。

五氣聚而成形。形不可害也。

獨象喜行化地。而化神要昌。

全象喜行財地。而財神要旺。

形全者宜損其有餘。形缺者宜補其不足。

二、方　局

方是方兮局是局。方要得方莫混局。

局混方兮有純疵。行運喜南還喜北。

若然方局一齊來。須是干頭無反覆。

成方干透一元神。生地庫地皆非福。

成局干透一官星。左邊右邊空碌碌。

三、八　格　八格正官偏官正財偏財正印偏印食神傷官是也

財官印綬分偏正。兼論食傷八格定。

影響遙繫既爲虛。雜氣財官不可拘。

官煞相混宜細論。煞有可混不可混。

傷官見官最難辨。官有可見不可見。

第二篇上　形象格局　續

四、從　化

從　象

從得眞者只論從。從神又有吉和凶。

化　象

化得眞者只論化。化神還有幾般話。

假　從

眞從之象有幾人。假從亦可發其身。

假　化

假化之人亦多貴。異姓弧兒能出類。

五、順　局

一出門來只見兒。吾兒成氣構門閭。從兒不管身强弱。只要吾兒又遇兒。

六、反局

君賴臣生理最微。
兒能生母洩天機。
母慈滅子關頭異。
夫健何爲又怕妻。
君不可抗也。貴乎損上以益下。
臣不可過也。貴乎損下以益上。
知慈母恤孤之道。始有瓜瓞無疆之慶。
知孝子奉親之方。始克諧成大順之風。

第二篇中　論體用精神

道有體用。不可以一端論也。要在扶之抑之得其宜。
人有精神。不可以一偏求也。要在損之益之得其中。
月令乃提綱之府。譬之宅也。人元爲用事之神。宅之定向也。不可以不卜。
生時歸宿之地。譬之墓也。人元爲用事之神。墓之穴方也。不可以不辨。
能知衰旺之眞機。其於三命之奥。思過半矣。
既識中和之正理。而於五行之妙。有能全焉。

第二篇中　論體用精神　續

一、源　流

何處起根源。流到何方住。機括此中求。知來亦知去。

二、通　關

關内有織女。關外有牛郎。此關若通也。相將入洞房。

三、清　濁

一清到底有精神。管取生平富貴眞。澄濁求清清得去。時來寒谷也回春。
滿盤濁氣令人苦。一局清枯也苦人。半濁半清猶是可。多成多敗度晨昏。

四、眞　假

令上尋眞聚得眞。假神休要亂眞神。眞神得用生平貴。用假終爲碌碌人。
眞假參差難辨論。不明不暗受迍邅。提綱不與眞神照。暗處尋眞也有眞。

五、恩　怨

兩意情通中有媒。雖然遙立意尋追。有情却被人離間。怨起恩中死不灰。

六、閑　神

一二閑神用去麼。不用何妨莫動他。半局閑神任閑着。要緊之場自作家。

七、羈　絆

出門要向天涯游。何事裙釵恣意留。
不管白雲與明月。任君策馬朝天闕。

第二篇下　四柱總論

天道有寒暖。發育萬物。人道得之。不可過也。

地道有燥溼。生成品彙。人道得之。不可偏也。

德勝才者。局全君子之風。才勝德者。用顯多能之象。

局中顯奮發之機者。神舒意暢。象内多沉埋之氣者。心鬱志灰。

吉神太露。起爭奪之風。凶物深藏。成養虎之患。

震兌主仁義之眞機。勢不兩立。而有相成者存。

坎離宰天地之中氣。成不獨成。而有相持者在。

强衆而敵寡者。勢在去其寡。强寡而敵衆者。勢在成乎衆。

剛柔不一也。不可制者。引其性情而已矣。

順逆不齊也。不可逆者。順其氣勢而已矣。

休咎係乎運。尤係乎歳。戰冲視其孰降。和好視其孰切。

何爲戰。

何爲冲。

何謂和。

何謂好。

造化起於元。亦止於貞。再造貞元之會。胚胎嗣續之機。

第三篇　徴　験

一、六　親

夫妻因縁宿世來。喜神有意傍天財。
子女根枝一世傳。喜神看與殺相連。
父母或隆與或替。歳月所關果非細。
弟兄誰廢與誰興。提用財神看重輕。

二、富貴貧賤吉凶壽夭

何知其人富。財氣通門戸。
何知其人貴。官星有理會。
何知其人貧。財神反不眞。
何知其人賤。官星還不見。
何知其人吉。喜神爲輔弼。
何知其人凶。忌神輾轉攻。
何知其人壽。性定元氣厚。
何知其人夭。氣濁神枯了。

三、性　情

五氣不戻。性正情和。濁亂偏枯。性乖情逆。

火烈而性燥者。遇金水之激。
水奔而性柔者。全金木之神。
木奔南而軟怯。
金見水以流通。
最拗者西水還南。
至剛者東火轉北。
順生之機。遇擊神而抗。
逆生之序。見閑神而狂。
陽明遇金。鬱而多煩。
陰濁藏火。包而多滯。
陽刃局。戰則逞威。弱則怕事。傷官格。淸則謙和。濁則剛猛。用神多者。情性不常。時支枯者。虎頭蛇尾。

第三篇　徴　驗　續

四、疾　病

五行和者。一世無災。
血氣亂者。生平多疾。
忌神入五臟而病凶。
客神游六經而災小。

木不受水者血病。
土不受火者氣傷。
金水傷官。寒則冷嗽。熱則痰火。火土印綬。熱則風痰。燥則皮痒。論痰多木火。生毒鬱火金。金水枯傷而腎經虛。水木相勝而脾胃泄。

五、出　身

巍巍科第邁等倫。一個元機暗裏存。
清得盡時黃榜客。雖存濁氣亦中式。
秀才不是塵凡子。清氣還嫌官不起。
異路功名莫説輕。日干得氣遇財星。

六、地　位

臺閣勲名百世傳。天然清氣發機權。
兵權獬豸弁冠客。刃煞神清氣勢特。
分藩司牧財官和。格局清純神氣多。
便是諸司幷首領。也從清濁分形影。

第四篇　婦　孺

一、女命章

論夫論子要安詳。氣靜平和婦道章。三奇二德虛好語。咸池驛馬半推詳。

二、小兒章

論財論煞論精神。四柱和平易養成。氣勢攸長無斷喪。關星雖有不傷身。

『滴天髓補註』原文の構成

徐樂吾氏

通神頌

欲識三元萬法宗。先觀帝載與神功。坤元合德機緘通。五氣偏全論吉凶。

戴天履地人爲貴。順則吉兮凶則悖。要與人間開聾聵。順逆之機須理會。

理乘氣行豈有常。進兮退兮宜抑揚。配合干支仔細詳。定人禍福與災祥。

第一篇上　論天干

五陽皆陽丙爲最。五陰皆陰癸爲至。

陽干從氣不從勢。陰干從勢無情義。

甲木參天。脱胎要火。春不容金。秋不容土。火熾乘龍。水蕩騎虎。地潤天和。植立千古。

乙木雖柔。刲羊解牛。懷丁抱丙。跨鳳乘猴。虛溼之地。騎馬亦憂。藤蘿繫甲。可春可秋。

丙火猛烈。欺霜侮雪。能煆庚金。從辛反怯。土衆生慈。水猖顯節。虎馬犬鄕。甲來成滅。

丁火柔中。内性昭融。抱乙而孝。合壬而忠。旺而不烈。衰而不窮。如有嫡母。可秋可冬。

戊土固重。既中且正。靜翕動闢。萬物司命。水潤物生。土燥物病。若在艮坤。怕冲宜靜。
己土卑溼。中正蓄藏。不愁木盛。不畏水狂。火少火晦。金多金光。若要物旺。宜助宜幇。
庚金帶殺。剛健爲最。得水而淸。得火而鋭。土潤則生。土乾則脆。能羸甲兄。輸於乙妹。
辛金軟弱。温潤而淸。畏土之多。樂水之盈。能扶社稷。能救生靈。熱則喜母。寒則喜丁。
壬水通河。能洩金氣。剛中之德。周流不滯。通根透癸。冲天奔地。化則有情。從則相濟。
癸水至弱。達於天津。得龍而運。功化斯神。不愁火土。不論庚辛。合戊見火。化象斯眞。

第一篇中　論地支

陽干動且强。速達顯災祥。陰支靜且專。否泰每經年。
天戰猶自可。地戰急如火。
合有宜不宜。合多不爲奇。
生方怕動庫宜開。敗地逢冲仔細推。
支神只以冲爲重。刑與穿兮動不動。
暗冲暗會尤爲喜。我冲彼冲皆冲起。
旺者冲衰衰者拔。衰神冲旺旺者發。

第一篇下　總論干支

陰陽順逆之說。洛書流行之用。其理信有之也。其法不可執一。
故天地順遂而精粋者昌。天地乖悖而混亂者亡。不論有根無根。倶要天覆地載。

天全一氣。不可使地德莫之載。地全三物。不可使天道莫之容。
陽乘陽位陽氣昌。最要行程安頓。陰乘陰位陰氣盛。還須道路光亨。
地生天者。天衰怕冲。
天合地者。地旺宜靜。
甲申庚寅。眞爲煞印相生。戊寅癸丑。也是兩神興旺。
上下貴乎情和。左右貴乎氣協。
始其所始。終其所終。福壽富貴。永乎無窮。

第二篇上　形象格局

一、形　象

兩氣合而成象。象不可破也。五氣聚而成形。形不可害也。
獨象喜行化地。而化神要昌。全象喜行財地。而財神要旺。
形全者宜損其有餘。形缺者宜補其不足。

二、方　局

方是方兮局是局。方要得方莫混局。
局混方兮有純疵。行運喜南還喜北。
若然方局一齊來。須是干頭無反覆。成方干透一元神。生地庫地皆爲福。成局干透一官星。左邊右邊空碌碌。

三、八　格

正官、偏官、正財、偏財、正印、偏印、食神、傷官、是也。

財官印綬分偏正。兼論食傷八格定。影響遙繫既爲虛。雜氣財官不可拘。

官　煞

官煞相混須細論。官有可混不可混。

傷　官

傷官見官最難辨。官有可見不可見。

四、從　化

從得眞者只論從。從神又有吉合凶。
化得眞者只論化。化神還有幾般話。
眞從之家有幾人。假從亦可發其身。假化之人亦多貴。異姓弧兒能出類。

五、順　局

一出門來只見兒。我兒成氣構門閭。從兒不論身强弱。只要我兒再見兒。

六、反　局

君賴臣生理最微。
兒能生母洩天機。
母慈滅子關頭異。
夫健何爲又怕妻。
君不可亢也。貴乎損上以益下。臣不可過也。貴乎損下以益上。

知慈母恤孤之道。乃有瓜瓞無彊之慶。知孝子奉親之方。始能克諧大順之風。

第二篇中　體用精神

道有體用。不可以一端論也。要在扶之抑之得其宜。

人有精神。不可以一偏求也。要在損之益之得其中。

月令提綱之府。譬之宅也。人元用事之神。宅之定向也。不可以不卜。生時歸宿之地。譬之墓也。人元用事之神。墓之穴方也。不可以不辨。

能知衰旺之眞機。其於三命之奧。思過半矣。

既識中和之正理。於五行之妙。有能全焉。

一、源　流

何處起根源。流到何方住。機括此中求。知來亦知去。

二、通　關

關内有織女。關外有牛郎。此關若通也。相將入洞房。

三、清　濁

一清到底有精神。管取平生富貴眞。澄濁求清清得淨。時來寒谷也回春。

滿盤濁氣令人苦。一局清枯也苦人。半濁半清尤自可。多成多敗度晨昏。

四、眞　假

令上尋眞聚得眞。假神休要亂眞神。眞神得用平生貴。用假終爲碌碌人。

眞假參差難辨論。不明不暗受邅迍。提綱不與眞神照。暗裏尋眞也有眞。

五、恩　怨

兩意情通中有媒。雖然遙立意追陪。有情卻被人離間。怨起恩中死不灰。

六、閑　神

一二閑神用去麽。不用何妨莫動他。半局閑神任閑着。要緊之場自作家。

七、覊　絆

出門要向天涯游。何事裙釵恣意留。不管白雲與明月。任君策馬朝天闕。

第二篇下　四柱總論

天道有寒暖。發育萬物。人道得之。不可過也。地道有燥溼。生成品彙。人道得之。不可偏也。

德勝才者。局全君子之風。才勝德者。用顯多能之象。

局中顯奮發之機者。神舒意暢。象内多沉埋之氣者。心鬱志灰。

吉神太露。起爭奪之風。凶物深藏。成養虎之患。

震兌主仁義之眞機。勢不兩立。而有相成者存。坎離宰天地之中氣。成不獨成。而有相成者在。

强衆而敵寡者。勢在去其寡。强寡而敵衆者。勢在成乎衆。

剛柔不一也。不可制者。引其性情而已矣。

順逆不齊也。不可逆者。順其氣勢而已矣。

休咎係乎運。尤係乎歲。戰冲視其孰降。和好視其孰切。何謂戰。何謂冲。何謂和。何謂好。

造化始於元。亦始於貞。再造貞元之會。胚胎嗣續之機。

第三篇　徵　驗

一、六　親

夫妻因緣宿世來。喜神有意傍天財。

子女根枝一世傳。喜神看與煞相連。

父母或興與或替。歲月所關果非細。

弟兄誰廢與誰興。提用財神看重輕。

二、富貴貧賤吉凶壽夭

何知其人富。財氣通門戸。

何知其人貴。官星有理會。

何知其人貧。財神反不眞。

何知其人賤。官星還不見。

何知其人吉。喜神爲輔弼。

何知其人凶。忌神轉輾攻。

何知其人壽。性定元氣厚。

何知其人夭。氣索神枯了。

三、性　情

五氣不戻。性正情和。濁亂偏枯。性乖情逆。
火烈而性燥者。遇金水之激。
水奔而性柔者。全金木之神。
木奔南而軟怯。金見水以流通。
最拗者西水還南。至剛者東火轉北。
順生之機。遇擊神而抗。逆生之序。見閑神而狂。
陽明遇金。鬱而多煩。陰濁藏火。包而多滯。
陽刃局。戰則逞威。弱則怕事。
傷官格。淸則謙和。濁則剛猛。
用神多者情性不常。時支枯者。虎頭蛇尾。

四、疾　病

五行和者。一世無災。血氣亂者。平生多疾。
忌神入五臟而病凶。客神游六經而災小。
木不受水者血病。土不受火者氣傷。金水傷官。寒則冷嗽。熱則痰火。火土印綬。熱則風痰。燥則皮癢。論痰多木火。生毒鬱火金。金水枯傷而腎經虛。水木相勝而脾胃泄。

五、出　身

巍巍科第邁等倫。一箇元機暗裏存。

清得淨時黃榜客。雖存濁氣亦中式。
秀才不是塵凡子。清氣還嫌官不起。
異路功名莫說輕。日元得氣遇財星。

六、地　位

臺閣勲名百世傳。天然清氣顯機權。
兵權獬豸辨冠客。刄煞神清氣勢特。
分藩司牧財官和。格局清純神氣多。
便是諸司并首領。也從清濁分形影。

第四篇　婦　孺

一、女命章

論夫論子要安詳。氣靜平和婦道彰。三奇二德虛好語。咸池驛馬半推詳。

二、小兒章

論財論煞論精神。四柱和平易養成。氣勢攸長無斲喪。關星雖有不傷身。

以上のように、四書共その構成が異なっております。恐らく初めて『滴天髓』が発表された時、「通天頌」とか、「第一編上　論天干」といった分類・項題はなされず、『四言獨歩』や『五言獨歩』のように、点や丸で区切られるのみの歌訣のようなものであったろうと思われます。その後何人かの手を経る間に、区切りが入れ替えられたり、時には誤写・誤植があったり、あるいは意図的に変更が行なわれて、陳素庵氏が入手したそれには、劉伯温の名の原注さえ附いたものとなっていたようです。

さらに陳氏がその〈自序〉の〈篇目〉を変えて、『滴天髄輯要』とし、その後にまた、多分に陳氏の書に影響を受けた点が認められる任鐵樵氏が註を施し、各項目にそれぞれ挙例を掲げたものを発表したと思われるのです。当初、任氏の註文がどのような書として出刊されたのかは判りませんが、また何人かの人の手を経た結果、袁樹珊氏、徐樂吾氏の時代には、一は『滴天髄闡微』となり、一は『滴天髄徴義』となっていたのです。しかし、そのいずれの構成も、学問的科学的方法論による理論展開とはなっていないため、中国人にさえ、難解にして複雑と嘆息させていたのです。

二、『滴天髄』原文の考玄構成再編

『滴天髄』が、元々どのような構成であったのかは知る由もありませんが、こうした経緯よりしまして、本書では、『滴天髄』なる命理学の書を、学術として本来こうあらねばならない、こうあるべきである、という構成に再編し、次のように整理したのであります。

『滴天髄』の再編構成

考玄識

方法論

欲識三元萬法宗。先觀帝載與神功。
坤元合德機緘通。五氣偏全定吉凶。
戴天履地人爲貴。順則吉兮凶則悖。
要與人間開聾聵。順逆之機須理會。
理承氣行豈有常。進兮退兮宜抑揚。
配合干支仔細詳。定人禍福與災祥。

四柱基礎理論

〈天干論〉

五陽皆陽丙爲最。五陰皆陰癸爲至。
五陽從氣不從勢。五陰從勢無情義。

甲木參天。脫胎要火。春不容金。秋不容土。火熾乘龍。水蕩騎虎。地潤天和。植立千古。

乙木雖柔。刲羊解牛。懷丁抱丙。跨鳳乘猴。虛溼之地。騎馬亦憂。藤蘿繫甲。可春可秋。

丙火猛烈。欺霜侮雪。能煅庚金。逢辛反怯。土衆成慈。水猖顯節。虎馬犬鄉。甲來焚滅。

丁火柔中。内性昭融。抱乙而孝。合壬而忠。旺而不烈。衰而不窮。如有嫡母。可秋可冬。

戊土固重。既中且正。靜翕動闢。萬物司命。水潤物生。火燥物病。若在艮坤。怕冲宜靜。

己土卑溼。中正蓄藏。不愁木盛。不畏水狂。火少火晦。金多金光。若要物旺。宜助宜幇。

庚金帶煞。剛健爲最。得水而淸。得火而銳。土潤則生。土乾則脆。能贏甲兄。輸于乙妹。
辛金軟弱。溫潤而淸。畏土之疊。樂水之盈。能扶社稷。能救生靈。熱則喜母。寒則喜丁。
壬水通河。能洩金氣。剛中之德。周流不滯。通根透癸。冲天奔地。化則有情。從則相濟。
癸水至弱。達于天津。得龍而運。功化斯神。不愁火土。不論庚辛。合戊見火。化象斯眞。

〈地支論〉

陽支動且强。速達顯災祥。陰支靜且專。否泰每經年。
生方怕動庫宜開。敗地逢冲仔細推。
支神只以冲爲重。刑與害兮動不動。
天戰猶自可。地戰急如火。
合有宜不宜。合多不爲奇。
暗冲暗會尤爲喜。彼冲我兮皆冲起。
旺者冲衰衰者拔。衰神冲旺旺神發。
方是方兮局是局。方要得方莫混局。
局混方兮有純疵。行運喜南或喜北。
若然方局一齊來。須是干頭無反覆。
成方干透一元神。生地庫地皆非福。
成局干透一官星。左邊右邊空碌碌。

〈月令・中和論〉

月令乃提綱之府。譬之宅也。人元爲用事之神。宅之定向也。不可以不卜。

生時歸宿之地。譬之墓也。人元爲用事之神。墓之穴方也。不可以不辨。

能知衰旺之眞機。其於三命之奧。思過半矣。

既識中和之正理。而于五行之妙。有全能焉。

天道有寒暖。發育萬物。人道得之。不可過也。

地道有燥溼。生成品彙。人道得之。不可偏也。

陰陽順逆之說。洛書流行之用。其理信有之也。其法不可執一。

故天地順遂而精粹者昌。天地乖悖而混亂者亡。不論有根無根。俱要天覆地載。

天全一氣。不可使地德莫之載。

地全三物。不可使天道莫之容。

陽乘陽位陽氣昌。最要行程安頓。

陰乘陰位陰氣盛。還須道路光亨。

地生天者。天衰怕冲。

天合地者。地旺喜靜。

甲申戊寅。眞爲殺印相生。庚寅癸丑。也坐兩神興旺。

上下貴乎情協。

左右貴乎同志。

始其所始。終其所終。富貴福壽。永乎無窮。

格局論

財官印綬分偏正。兼論食傷八格定。

影響遙繫既爲虛。雜氣財官不可拘。

官殺混雜來問我。有可有不可。

傷官見官果難辨。可見不可見。

從得眞者只論從。從神又有吉和凶。

化得眞者只論化。化神還有幾般話。

眞從之象有幾人。假從亦可發其身。

假化之人亦多貴。孤兒異姓能出類。

一出門來只見兒。吾兒成氣構門閭。從兒不管身强弱。只要吾兒又得兒。

獨象喜行化地。而化神要昌。

兩氣合而成象。象不可破也。

用神論

道有體用。不可以一端論也。要在扶之抑之得其宜。

人有精神。不可以一偏求也。要在損之益之得其中。

構造論

君賴臣生理最微。兒能救母洩天機。母慈滅子關頭異。夫健何為又怕妻。

君不可抗也。貴乎損上以益下。

臣不可過也。貴乎損下以益上。

知慈母恤孤之道。始有瓜瓞無疆之慶。

知孝子奉親之方。始克諧成大順之風。

德勝才者。局全君子之風。才勝德者。用顯多能之象。

局中顯奮發之機者。神舒意暢。象内多沈埋之氣者。心鬱志灰。

吉神太露。起爭奪之風。凶物深藏。成養虎之患。

震兌主仁義之眞機。勢不兩立。而有相成者存。坎離宰天地之中氣。成不獨成。而有相持者在。

强衆而敵寡者。勢在去其寡。强寡而敵衆者。勢在成乎衆。

剛柔不一也。不可制者。引其性情而已矣。

順逆不齊也。不可逆者。順其氣勢而已矣。

五氣聚而成形。形不可害也。

全象喜行財地。而財神要旺。

形全者宜損其有餘。形缺者宜補其不足。

兩意情通中有媒。雖然遥立意尋追。有情却被人離間。怨起恩中死不灰。

一二閑神用去麽。不用何妨莫動他。半局閑神任閑着。要緊之場作自家。
出門要向天涯游。何事裙釵恣意留。不管白雲與明月。任君策馬朝天闕。
關内有織女。關外有牛郎。此關若通也。相邀入洞房。
令上尋眞聚得眞。假神休要亂眞神。眞神得用生平貴。用假終爲碌碌人。
眞假參差難辨論。不明不暗受迍邅。提綱不與眞神照。暗處尋眞也有眞。

運歳論

休咎係乎運。尤係乎歳。戰冲視其孰降。和好視其孰切。
何爲戰。何爲冲。何謂和。何謂好。
何處起根源。流到何方住。機括此中求。知來亦知去。
造化起於元。亦止於貞。再肇貞元之會。胚胎嗣續之機。

位相論

一清到底有精神。管取生平富貴眞。澄濁求清清得去。時來寒谷也回春。
滿盤濁氣令人苦。一局清枯也苦人。半濁半清猶是可。多成多敗度晨昏。

事象論

〈何知論〉

何知其人富。財氣通門戸。
何知其人貧。財神反不眞。

何知其人貴。官星有理會。
何知其人賤。官星還不見。
何知其人吉。喜神爲輔弼。
何知其人凶。忌神輾轉攻。
何知其人壽。性定元神厚。
何知其人夭。氣濁神枯了。

〈六親論〉

夫妻因縁宿世來。喜神有意傍天財。
子女根枝一世傳。喜神看與殺相連。
父母或隆與或替。歲月所關果非細。
兄弟誰廢與誰興。提用財神看重輕。

〈性情論〉

五氣不戻。性正情和。濁亂偏枯。性乖情逆。
火烈而性燥者。遇金水之激。
水奔而性柔者。全金木之神。
木奔南而軟怯。金見水以流通。
最拗者西水還南。至剛者東火轉北。

順生之機。遇撃神而抗。
逆生之序。見閑神而狂。
陽明遇金。鬱而多煩。
陰濁藏火。包而多滯。
陽刃局。戰則逞威。弱則怕事。傷官格。清則謙和。濁則剛猛。用神多者。情性不常。時支枯者。虎頭蛇尾。

〈疾病論〉

五行和者。一世無災。
血氣亂者。生平多疾。
忌神入五臟而病凶。
客神遊六經而災小。
木不受水者血病。
土不受火者氣傷。
金水傷官。寒則冷嗽。熱則痰火。火土印綬。熱則風痰。燥則皮癢。論痰多木火。生毒鬱火金。金水枯傷而腎經虛。水木相勝而脾胃泄。

〈出身論〉

巍巍科第邁等倫。一個元機暗裏存。
清得盡時黄榜客。雖存濁氣亦中式。

秀才不是塵凡子。清氣還嫌官不起。
異路功名莫説輕。日干得氣遇財星。

〈地位論〉

臺閣勛勞百世傳。天然清氣發機權。
兵權獬豸弁冠客。刃煞神清氣勢特。
分藩司牧財官和。清純格局神氣多。
便是諸司并首領。也從清濁分形影。

〈女命論〉

論夫論子要安祥。氣靜平和婦道章。三奇二德虛好語。咸池驛馬半推詳。

〈小児論〉

論財論煞論精神。四柱和平易養成。氣勢攸長無斷喪。關星雖有不傷身。

三、任鐵樵氏解命の疑問点について

命理学の聖典『滴天髓』が、初学の人の書にあらず、難解にして理解するに困難と言われるのは、『滴天髓』では命理学の初歩的な理論については全く言われておらず、ある程度の命理学への共通認識があるものとして論が展開されているからであります。

こうした点は、考玄解註により解決されるべきことなのですが、任鐵樵氏の考玄解註中の挙例には不適切なものが誠に多く、しかも、その解命中、『滴天髄』全文を完璧に近く理解した上でないと理解できないようなことが述べられてもいるので、反ってその言わんとすることを理解することさえ困難にしているのです。

その上、任鐵樵氏は『滴天髄』で論じられている種々な重要なことを無視し、矛盾することや、否定するようなことさえ述べてもいるのですから、相当命理のわかっている人でさえも混迷に陥ってしまうのは当然のことなのです。ですから辛抱強く、任氏の多くの挙例の解命を最後まで読み切っても、『滴天髄』を理解できるかどうかは全く疑わしい、と言っても過言ではないのです。

また、任氏挙例のすべてがそうであるとは言いませんが、解命に誤りが誠に多いのです。その原因は、

○真太陽時が全く無視されている。
○日の替わり目を午後十一時の子の刻としている。
○生年月日が言われず、立運年数が示されていない。
○土性支の生月の場合、土旺かどうかが明確にされていない。
○日干、その他五行の強弱の分別の方法論がない。

といった根本的原因に起因するだけではなく、

○「蔵干理論」がなく、蔵干が曖昧である。
○冲剋合局方とその解法の理論が不明確である。

(1) 冲去・剋去することを不去の如く見ている。

(2)　天干が干合して去となるべきものを化としている。

(3)　局を成しても、方を成しても個有の支としている。

等々の「基礎理論」の曖昧さに起因しているのです。さらに運歳での冲剋合局方とその解法も理論付けられてはいないのです。これらの点については『四柱推命学詳義』で詳しく述べてあり、ここで再論するのは重複することとなりますので、簡単に結論のみを言いますと、

○真太陽時とは、標準時より、その土地の経度による時差と、その日の均時差をプラス・マイナスした、真の太陽の位置を示す時刻である。

○日の替わり目は、午前０時０分とする。このことから、遅い子の刻と早い子の刻の分別が生ずる。

○月の替わり目は、節入の日時分となる。

○土旺とは、四立十八天前、つまり、立春、立夏、立秋、立冬前の十八日と六時間余である。

○年の替わり目は、立春の節入の時分となる。

以上により、正確で真正なる四柱八字の干支を書き出すことができるのです。さらに、

○出産の時点で肺呼吸を始めた瞬間をもって、誕生とする。

という定義も忘れてはならないのです。

特に、『滴天髄』で言われている重要な点である、

○干の特性、干と干の相関性が無視されている。

○四柱組織・構造、上下・左右・前後・遠近の有情無情についての理論が曖昧である。

○「接近理論」、さらにそれと関連する「貫通理論」が全く無視されている。
○調候がほとんど無視されている。
○格局の選定に誤りが多い。特に真仮が誤っている。
○用神・喜神・忌神・閑神の定義、その取用法が忘れられ、用神、喜忌についてはほとんど言われていない。
といった問題点もあるのです。さらにこれは『滴天髄』そのものの最大の誤りでもあることなのですが、
○大運を客観的時間であるかのように誤解している。
といった、重大な誤りがありますし、それどころか、さらに、
○大運の喜忌を前後五年分断の謬論をもって論じている。
といった問題点があることにより、その解命に多くの誤りを招く結果となっているのです。

また、歴史上の人物の挙例の場合など、「人名辞典」と、生年が一年、二年、時には四、五年も違っている例が多く、書によって生時が違っていることもあります。徐氏の『滴天髄補註』中に掲げられている歴史上の人物も、理論から事象が説明・理解されるのではなく、事象に合わせて都合のよいように解命しているのです。

ですから、本書を初めて読まれる方、あるいは命理にそれほど詳しくない方は、任氏の挙例の解命のところは十分に注意を払って読み進まれるか、あるいは、任氏、徐氏の解命は後回しにして、私の考玄解註を先に読まれることをお勧めいたします。

『滴天髓』の考玄再編構成原文

方法論

欲識三元萬法宗。先觀帝載與神功。〔輯要・闡微・徵義・補註〕

《三元萬法の宗（もと）を識らんと欲するなれば、まず帝載（ていさい）と神功を観るべし。》

原　注

天には陰と陽があり、春木、夏火、秋金、冬水、四季の土というように、時の移り変わりに随（したが）ってその神功を顕すものであって、人の命の中にある天地人三元の理は、ことごとくここにその本源があるものです。

任氏増注

干を天元とし、支を地元とし、支中に蔵されているものを人元とするものであります。人がこの世に生を稟（う）けるに、必ず生まれるべくしてその時に生まれたものであり、天地自然の三元の理法を越えることがないものですから、万法の宗と言われるのであります。陰陽に分かれるその本（もと）は太極で、これを帝載と言い、五行が四時にわたってあることを神功と言っているのであります。すなわち、天地人三才の統系〔全体のつながり、筋道〕、万物の本原を識るべきであると、『滴天髓』は冒頭に、天道をこのように明らかにしているのであります。

徐氏補註

三元とは、天元・地元・人元で、干を天元、支を地元、支中に蔵されているものを人元と言います。支は体をなし、人元を用とし（このことは、生旺死絶の人元司令図に詳しく述べてあります）、体中に用を蔵しているのです。五行の氣の流れ行く順序、およびその五行の盈虚（えいきょ）・進退の理を明らかにする所以であります。命運の吉凶禍福を論ずる者にして、天地人三元を宗としない者は、ただの一人もいないのであります。ですから、そういった意味で、万法の宗と言っているのです。

帝とは、主のことであります。五行の氣は一刻一秒も休むことなく、止まることなく天地の間を流行し、四時には各々主宰しているものがあるのです。つまり、春の木、夏の火、秋の金、冬の水、四季土用の土というように、時を得たならば旺じ、主宰することとなりますので、ゆえに帝載と言っているのです。

神とは、万物をして霊妙と言わしむるところのものです。天は何も言いはしませんが、四時を巡り、百物を生じ、なすべきことはきちんとなし、何も知らないように見えても何もかも見透しており、これを神功と言うのであります。『說卦傳』に、〈帝出づるや震〉とありますが、震と神は同じではありません。詳しくは、後天八卦の方位とその功用に言われております。ここでは一帝一神をもって、万物の妙用を見事に言い尽くしているのです。

子平の法は年月日時の干支を主とするもので、支は方位であり、蔵干はその功用であります。帝載と神功という言葉をもって言ってはいますが、そのことは天行の理と相合しますし、また、造化の微妙に通じてもいるのです。

考玄解註

もう冒頭から初学者には難しい註となっており、特に徐註では、〈体〉とか〈用〉とか〈生旺死絶の人元司令図〉とか易の理とかを言っておりますが、初めて命理を学ぶ人には全く訳が分からなくなります。この『滴天髓』冒頭の句は、漢文独特の表現で言われているのですが、平たく解りやすく和訳しますと、

《命理学というものは、時の移り変わりの過程の中で、それぞれの人にもたらされる種々様々なる変化の理を研究するものである。》

となり、目的と対象が言われているのです。そしてその方法・手段として、十干と十二支を用い、人命・命運を追究する学問であるから、

《三元である、天元、地元と、人元の支中蔵干の理を細密に識別しなければならない。》

と方法論の基礎ともなることが言われているのです。つまり、命理学の公理である、

太陽と地球の相関関係の中における個人の対応である。

ことを言っているに外ならないのです。漢文ではこのように端的に公理を表現するのが困難であったので、「方法論」の基礎となる、干支、三元によっているものと解釈すべきです。

なお、言うまでもなく、天元、地元、人元も、決して我々が目にするところの天にある太陽そのものでも、我々が生活している地球上の土地でも、我々人間そのものでもないのです。四季の循環律の中で時々刻々移り

変わる、ある特定の力あるものが干であり、支であり、その支の細かい変化の有り様が蔵干である、と解すべきなのです。この変化を与える力を分かりやすくエネルギーと解してもよろしいのです。つまり、干は天の気、太陽エネルギーであり、支は地の気、地球エネルギーであり、四柱八字とは、天の気と地の気を受けて、ある年月日時に誕生した生命エネルギーですから、命理学の公理を、

太陽エネルギーと地球エネルギーの相関関係の中における生命エネルギーの対応。

と言ってもよいのです。このエネルギーが〈帝載〉であり、対応するものを〈神功〉と解すればよいのです。この原文から、「配合干支仔細詳。定人禍福與災祥。」までが、公理とそれに基づいた命理学の「方法論」を総論しているところなのですから、一論ずつ区切って註をするべきところではないのです。しかし、一応この冒頭の句を一文として短く意訳しますと、

《命理の方法論は、公理に従って、まず第一に、陰陽五行哲学を理論的背景として成立するところの陰陽ある十干十二支を採り入れた暦法によって、生年月日時を組織し、その四柱八字における五行十干の有り様により、種々様々な吉凶禍福、災祥を結論付けていくものであります。》

となるのです。このように解することによって、次の具体論としての十干の特性への繋がりが明らかになるのです。しかし、この文を一字一字、字句の解釈をしていく限り、『滴天髓』の真の義は理解できず、ただただ難しいと嘆くのみとなってしまうのです。こうした点にも、『滴天髓』の真の著者は劉伯温氏であるのか、原注を

施したのは本当に劉伯温氏であったのか、あるいは劉伯温氏があまりにも有名であったので、誰かが権威付けんとしてその名を借用したのか、といった重大な疑問が生じるのです。

しかし、「方法論」を右のように一文として短く意訳しましたが、その中には命理を学ぶ者の共通認識として明らかにしておくべき、誠に多くの理論が内在もしているのです。それは、既述の、真太陽時、日の替わり目、年の替わり目、冲尅合の解法、等の「基礎理論」のみならず、

○〈五氣〉と言われている、「陰陽五行哲学」。

○五行がどのように十干となり十二支となったかの、六十干支成立の過程。

○暦法の歴史と六十干支の関わり。

○十干十二支の生尅制化の有り様を知るための理論。

等々の理論がすべて省略されているので、もうここで初学者は手も足も出なくなって、四柱八字さえも怪しいのではないか、ということになり、ある程度命理の解っている人でも、それまでに理解してきた知識の範疇で、この先を理解しようとすることから、大きな誤りを招く結果となっていたのです。

また、今まで命理学では、日干を主とする、身主である、日主である、その人自身である、と説明されておりましたが、この点について、

日干とは、目に見ることのできない〝生命エネルギー〟の中心核である。

と定義付け、このように定義して理解することによって、日主がその人自身であるなら、他の七字は一体何で

あるとするのか、という疑問が解決されることにもなるのです。さらには、

　生命エネルギーとは、その中心核となる日干に対して他の七字のエネルギーが作用することによって成立しているものである。

と定義されます。また当然のことながら、エネルギーである干支は、四柱組織・構造の中で相互に作用し合いつつ、整然として入り乱れることなく、エネルギーの質量を変化させる、ということにもなるのです。『滴天髓輯要』も『滴天髓闡微』もまた『滴天髓徵義』も、一論一論を区切って註していますので、本書においても一応、一論ずつ順次掲げていきますが、「定人禍福與災祥」のところまで読まれましたなら、「基礎理論」に進む前にもう一度ここの一連の句を読むようにしてください。

坤元合徳機緘通。五氣偏全定吉凶。〔輯要・闡微〕

《坤元（こんげん）は徳に合して機緘（きかん）は通ず。五氣の偏全は吉凶を定むるなり。》

坤元合徳機緘通。五氣偏全論吉凶。〔徵義・補註〕

原　注

地には剛と柔があるもので、それゆえに五行が東西南北および中央に生ずるもので、天は徳に合し、その機

緘の妙に感応するのであります。人の命には、偏るもの、全きものあって、千差万別で一つとして同じものはないもので、吉凶はこの偏全より定まるものであります。

任氏増注

大なるかな乾元、万物資(と)りて始める。至れるかな坤元、万物資りて生ず。乾は健を主(つかさ)どり、坤は順を主どり、天に順応し、天と合して徳となり、照らし暖め覆い育てて、機緘の変化に応じてその作用の締めくくり、流通して行くものです。特に五行の氣に偏るもの、全きものがあって、それがゆえに万物の命に吉なるもの凶なるものがあるのです。

徐氏補註

易に〈大なるかな乾元、万物資りて始める。至れるかな坤元、万物資りて生ず。〉と言われております。坤元とは、人が氣に乗じ、形を受けることであります。徳とは、天の徳を言っているのです。すなわち、陰陽五氣の流行することであります。

機緘とは、氣運の変化のことです。荘子は、〈人が乗気受形するのは、天の徳に合して、氣機相通ずるからである。〉と言っております。理に二つはないもので、道は中和を貴しとし、氣は多くは偏駁(へんぱく)、陽に過ぎるは剛、陰に過ぎるは柔、吉凶はあざなえる縄のように互いに関係し合って来るものであり、禍福はもみ合い雑り合って生じてくるものであります。

ですから命理を学ぶ者は、陰陽五行の氣の有り様を一点もゆるがせにすることなく、事の糸口と終わるところ、本末、始終を審(つまび)らかに推察しなければならないのです。それが子平の法であります。

考玄解註

いくら字句を追って、あれこれと註をしても雑然として、言わんとしている『滴天髓』の真義、真意は解らないのです。「坤元」とか「乾元」とか易の用語に惑わされて、「合德」して「機緘」通ずるを二人三様に解しております。吉凶は、五気の偏全にあると解している点は同じですが、「坤元」「五氣」と言っていることと、どのような関連があるのかは誰も言っていないのです。前述もしましたように、「方法論」としての一句でしかなく、これだけを抜き出して理解させようとしても多分に飛躍や省略があって説明し切れないのです。それでも前掲の公理につながる文として意訳するとすれば、

《この世の中のあらゆるものや事を生じ、変化させたりするところの基となるものは、陰と陽、五行であり、命理を理解するには、弁証法的であるとともに相対性理論をも内包する、陰陽五行哲学をよくよく知り尽くさなければならないのです。命理学とは、陰陽五行哲学を理論的背景する仮設代名詞である十干十二支、陰陽、五気・五行の有り様より、吉となったり、凶となったりすることの理を、究明するものであります。》

と解するのが真義なのです。つまり、〈坤元〉とは、世の中のことや、もの、であり、良きにつけ悪しきにつけ、必ずそうなるべき理があってそうなる、というのが、「機緘通」なのです。つまり、「坤元合德機緘通」とは、

花が咲く、りんごが木から落ちる、子供が生まれる、男の子である、あるいは女の子である、などといった、世の中のあらゆることや、ものというものは、すべて必ずそうなるべき理があってそうなるものである、と言っているのです。

戴天履地人爲貴。順則吉兮凶則悖。〔闡微・徵義・補註〕

《天を戴き、地を履みて、人は貴となす。順なればすなわち吉にして、凶なるはすなわち悖るものなり。》

戴天履地人爲貴。順則吉兮悖則凶。〔輯要〕

原　注

万物はすべて五行を得ないものはなく、天を戴き地を履んでいるものであります。ただ、人は五行の全きを得るがゆえに貴となすものです。しかし、その吉凶が同じでないのは、その五行の順なるか悖となるかによるものです。

任氏増注

人は覆載〔覆は履の誤植か〕の中にいるもので、天を戴き、地を履んでいます。八字貴であるのは、天干と地支が順であって、逆らい、乱れていないからであります。

順とは、接続、相生するもので、悖とは、反尅し害をなすものです。ゆえに吉凶がはっきりとするものです。例えば、天干の氣が弱ければ、地支が天干の氣を生じ助け、地支の神が衰えているならば、天干が地支の神を輔ける、このようなのは皆相互に助け合う情があるのですから、順であって吉とするのです。しかし、天干が衰弱しているのを、地支が逆に助けるどころか抑えたり、また地支の氣が弱いのを、天干が尅したりするのは、互いに抑制し合って助け合う情がありませんので、無情となし、背き、逆らうもので、凶とするのです。

仮にですが、干が木であるとしますと、金の尅を畏れるもので、地支に亥・子の水があって木を生じてくれるか、地支に亥・子がなくとも天干に壬癸の水があって木に化生するか、天干にも壬癸がないなら、地支に寅・卯があって天干の木が通根しているか、さらに寅・卯の通根するものもないなら、天干に丙丁の火があって金を制するか、等々の状態があるならば、木は生機あるもので、吉と知るべきであります。しかし、天干に壬癸がないどころか、戊己の土が透出していたり、支に亥・子・寅・卯がなく、反対に辰・戌・未・丑・申・酉が加わって、庚辛の金に加勢・党助したりするようでしたなら、木は生ずる理が全くなく、凶であることを知るべきであります。他は類推してください。

およそ万物は五行「戴天履地（さいてんりち）」しないものは一つとしてないのです。鳥や魚介類でも、五行専氣を得て生ずるものであります。しかし、羽虫は火に属し、毛は木に属し、鱗（うろこ）は金に属し、介は水に属します。ただ人は土に属していまして、土は中央にあって、木火金水の中気成るところで、人のみが五行の全きものでありますから、万物の霊長、貴となすものであります。

このことを人の命の四柱八字をもって言いますと、四柱が流通し、五行が生化するを最も宜しきこととし、四柱に欠陥があり、五行がいずれか一方に偏枯するを大忌とするのであります。いい加減な間違いだらけの推命の書は、四柱すべて戊午の者は、これ聖帝の造であるとか、四柱すべて癸亥の命は、これ張桓（ちょうかん）侯の造であるとか、世迷い言を言っております。しかしその理を究めてみますと、これらのことは皆後人の訛伝（かでん）〔誤った言い伝え〕であります。漢より現在に至る二千余年、六十干支が循環しておりますので、こうした命造は少なくはありません。その誤謬たるや歴然たるものです。私はこの道に入って以来、四戊午、四丁未、四癸亥、四乙酉、四辛卯、四庚辰、四甲戌、等の命を推しましたが、皆偏枯の命として一つも誤りがありませんでした。同郷に、四壬寅の命造の人がおります。寅は火土の長生であり、食神の禄旺で、なお生化の情はありますが、しかし、妻財子禄全美ではありません。それはただ、寅中火土の氣に従い、引出するものがないことによります。幼くして孤苦に遭い、中年にして飢寒を受け、三旬を過ぎてから、運南方に転じ、寅中の火氣を引き出して、機会を得て、経営発財するも、遂に子なく、家業分奪ただ空、偏枯の論を作すものと知るべきであります。

このように観てみますと、命は中和を貴しとし、偏枯なるは終極的には損ずるものがあるものです。理は平正を求むるもので、奇異なるものは信ずるに足りないものであります。

徐氏補註

五行の理は、生尅制化、会合刑冲に外なりません。生をもって順とし、尅をもって逆とするものではありません。また会合を吉とし、刑沖を凶とするものでもないのです。では、順悖（じゅんはい）ということはどういうことかと言いますと、合すべきが宜しかったなら合し、生が必要であるなら生じ、尅するが命を良くするものならば尅すべきことで、これを順と言うのです。生じてはいけないのに生じたり、尅してはいけないのに尅したりするのを悖逆と言うのです。会合刑沖もまた同様です。これが順逆の重要な機微であります。

考玄解註

「戴天履地」と言っているのは、一組の干支のことで、支から天干を見れば「戴天」、天を戴いている、天干から地支を見たら「履地」、地を履んでいる、ということなのです。これだけでは天元・地元の二元ですから、人元である蔵干を貴とする重要なものであるから、「蔵干理論」こそ重要である、と言っているのです。

つまり、冒頭の句の天地人三元と、この句の天地人は違うことを意味しているのではなく、陰陽五行から十干十二支と発展し、その五行、干と支に、生尅制化、沖尅合局方の定理が生ずることから、特に人元となる蔵干を重視しなければならないと上の句で言い、その生尅制化の配合が良いのを順とし、良くないものを悖とする、と言っていると解すべきなのです。また、このことは、前の句の「五氣偏全定吉凶」とあることを、順悖という視点から強調してもいるのです。ですから、強いてこの文を前文同様解りやすく意訳しますと、

《さらに、五行という視点からのみではなく、地支蔵干を軽視することなく、四柱組織・構造の三元の良いか悪いかを知るべきです。》

となり、順悖の重要な視点となる多くの「基礎理論」を、命理を知らない人、世の中の多くの人達は、よくよく理解・会得しなければならない、と言っている次の句に繋がるのです。

原注も任氏増注も、〈天を戴き、地を履みて、人は貴となす〉としているのは同じですが、徐註ではこの点全く触れられておりません。しかも人間をもって貴とするということと、「順則吉兮凶則悖。」という句は全く関連はないのです。

要與人間開聾聵。順逆之機須理會。〔闡微〕

《人間（じんかん）の聾聵（ろうかい）を開くを要するなれば、順逆の機を須（すべから）く理會すべし。》

欲與人間開聾聵。順悖之機須理會。〔輯要〕

要與人間聾聵。順逆之機須理會。〔徵義・補註〕

原　注

命を知らない者は耳が聞こえないのと同じであります。順逆の機より命を知り、これを理会するに能（あた）うるなれば、願わくば世間の聾聵を開くようにすべきであります。

任氏増注

この言は誠に至極の理を言っているのです。ただ、後の世の命を学ぶ人々で、順悖の機を究めることなく、妄（みだ）りに人命を云々して、誤りを貽（のこ）すこと大であるを恐れるものです。変格・雑格、神殺をごちゃ混ぜにして命を看たり、非理論的な用を取ったり、桃花・咸池（かんち）があるからとして、女命を邪にして淫と片付けたり、金鎖・鉄蛇の鬼神の害を受けるとしたり、小児関殺があるからとて父母を心配させたり、あるいは、日主の衰旺を論ぜずして、すべて財官は喜であり、傷官、七殺は凶であるとして人の一生を決定付けたり、日主の強弱を無視して、ことごとく食神、印綬を福としたり、偏印、劫財を殃（わざわい）としたり、財官等の代名詞がいかなる理があるかも知らずして、財は命を養うことができるとしたり、官は栄身することができるとしたり、まことにはや、その無知、愚たるや言いようがないものです。

例えば、財は養命し得るものであるからとして、財多身弱は、富屋貧人ではなく、巨富を成すと言ったり、官は栄身するものであるから、身衰官重なる者を、夭賤に至らず、顕貴を成すと言ったりしているのです。

私は古書により子平の法を詳細に研究・考察して来ました。すべては四柱・五行にあり、その衰旺を察し、その順悖を究め、その進退を審らかにして、その喜忌を論ずること、それらのことを理会というのであります。変格・雑格、神殺、納音等の種々の名目は、勝手に妄造したものであって、命理の休咎（きゅうきゅう）〔吉凶と同意〕には一片だに関係するものではありません。もしこのようなもので命を論じたならば、正なるものを謬とし、是なるものを非とし、誤りの上に誤りを重ねて、遂には吉凶の理は、昏昧・難明となるのは必至であります。書に言われている、財を用神とするならば劫するは不可、正官を用神とするならば傷するは不可、印綬を用神とするならば壊すは不可、食神を用神とするならば奪うは不可との四句は、誠に至極の理であります。その肝心要は一字「用」にあるのです。

命を学ぶ者、用の字の根源を究めず、もっぱら財官を重要視するのみで、用の財ことごとく劫(おびや)かすべからざるを知らず、用の正官ことごとく傷すべからざるを知らず、用の印綬ことごとく壊すべからざるを知らず、用の食神ことごとく奪うべからざるを知らず、順悖の機も理会しないのは、聾聵とどこに違いがありましょうか。命を知り、吉凶を論じ、賢かどうかを弁じて、世間の方々の役に立つどころか、反って世を誤らせ、人を惑わす者の何と多いことでしょうか。

〔1〕

辛卯　**大運**　癸巳
丁酉　丙申　壬辰
庚午　乙未　辛卯
丙子　甲午　庚寅

高宗純皇帝の御造です。天干に庚辛・丙丁があり、正に火煉秋金の配合となって、地支は子午卯酉の四正で、また坎離震兌(かんりしんだ)の配合で、氣は八方に貫いているのです。しかし、五行無土、秋令に生まれてはいますが、旺論をなさないものです。最も喜とするのは子午が冲となって水剋火、午火をして酉金を破らしめず、日主を輔けるに足る点にあります。さらに妙なるは卯酉冲、金剋木して、卯木が午火を助けず、制伏宜しきを得ている点であります。卯酉は震兌をなし、仁義の真機を司(つかさど)り、子午は坎離をなして、天地の中氣を宰(つかさ)どります。かつ、坎離は日月の正体を得、消滅することなく、一潤一暄(けん)〔暄は、あたたかい、の意〕。火は水の端門の子に坐して水火既済。これ八方の国をすべて属国とし、四海を治め、皇帝として贅を尽くし、天下が和らぎ安んじ得る所以であります。

〔2〕

	大運		
庚申	甲申	戊子	
庚辰	辛巳	乙酉	
戊辰	壬午	丙戌	
戊午	癸未	丁亥	

董中堂の造です。戊日辰月季春の午時に生まれ、旺相に似て、春時の土は虚で、未月、戌月の土の実とは比較になりません。かつ、二辰は蓄水する湿土で、洩火生金して、二庚が透出し、支は申辰会し、日主過洩。用神は必ず午にあり、水木を見ないのを喜ぶものです。日主の印綬は不傷で、精神旺じ足り、純粋中和、一生宦界にあって無波、三十余年太平の宰相であったのです。子運水局を成して死亡しましたが、寿は既に八旬を過ぎていました。

〔3〕

	大運		
壬辰	丙午		
壬寅	癸卯	丁未	
甲寅	甲辰	戊申	
庚午	乙巳	己酉	

同村の王姓の造です。通俗な看方をする人は、身強殺浅、庚金を用神とし、春金逢金、必ず棟梁の器とするものです。が、三旬を越えるも勉学も物にならぬだけでなく、家業も漸消。私は頼まれてこれを看ました。

支に二寅、乗権当令、干に二壬透って旺神を助け、年支の辰は水庫で、木の余氣。蓄水し春木を養い、生金することできず、一点の庚金休囚の極で、かつ午火これに敵し、壬水に洩らし、ただ無用となるだけではなく、反って生水の病です。大体、旺の極まれるもの、洩らすが宜しく、尅するは宜しからずで、その氣勢の順応するのが宜しく、その性に逆らってはならないのです。午火をもって用神とし、将来、運火地に至って貴とはならないが財利あるがゆえ、名を棄てて利に就くべきで、今までのように名を追って学問するは一生を誤る、と言ったのです。彼は早速学ぶを止めて経営に本腰を入れました。丙午運、庚金の病を尅尽し、十年に満たずして発財十余万となりました。庚金を病とするは明らかです。

〔4〕

		大運	
癸	**酉**	庚申	
甲	**子**	癸亥	己未
癸	**亥**	壬戌	戊午
辛	**酉**	辛酉	丁巳

福建省の人ですが姓名は不明です。庚午年冬〔一八一〇年生ですから、任氏37才〕推命し、金水の運を取り、火土の運を取りませんでした。ところが彼は金水旺極なのに、どうしてまた金水を取るのか、命書は信ずるに足りないものであるのか、書に「旺則宜洩宜傷」とあり、満局金水なれば金水と取るとは、命書にないものではないか、と言われたのです。私は答えて、命書どうして頼りにならないなどと言えましょうか。皆命中の五行の奥妙をあなた方が識らないことに原因があるのです。この造、水旺逢金、その勢いたるや冲奔、一点の甲木枯浮、水氣を洩らすに難があり、また、その冲奔の流れを止めんとするは、反って水患を成すもので、その流れに順であるに越したことはないのです。初行癸亥運、その旺神を助け、父母の庇護余りあるものの、一たび壬戌運に交わるや、水は通根せず、その氣勢に逆らい、刑耗並見、辛酉・庚申運、財並旺。己未・戊午運、その性に逆すものです。半生の事業、ことごとく流失し、刑妻尅子、孤苦無依。これ崑崙（こんろん）の水、順ずべく逆らうべからず、と言うのはこのことで、順逆の機を知らなくてはならないものです、と申し上げました。

徐氏補註

人の命造で、最も必要なことは四柱流通することであります。五行の生化して偏を補い、弊害となるを救うのは、中和ということに合致するものです。偏枯欠陥を大忌とするものであります。子平の法、千言万語、この理の説明でないものはないのです。命理を学ぶ者はその衰旺を察し、その進退を審らかにし、順逆の機を明らかにすれば、喜忌は自ずから顕然として見ることができるのです。

考玄解註

聾聵（ろうかい）の、聾も聵も共に耳の聞こえないつんぼのことで、転じて、無知なること、世の中の道理、物事の理の分からない人の意となり、命理の解らない人は、耳の聞こえないのと同じである、と言っているのです。『輯要』『徴義』『補註』では、聾瞶（ろうき）〈瞶とは、生まれながら、目が見えないこと。〉と言っておりますが、いずれであっても、文意に根本的違いはありません。そして、命理の真を知るには、「順逆之機須理會」と言っているのです。ここも「方法論」中の一句であって、『滴天髓』で述べられている「基礎理論」の真意を理解・会得しなければならないことを、〈須く理会すべし〉と強調しているのです。〈順逆の機〉とは、命理のあらゆる「基礎理論」から、格局、用神、さらに「構造論」等すべてのことと解すべきですが、この時点で任氏増注のように、難しいことを長々と述べる必要はありませんし、そのために反って難しい印象を与えてもいるのです。かといって、そうは単純に言い切って済まされる内容ではないのです。ですから、この一文を意訳しますと、

《命理を学ばんとするなら、これから述べんとするあらゆることを一点もないがしろにすることなく、よくよく十二分に理解し会得しなければなりません。》

と、むしろ「方法論」の勉強の重要な心構えを言っている、と解する方が正しいでしょう。ここで任氏の言っていることを理解しようとしましても、解らないことばかりとなります。しかも、具体的に何も説明していないのに、実造を挙げて解命し、その解命が正しければまだしも、『滴天髄』が論じていることを全く忘却した誤りの多い解命で、初学の人は戸惑い、混迷に陥り、難解として投げ出してしまうのです。初学の人のみか、少しは命理を知っている人さえも誤りの道へ踏み込ませてしまうのです。ですから、初学の人は、任氏挙例も私の解命も飛ばして、先へ読み進めていただきたいのです。

〔1〕

	大運	
辛卯		45才壬辰
丁酉	5才丙申	55才辛卯
庚午	15才乙未	65才庚寅
丙子	25才甲午	75才己丑
	35才癸巳	85才戊子

清の高宗は清朝第六代皇帝で、乾隆帝（けんりゅうてい）とも言い、「人名辞典」によると、一七一一年～一七九九年、在位期間は一七三五年～一七九五年。雍正帝の第四子で、即位した後、十大武功と言われる戦功を立て、漢、唐の数倍もの帝国を築いた。しかし、この功績は実は一代の名臣と言われた張廷玉の助言や指導、制御があったからに他ならないのです（やがて、張は老化と皇帝という権力の奢りから逃れ、徐々に離反していくことになるのです）。

右造が正しいものとするならば、太陽暦一七一一年九月二十五日生まれとなり、立運約5才5ヶ月。庚日酉月金旺辛金分野に生まれる「陽刃格」。天干は辛丁剋去し、移動・接近、地支は子午卯酉の四正揃い、冲去の論をもってせず（四正の配合は二十四通りある）、金旺・水相・木死・火囚・土休なるも、印の土一点もありません。ここは、「順逆之機須理會。」の漢文を理解してもらうための挙例であり、「順逆之機」とは、任氏の言う通り、原局の用神・喜神・忌神を明確にすることが「順逆之機」なのです（もちろん、調候も論じなければなりません）。つまり、時干の丙火は辛丁剋去しなければ、調候の作用であるものが、辛丁剋去し、庚金と丙火が年の方へ接近する「接近理論」により、年支卯木より生火され、火勢を一段と強化し、かつ、午に根あって、日干の庚を攻身するとともに、月令を得ている酉金までも熔金し、攻身の官殺となって忌となるのです。調候の喜変じて、官殺の忌となるのが原局の一大欠点。さらにまた、無土も大きな欠点ともなれば、「始終」断節するのも欠点となります。

「始終」を見ていくと、卯木は火源となって火を生じますが、火は土に繋がらず、土がないため戊己土を用神と取ることもできず、喜神は土金、忌神は水木火の原局となります。しかし、原局のみで、その人の一生の有り様を断定することはできないのです。

つまり、大運を観ますと、

第一運丙申、金旺にして水相令。原局の子水を強化し、やや午火の力を減殺はしますが、下から上を剋するの理はなく、かつ大運干丙火は原局の午火に根あって、二丙が協力して日干をさらに攻身するのと同時に、金旺の中金さえも熔金します。おそらくこの運は皇帝の第四子として生まれた生活環境から、心からの援助や母の恩恵なく、我がまま放題の贅沢の限りを尽くす。当然、病弱で特に呼吸器系、消化器系、神経系に次々と小病発生し、健康な時期が少なかったことと思われます。このことが後に影響を与えることを知っておかなければなりません。

第二運乙未、乙庚合・乙辛尅の情不専にして、辛丁は尅去したまま。前火旺四年、後土旺六年。大運干乙木は原局の丙火の火源となって、火勢を強め、前運よりの病弱なお続くも、土旺運の20才過ぎ頃から徐々に健康となり始めたのは、土旺の未はもちろんのこと、未午合、未卯木局半会の情不専だからです。子水あって土旺を湿土とし、喜神の湿土が生金することによって、健康になったのです。同時に、24才乙卯年、帝位を継承して高宗と称し、史実にあるように十大武功と言われれる戦功を立て、漢や唐といった国の数倍の帝国を築いたとあるのは、前述のように、一代の名臣、張廷玉の恩恵（原局の丙火）によったものです。

しかし、その後、何の苦労もなく、周りの家臣にチヤホヤされたことから、皇帝といえども例に漏れず、張の苦言さえも聞かないようになり、「文字の獄」と言われる思想統制や弾圧を行い、焚書・処刑の限りを尽くしたのです。このような所業に、民心が離れていく中、さらには奸臣といわれる和珅（わしん）の巧言に惑わされ、賄賂政治が横行し、国政が乱れに乱れていったのは、第六運辛卯以降のことです。さらに、一七八六年の台湾における天地会の乱、一七九五年の苗族の乱、一七九六年の白蓮教徒の乱と反乱が続き、統治に破綻をきたすに至ったのです。また、この間に『四庫全書』を校訂しましたが、これは何も高宗自身が筆を取って手を加えたわけではなく、あくまで学者たちによってなされたに過ぎないのです。

相次ぐ反乱の中で退位し、一七九九年己未年の88才で死亡しました。高齢者の死についてはそれほど論じられるものではなく、幼時病弱でありながら、長寿なる者も多く、65才を過ぎれば、人間いつ死んでもおかしくないのです。

任氏の解命は、『滴天髄』が後で論じている、調候を言わず、月令も言わず、格局も用神・喜神・忌神・閑神も、大運の喜忌の有り様も何一つ論ぜず、これが〈高宗純皇帝造〉であるとして、事象に合致するよう理由付けをしているに過ぎないのです。

〔2〕

	大運	
庚申	4才辛巳	44才乙酉
庚辰	14才壬午	54才丙戌
戊辰	24才癸未	64才丁亥
戊午	34才甲申	74才戊子

上記の薫中堂は、乾隆五年三月二十七日、太陽暦日本の元号で一七四〇年（元文五年）四月二十三日生、戊日辰月土旺生まれの「建禄格」です。立運約4才4ヶ月。日支辰、時柱戊午で、日干強、旺土を疏土する甲木が必要ですが、不透であり、用神はやむなく癸、喜神金水木、忌神火土。土金水木火と始終あって、「源清」、大運干支も救応あって、ほぼ喜となりますので、「流清」にして、「位相」高の下となるものです。任氏の解命は、

○〈春時の土は虚〉は大誤です。

○〈支は申辰会し〉は水局の意であり誤りです。子水の旺支がないので、半会さえせず個有の支です。

○年柱の庚申に日干洩身の理なく、〈日主過洩〉も誤りです。

○〈用神は必ず午にあり〉も誤りです。用神は一神丙とするか丁とするかですが、金はやや多ではあるものの、「生命エネルギー」の中心核の強弱とは違うのです。もし用神を丙とするなれば、第二運壬午、火旺であっても、原局二庚・申から生壬される大運干壬水は、午火を滅火し、忌運の傾向性多大となります。この運も、第三運癸未も、制財による忌象さえ生じ、第四運甲申さえ、庚金劈甲しはするが、申中壬、辰中癸から生甲される甲木が攻身の作用全くなくなった訳ではありませんので、洩身にも耐えられず、攻身にも耐えられない忌、さらに第五運乙酉さえも忌となるのです。

○「衰旺之眞機」が解っていないことからの、「道有體用」の用神の誤りとなっているのです。

○また、〈子運水局を成して死亡〉も誤りで、必ず干支は一組であって前後分断はなく、子午冲の情があるので、水局を成しません。しかも、大運にて死亡するものではなく、「休咎係乎運。尤係乎歳。」と『滴天髓』に言われているように、流年にて死亡するものです。しかし、一応65才を過ぎたなら、その死を命理で理由付けることはあまり正しいとは言えないものです。

〔3〕

		大運	
壬	辰		丙午
壬	寅	癸卯	丁未
甲	寅	甲辰	戊申
庚	午	乙巳	己酉

甲日寅月木旺に生まれる「建禄格」です。調候丙火が必要ではあるが、寅午火局半会して調候太過となる「病」を、月干壬水が、日支寅中二丙を制火して、調候的とさせない「薬」とも助身ともなっています。庚金時干にあるも、生庚金の辰土は遠隔無情で、午火上にあるの

で庚金劈甲引丁。日干強となるので、用神は湿土戊、喜神火土、忌神水木、閑神金となり、「源清」の命となります。「始終」はやや可で、大運を観ますと、第一運癸卯はやや忌運であるものの、第二運甲辰より喜の傾向性ある運となるので、「流清」とし、「位相」高の部に入るものです。任氏解命では、

○〈午火をもって用神〉は、二壬透出するので、用神とは取れません。

○〈丙午運、庚金の病を尅尽し、………〉は、大運干丙は原局二壬より制火され、支は寅寅午午火局半会以上の洩身太過となる「病」を、二壬と辰が「薬」となって救応して、辰土の財の喜象生じることとなるのです。時干の庚が「病」となるのではありません。「病」はむしろ、寅午火局半会以上にあるのであって、「病」を用神などとするのは、後述の「中和之正理」に反しもすれば、「道有體用」の扶抑の「得其宜」にさえ反するのです。生尅制化の理〈丙午運、庚金の病を尅尽し〉の一語のみをみてもよく分かるように、事象に合わせる一方的解命であることは明白と言えましょう。

〔4〕

		大運		
癸酉		**大運**	庚申	
甲子		癸亥	己未	
癸亥		壬戌	戊午	
辛酉		辛酉	丁巳	

癸日子月水旺に生まれ、金水重々とあり、官殺の土一点もありませんので、「真の従旺格」となるものですが、調候急を要するに一点もなく、金寒水冷の下格となります。用神は壬、喜神一応金水木火、忌神土とはなりはするものの、調候ない限り喜の作用はほとんどないのです。「源濁」ですが、大運は南方調候運にて発財する「流前濁後清」となるものです　任氏解命は、格局、調候も言わず、「從得眞者只論從」を無視し、〈順〉では理解できません。

理承氣行豈有常。進兮退兮宜抑揚。〔闡微〕

《理は氣を承けて行るに、豈常あらんや。進たるか退たるか宜しく抑揚すべし。》

理行承氣豈有常。進兮退兮宜抑揚。〔輯要〕

理乘氣行豈有常。進兮退兮宜抑揚。〔徵義・補註〕

原　注

とじたり、ひらいたり、往ったり、来たりすること、これは皆氣で、理はその間を巡り行くものであります。行の始めが進むことであり、進んで極まるところは退の機をなすものです。辰月の甲木の如きがこれです。行りて盛んとなれば退となる理です。退の極まれるところは進の機となすものです。戌月の甲木がこれです。命理を学ぶ者は、宜しくその深浅を抑揚すべきです。かくて命を言うことができるのです。

任氏増注

進退の機を十二分に知らなくてはなりません。長生を旺となし、死絶を衰となす。そんなものでは決してありません。必ずや理氣の進退を審らかに明確にし、衰旺の真機を識らなければならないのです。およそ五行の旺相休囚は四季によって定められたもので、正に来たらんとするものを進、これを相と言い、進んで当令する、これを旺と謂い、功成りたるものは退くもので、これを休と言い、退いて氣なきを囚と言うのであります。その旺相休囚を十分に弁えて、その進退の氣を知るべきであります。日主をなす、喜神となすは、旺相なるが宜しく、休囚なるは宜しくありません。凶殺をなす、忌神となすは、休囚なるが宜しく、旺相なるは宜しくありません。そして相は旺となるところに妙があります。すなわち、旺は極盛のものですから、その退くや反って速いものですが、相はこれから伸びようとしている氣ですから、その進むに長い期間があるのです。休は囚より甚だしく強いのは、囚は既に衰の極ですから、必ずや漸く生ぜんとしていて、休はこれから退くの氣で、にわかに進とはなり得ないからです。これ理氣進退の正論であります。ここに二造を挙げて例とします。

〔5〕

丁亥　**大運**　丙午
庚戌　己酉　乙巳
甲辰　戊申　甲辰
壬申　丁未　癸卯

甲木は休囚の極で、庚金祿旺にて甲を剋し、一点の丁火では庚金に相対するに難あり、加うるに辰戌の財が七殺である庚金を生じ、殺重身軽に似ています。戊月甲木進氣、壬水貼身（ちょうしん）し相生するを知らなくてはいけません。壬水は丁火を傷剋せず、丁火弱とは言いましても、戌に通根して火庫、戌は燥土で火の本根、辰は湿土、木の余氣で、天干一生一制、地支また亥の長生に遇う。四柱は生化有情にて、五行は不争不妬です。丁運に至って科甲連登、用神火として敵殺するは明らかです。永く官吏として任じ、官資豊厚であるのは、大運一路南方を巡るからです。

〔6〕

乙亥　**大運**　丙子
庚辰　己卯　乙亥
甲戌　戊寅　甲戌
壬申　丁丑　癸酉

この命と前の命とは大同小異です。俗論をもってしますと、甲は乙妹を庚に嫁し、凶は吉兆となし、貪合忘冲、前造に較べてさらに佳である、と言うのです。しかし前造は官資豊厚、翰苑（かんえん）〔文人、学者の仲間〕の人で、本造は貧寒、乙庚合し化金することを知らないのです。

化金して反ってその暴強を助け、前造の日柱甲辰、辰は湿土生木、本造は日柱甲戌、戌は燥土生木不能、前造は申辰拱化〔生化の子水を申と辰の間にかかえるの意〕、本造は申戌生殺、前造は甲木進氣で庚金退氣、本造は庚金進氣にして甲木退氣。このように両造を看ますと、天地の隔たりがあるのです。進退の氣は十二分に知っておかなければならないのです。

徐氏補註

理とは五行の理であります。氣とは四時の氣であります。乗とは乗除することです。つまり、五行の理をもって、四時の氣と相乗除することです。命理を学ぶ者、ただただ五行の正理を十二分に窮め尽くさなければならないのです。須く天行〔天の運行〕の理と四時の氣が、相互いに乗除しながら巡っていくものであることを知るべきです。本来常道はないのですが、しかし必ず氣の進退に随って、これを抑えたり揚げたりして、初めてその吉凶を断ずることができるのです。四柱に干支を配合するに、微弱にして用とすべきものがあり、生旺にして用とすべからざるものがあり、一定するものはないのです。

〔7〕

四柱	大運	
丙　戌		40才丙申
壬　辰	10才癸巳	50才丁酉
丙　申	20才甲午	60才戊戌
丙　申	30才乙未	70才己亥

例えば、私の命造は、丙日辰月に生まれ、木の余氣あり、火まさに進氣、建樹すること無しといえども、この年に至って命を知る所以です。もし申月に生まれて、丙戌・丙申・丙申・壬辰と、四柱八字を換えましたなら、丙火が申に臨み、

壬水に逢うは、難獲延年の説となって、早くこの濁世を去っています。氣の進退、このように関係すること大であります。五行の常理では論じ切れないものがあるのです。さらに例を挙げてこれを明らかにします。

〔8〕

		大運	
丙	子		
壬	辰	1才癸巳	31才丙申
壬	申	11才甲午	41才丁酉
乙	巳	21才乙未	51才戊戌

前財政総長の王克敏の命造です。辰月に生まれ、乙木余氣を用として可、時巳宮で丙火有根、傷官生財します。乙未運、丙丁木火の運を巡り、青雲直上しました。

〔9〕

		大運	
丁	卯		
壬	子	4才辛亥	34才戊申
壬	申	14才庚戌	44才丁未
甲	辰	24才己酉	54才丙午
			64才乙巳

ある友人の造です。甲木透干、年丁卯、子月に生まれていなかったなら木氣は休囚となります。丁壬一合、財星被劫、地凍天寒、枯木無用。月令陽刃にて、地支は三合して、冲奔の性あり、ただその氣勢に順ずるべきです。

初運四十年、運行西北郷。土金相生、丁財並茂、一郷の財産家の良き家柄の出身で、名は郷里に知れわたりました。丁未運の後、資産消耗し、老境頽唐〔一気に崩れ落ちること〕、乙運乙亥年に死亡したのは、五行の理によります。

同じく傷官生財をなしますが、氣の進退によって、用とすべきものと、用とすべからざるものが、このように区別されるのです。王造は木火運にして貴、友人造は福沢優れてはいても不貴。それは金水を喜とし、木火を忌とするゆえです。

考玄解註

この文も前の文と関連があり、かつ次の文に繫がりもする「方法論」と解さなければならないのです。任氏増注中の「衰旺」は『滴天髓』のこの後の方で、

「能知衰旺之眞機。其於三命之奥。思過半矣。」

「既識中和之正理。而于五行之妙。有全能矣。」

と「衰旺」と「中和」を関連あるものとして論じているのですから、ここでいきなり「衰旺」を論じるのは、ここまでの『滴天髓』で言われてもおらず、ここで関連なく具体論を言っている、と註されては、読者は混乱します。しかも、〈およそ五行の旺相休囚は四季によって定められたもの〉と言われても、それがどのようなものかも不明では、ますます混迷に陥ってしまうのみです。命理を〈十二分に理解し会得〉すべきであると言っている前の文と関連ある文であるからこそ、続いて次の「配合干支」云々となるのですから、ここの原文を強いて意訳しますと、

《五行の氣は、太陽と地球の相関関係の中における自然の理とも言えるものであり、五行十干によって構成される四柱配合、組織構造は、その自然の理とも言える、順悖の理、循環律・周期律の法則に基づいた厳然たる理論によって、よくよく見極めなければならない。》

と言っているのです。つまり、もっと簡単に言えば、

《命理学は、一つとして同じものはない四柱八字を解命し、一生の間に種々変化する吉凶禍福を明らかにするための秩序体系ある理論である。》

とも言えるのです。ですから、ここまでは具体論は一切なく、命理の方法論の概論なのです。具体論の理論展開は、「五陽皆陽丙爲最。五陰皆陰癸爲至。」以下でなされているのです。

実はここで任氏の言っているのは生旺墓絶のことで、旺相死囚休ではないのです。この「生旺墓絶」と「旺相死囚休」を一緒くたにしていたのが、今までの命理学における大きな誤りなのです。このことは「陰陽順逆之説。洛書流行之用。」のところで詳しく論ずることになります。

また、実造を挙例されても、命理学すべてが一応解ってからでないと、解命の意が理解できませんし、例というものは、その内容を解るように納得させるべきものですが、挙例の解命は、何が〈理〉であり、何が〈氣〉であり、〈進〉と〈退〉の分かれが、どこにどうして生じるのか、それをどう〈抑揚〉するのかの説明になっていないのです。一応正しく解命します。

〔5〕

丁　亥　**大運**　丙午
庚　戌　己酉　乙巳
甲　辰　戊申　甲辰
壬　申　丁未　癸卯

一七六七年、一七〇七年、一六四七年の庚戌月には甲辰日はなく、一五八七年、太陽暦十月十九日丁分野に甲辰日があります。本造を一五八七年生としますと、甲日戌月金旺の丁分野生の「傷官格」となります。調候丙火必要となるのに一点もなく、戊辰冲去して亥と申は接近し、亥は蔵甲するも、根としての寅・卯なく、月干旺令の庚は申に有情な根あって、日干甲を攻身・断削します。日干弱にて、やむなく用神壬、喜神水木、忌神火土金となります。年柱丁亥ですので生家環境はまあまあ良好ですが、調候丙がありませんので、金寒水冷の憂いがあります。

第一運己酉、金旺運にて申酉戌酉方全くして戌辰解冲、己土濁壬して生金し、亥は遠隔無情となり、辰中癸水は水冷にて、それほど滋木培木の情なく、わずかに化殺となる壬によって死に至らなかったのでしょう。

第二運戊申、大運干戊土が生金する金旺運で、戌辰冲去によって亥中蔵干の甲が有情となるも、調候なく金寒水冷の漂木・過湿、忌の傾向性の運。死亡に至らないのみです。

第三運丁未、丁壬合去、戌辰冲去のままで、それほどの喜とならず、やや忌の傾向性の運。

第四運丙午の調候運、戌辰解冲し、水温み癸水の滋木培木が有情となって、喜の作用生じるやや喜の傾向性の運。34才辛酉年は忌ですが、36才癸亥年から、37才甲子年、38才乙丑年、39才丙寅年、40才丁卯年と喜が続き、上昇気流に乗り、この運中それほどの忌は生じません。

既述のように、任氏は干の特性、調候、冲剋合局方の解法、用神・喜神・忌神、特に、土旺なのか金旺なのか等、『滴天髄』中に言われていることを全く理解することなく、単純に生旺墓絶のみで看命しているのです。

〔6〕

		大運	
乙	**亥**		32才丙子
庚	**辰**	2才己卯	42才乙亥
甲	**戌**	12才戊寅	52才甲戌
壬	**申**	22才丁丑	62才癸酉

一七五五年（乾隆十二年）四月十一日、清明節入は五日十一時十八分ですから、甲日辰月木旺生まれの「陽刃格」で、立運約2才。調候不要、乙庚合、庚甲剋の情不専にて解合解剋し、辰戌冲去して、亥と申は接近・移動します。日干甲は

亥に有気にて、月干庚は申に通根して、日干は庚金に劈甲され棟梁の材となるものです。しかし、木旺・金囚令ゆえ日干強、用神去ることのない庚、喜神火土、忌神水木、閑神金となります。年柱乙亥の忌ですから、生家環境あまり良好とは言えません。

第一運己卯、大運干己土に庚金は生金されて、木旺の卯を制し、忌とならず、やや喜の傾向性。

第二運戊寅、同じく忌となりません。

第三運丁丑、丁壬合去するも丑運にて喜忌参半の運。

第四運丙子、申子辰水局の情にて辰戌解冲し、子申の水局半会残るも、湿土の辰戌生庚し、丙火は壬水に制され尅庚せず、辰戌を多少生土もすることにより、それほどの忌はなく、むしろやや喜の傾向性の運。

第五運乙亥、辰戌冲去のまま。忌の傾向性大なる運。

第六運甲戌、辰戌解冲するも、大運干に透甲する忌の傾向性の運。

第七運癸酉、金旺運なるも、癸水滋木培木の忌の傾向性大なる運。

前造は金旺、本造は木旺生であり、全く反対で、〈大同小異〉ではありません。また〈乙庚合し化金する〉の理も全くなく、〈戌は燥土〉ということから、辰戌冲去して無作用と言うべきですし、原局に戻ると、申中に壬水があるので戌は湿土となる理です。〈進退の機〉のみで、吉凶が変わるものではないのです。

徐註もここの一連の文を、公理に続く「方法論」の総論であることが理解できなかったために、任氏増注に影響されて、〈必ず氣の進退に随って、これを抑えたり揚げたり〉して看るのが命理の根本である、と言っているようです。しかし、「用」について一言も説明がないのに、「用」を持ち出しては、初学者は全く混乱してしまいます。そしてその例として、自身の命造を挙げているのです。

〔7〕

		大運	
丙	戌	10才癸巳	40才丙申
壬	辰	20才甲午	50才丁酉
丙	申	30才乙未	60才戊戌
丙	申		70才己亥

徐楽吾氏命。一八八六年（光緒十二年）四月六日、立夏節入は五月五日二十二時五十六分ですから、立運約9才9ヶ月。丙日辰月木旺の生まれで、戊辰沖去して二申接近し、二申に有気の壬水は強化されて二丙を制し、日干無根にして無印ゆえ、印旺ではあるものの辰月乙木司令であることから、従さざるを得ません。本命は従勢格的「仮の従財生殺格」、用神庚、喜神土金水、忌神木火となります。辰戌解沖すると、普通格局の「正官格」となります。辰戌解沖の支は、戌・辰・子・午・卯・酉の四正の支です。『子平眞詮』で言うところの、「大運によって格局が変化する」命であり、第一運癸巳より第二運甲午・第三運乙未の火旺運までは、格局変化して「正官格」となって、喜神木火、忌神土金水となるものです。第三運乙未の土旺運から第四運丙申金旺運以後、仮の従格となるのは、日干無根で無印となるからです。

徐氏は、仮従は大運によって格局が変化するとともに、喜忌も変化することの常理・定理も知らなかったのでしょうか。〈氣の進退〉によって延命している、としているのです。さらにまた、〈辰月に生まれ、木の余氣あり〉と言うのみで、木旺生であることも分かっていなかったようです、辰月に生まれ、巳・午と火に〈進氣〉となっているから死なないで済んでいる、としておりますが、それ以後の申・酉・戌・亥・子と火が退気となることには言及せず。単純に日干と生月より見た進気・退気の生旺墓絶のみで、寿を論じているのです。

ここで『滴天髓』が「進兮退兮宜抑揚。」と言っていることは、喜用の運歳を巡るのがよろしく、忌となる運歳を巡るのはよろしくない、という「方法論」の原則なのです。つまり、冲尅合他の初歩的「基礎理論」を論ぜず、いきなり難解な仮従の自身の命を採り上げるのは、いかがなものでしょうか。

ここで徐氏の運歳を私の説により少し詳しく解命することにします。

第一運癸巳、天干変化なく、地支は二申一巳の情不専にて、巳・申・申は個有の支。巳の火旺運を巡り、一応木火は喜ではあるものの、大運干癸水と原局壬水忌であるところへ、二申が水源となって、水火尅戦の様相を呈し、流年によって喜と忌の事象発生することになります。

○13才己亥年、天干は己癸尅去、地支は大運原局すでに一巳二申情不専ゆえ、亥巳は冲去せず、戌辰は冲去のまま。亥・巳・二申は個有の支となります。己癸尅去により晦火は免れはしたものの、水火激戦、火金尅戦となり、父死亡（土性支の年月冲去は、父母縁薄いものです）。科甲の試験にも何回か失敗しています。兄弟三人は三丙あるためです。それまでは恵まれていた家庭も多事多端となり、続く14才庚子年、申子辰、申申巳妬合の情あって、戌辰冲去のまま。流年干の庚金は忌の水源となり、さらに波乱を招き、15才辛丑年まで続く。16才壬寅年よりやや良化していき、17才癸卯年、18才甲辰年、19才乙巳年、20才丙午年と喜の流年が続きます。

第二運甲午、午戌半会にて戌辰解冲し、喜神の甲木透出する火旺運、土金水の洩・制に耐えられる喜の傾向性ある大運。

○21才丁未年、原局丙壬不離、流年干丁火文性でもあり、木火土金水と五行流通する喜の流年。やっと科甲に合格して政界に入りました。しかし、26才壬子年、子午冲、申申子辰水局全以上の情不専で、戌辰解冲しているものの、水太過により水火尅戦の官殺の忌象として、社会的圧迫などにより政界から離れます。

28才甲寅年、再び政界に戻りました。

第三運乙未、原局辰戌冲去となる火旺運なれど、前運甲午に比べて生火にやや難、火旺運は忌の傾向性ある大運。34才庚申、35才辛酉年、火金尅戦となり大病をする。土旺運に入り、「仮の従財生殺格」となり、いったん快復しましたが、38才甲子年、木火忌にて、再び発病しました。

第四運丙申、「仮の従財生殺格」で、喜の傾向性ある大運。40才丙寅年、41才丁卯年、多少芳しくないこともあったと思われますが、47才癸酉年、『古今名人命鑑』、48才甲戌年、『滴天髄徴義』、49才乙亥年、『子平真詮評註』と続けて三書を出刊する。

第五運丁酉、金旺運にて申申酉戌酉方全以上により、辰支は個有の支となる、官殺旺じる大喜の傾向性ある大運。

○50才丙子年、『滴天髄補註』、『窮通宝鑑』『子平粹言』上・下巻を出刊する。

○51才丁丑年、『命理一得』を出刊。この後、

○52才戊寅年、『子平一得』、『命理入門』を刊行しましたが、折しも日華事変は戦争へと拡大していきました。昭和十二年丁丑年、昭和十三年戊寅年、つまり、徐氏が不朽とも言える訳書・評註書・著書を出版した活動期が、大運丙申、丁酉の金旺運の「仮の従財生殺格」の大喜の大運に当たっています。特に丁酉運は原局湿土の辰の食傷が、才能能力を発揮し、財である西方全以上が、その結果となり、壬癸水である財生官殺となって命

理家として大業を成し得たのであります。

徐氏の自造に対する解命が正しいとしますと、金旺の丙申・丁酉運は大忌となるのです。「仮の従財生殺格」としてこそ、徐氏の経歴と事象を証明した解命ができるのです。

ちなみに、『造化元鑰』は徐氏の死後、韋千里氏の手によって、昭和四十一年丙午年に発刊されました。徐氏はこれだけの業を成しながら、氏の『古今名人命鑑』に自造を挙げて解命し、最後に、「等閑白子少年頭、空悲切！」（少年の頃の黒々とした髪の毛が白髪になるまで、なすこともなく空しく生き長らえてきたこの悲しみは、なんと切実たることでしょうか！）とあります。

私は決してそうは思いません。いくつかの誤りはあるとしましても、徐氏の業績に対して、頭が下がる思いであります。

〔A〕

丙戌
丙申
丙申
壬辰

また〈難獲延年の説〉として上記の命を挙げております。三丙団結し丙壬尅なるものの、年月二丙は申中庚と尅となるので、従することはできず、「偏官格」となります。用神やむなく丙、喜神木火、忌神土金水。この八字、一八八六年にありませんが、いずれにせよ、男命とすれば、第一運丁酉、申申酉戌西方全以上の忌。また2才戊子年、14才庚子年、26才壬子年には、大運の如何に拘わらず、申申子辰の水局全以上の忌となるので、寿に問題があることになります。ただ単純に、丙火が〈退氣〉だから寿に難があるのではないのです。

〔8〕

命式	大運	
丙子	1才癸巳	31才丙申
壬辰	11才甲午	41才丁酉
壬申	21才乙未	51才戊戌
乙巳		

王克敏の命は『古今名人命鑑』にも挙げられており、清の光緒二年四月十一日巳時と記され、太陽暦に直しますと、一八七六年五月四日生で、立運約七ヶ月。壬日辰月土旺の生まれの透乙する「傷官格」。子辰水局半会、申巳合去し、丙壬尅去するので、日干強となり、用神乙、喜神木火土、忌神金水となるものです。ここの丙壬尅去も、解局・解合の法則も、つまり情専一、情不専の理論さえも知らないのです。この命を、乙木の進気であるから、〈青雲直上〉としていますが、前の二造は日干から見た生月による進退であるのに、どうしてここでは時干の乙にならなければならないのか、どうして〈乙木余氣を用として可〉となるのかが言われていないのです。相当命理の解っている人さえも、〈進退〉で混乱してしまい、『滴天髓』は、初学の人の書に非ず、難解複雑にして、理解するのに極めて困難、と嘆息させることになるのです。

〔9〕

命式	大運	
丁卯		34才戊申
壬子	4才辛亥	44才丁未
壬申	14才庚戌	54才丙午
甲辰	24才己酉	64才乙巳

本造、徐氏と同時代の人としますと、一八六七年（同治六年）十二月十八日の生まれで、立運約3才7ヶ月となります。壬日子月生の申子辰水局全する、「潤下格」です。丁壬合去、用神は壬、喜神金水木火、忌神土となるものですが、調候急を要するのに、調候の丙火なく、金寒水冷、池塘氷結、寒凍

の木となる命です。調候丙火がない限り喜の作用はほとんどないものです。ここでも〈氣の進退によって、用とすべきものと、用とすべからざるもの〉があると言っておりますが、用神の選定は進退などではなく、「道有體用。不可以一端論也。要在扶之抑之得其宜。」と『滴天髄』で言われていることを結果的に否定することになっているのです。友人の造は〈金水を喜とし、木火を忌とする〉とは、一行得気格の理論に全く合いません。重要な「天道有寒暖」の調候が無視されてもおります。

配合干支仔細詳。定人禍福與災祥。〔闡微・徴義・補註〕

《干支を配合して仔細に詳らかにし、人の禍福と災祥を定むべし。》

配合干支仔細詳。斷人禍福與災祥。〔輯要〕

原　注

天干と地支を配合し、事細かく一点も忽せにすることなく詳しく推察し、進退の機微を詳らかにして、人の禍福と災祥を断ずべきであります。

任氏増注

この章は謬を闢く要領を言っているのです。干支を配合するには、必ず共に正理に従って、衰旺と喜忌の理を捜し尋ね、詳しく推察すべきであります。まさに四柱干支を別にして何ものも論ずべきではないのであります。もっぱら奇格、異局や神殺等の類に従って妄談をするのは、禍福を言うも当てにはならず、吉凶も誤りとなります。命中の至理は、ただ用神にあるもので、財・官・印綬・比劫・食傷の生剋名に拘ることなく、皆用となすべきであります。代名詞が美であるからとて佳となすべきではなく、代名詞が悪いからとて凶となすべきではないのです。日主の衰旺を審らかにし、用神の喜忌を審らかにし、抑えるべきものは抑え、扶けるべきものは扶け、去留舒配、命の高低を取裁すれば運途の否なるか泰なるか、顕然と明白になりますし、禍福災祥を断ずるに一点も誤りは生じないものであります。

〔10〕

甲子　　**大運**

戊辰　　己巳　　壬申

庚申　　庚午　　癸酉

壬午　　辛未　　甲戌

この命造も俗論をもってしますと、天干に三奇が透出し美、支申と午の間に未、庚の天乙貴人を挟んで栄に逢い、かつ会局して冲さず、正官用を得て、名利双収となる、と言うことになるのです。しかし、庚申は春の土旺に生まれ、水は本来休囚で、用神官として可のようですが、その支水局を成すを嫌うのは、その坎の勢い増して、離火はその威を失い、正官必ず傷付くもので、用となすに足らないのです。

「强衆敵寡」、壬を用神とせんと欲しても、さらに三奇透戊して根深く奪食するを嫌い、また用となすに難があります。よって甲木の財を借用とし、疏土衛水、傷官を甲木に洩らし、甲木財が正官を生ずる有情なるもののように思われますが、甲木退氣、戊土当権なるを知らず、疎通に難あるのです。たとえ甲木を用神としても、これ仮神、平庸凡々たる人であるにしか過ぎません。況(いわん)や運走西南、甲木休囚の地、祖業ありといえども、また一敗して蕩尽、かつ刑妻尅子を免れず、孤苦堪えられません。三奇、拱貴等で命を論じ、用神を看察せざるは、皆虚謬であるのみです。

〔11〕

丙子　**大運**　癸卯
己亥　庚子　甲辰
乙丑　辛丑　乙巳
壬午　壬寅

この造を初めて見ますと、一つも取るべきところがないように見えます。天干は壬丙一尅、地支も子午遥冲、かつ寒木陽を喜ぶに、正に水勢泛濫に遇って、火氣尅絶、名利成ることなき如く思われるでしょう。私は本造を細推しますに、三水二土二火、水勢旺といえども、無金を喜びます。火は、本来休囚、幸いにして土の衛があり、言うところの、児が母を救うことができる、「兒能救母」です。況(いわん)や天干壬水は乙木を生じ、丙火は己土を生じ、各々門戸を立て、相生有情、必ず争尅の意なく、地支北方を成すといえども、しかし己土元神透出、通根祿旺、互相庇護、その勢い止水衛火するに十分で、正に言うところの、有病得薬、かつ、一陽後万物懐胎する、木火の進氣、傷官の秀氣を用神となすものです。中年運走東南、用神は生旺、必ず科甲に及第する人です。寅運に交わるや、火生木旺、連登甲榜、翰苑に入り、青雲直上するものである、と。この両造に観る如く、配合干支の理、疎かにすべきでないことが分かるはずです。

徐氏補註

五行は四時の氣に随って進み退くもので、須く干支の配合を詳しく観るべきであります。例〔8〕の王造は、丙火透出、丙は太陽照暖の火、さらに旺に向かうの時に当たっていまして、水剋を恐れません。例〔9〕の友人の造は、丁火が透って、丁火は爐火で、丁壬合去され、寒木向陽の用を失い、枯木で生意なく、水の氣を洩らすことできず、加えるに卯木年支に、甲木が時にあって、隔たること遠く、氣勢接せず、凍木無焔、ゆえに木火を用神とはできないのです。もし亥月に生まれて地支に寅字が一つありましたなら、木火通根、用とし得るのです。

〔12〕 **甲申**
丙子
庚辰
戊寅

例えば、上造は木火が寅に通根し、寒凍を恐れず用とすべきです。時令進退と干支の配合を細察しなければ、木火を用とすべきか否かを何によって判別できましょうか。さらにどうして用神も決められないのに人の禍福災祥を決めることができ得ましょうか。

考玄解註

天地人、三元万法の宗(もと)を識らんとするなら、「帝載」と「神功」を観るべし、命理学の公理である、〃太陽と地球の相関関係の中における個人の対応〃の有り様を識るものであるのですから、「配合干支」、四柱八字を正確に知らなければ命運は看られないのですが、実はこの間に、その年月日時の干支表示の作業に関わる場合の理論が、共通理解されているものとして省略されております。それは厳然たる天文学的科学理論ですが、この時代にもそれ以後にも明確にされていなかったのです。その正確な「配合干支」を「仔細詳」するための「方法論」も総論があって、その総論から各論を知り尽くし、一点もゆるがせにすることなく「理会」することによって、「定人禍福與災祥」が命理学の目的である、と言っているのを、原注も任氏増注も、陳素庵氏も徐樂吾氏も理解できず、一論一論ずつを分断して註をしてきたのです。しかも任氏も徐氏も、『滴天髓』でこの後で論じられている各論を無視し、結果として『滴天髓』そのものを否定するような自説をもって、挙例、解命しているのです。これでは読者を混乱させるのみです。ここのところの「方法論」の総論・概要を理会してこそ、次からの具体的「基礎理論」に進むことができるのです。ですから、次の「五陽皆陽丙爲最」以下を理解する前に、「基礎理論」として、

○陰陽五行哲学
○五行、その相生、相尅、反生、反尅、不生
○五行から十干十二支への発展
○暦法
○十干十二支の相生、相尅、相合、相冲、生尅制化の原則（局と方はこの後で論じられている。）

等々を理解しなければなりません。さらに、

○四柱八字は、ある人の目に見えない〝生命エネルギー〟であって、日干は、その〝生命エネルギー〟の中心核とも言える重要なものである。
○その〝生命エネルギー〟は旺相死囚休の循環律が基本的視点となる。

○旺相死囚休が循環律であることから、客観的時間ではない大運も〝生命エネルギー〟である。

〔大運については、『滴天髓』では相当後になって、「休咎係乎運」のところに出てきますが、これは先に知っておかなければならない「基礎理論」です。つまり、あらゆる命書ではこの大運を論じてはおりますが、では大運がなぜ必要となるのか、の理論が明確に整然として論じられたものは一書もなく、『滴天髓』でも、旺相死囚休の循環律が言われていないという一大欠点があるのです。原局の月支が旺じているのですから、循環律である旺相死囚休の大運がなければ、旺もないことになるのです。だからこそ、大運は十年間を統管し、周天百二十年間の大運中で五行が各二十四年間旺ずる理論となっているのです。大運算出の方法も整然たる理論があるのですし、大運による格局の変化とか、大運による喜忌の変化も、大運支が旺ずることからも生じてくることなのです。また流年には旺相死囚休がない、ということは、流年は万人共通に巡る客観的時間の大単位であるからです。〕

等々の「基礎理論」をよくよく知らなければならないのです。こうした理論が全く省略されていることが、『滴天髓』は初学者にとって大変難解となっている理由の一つなのです。

〔10〕

		大運	
甲	**子**		33才壬申
戊	**辰**	3才己巳	43才癸酉
庚	**申**	13才庚午	53才甲戌
壬	**午**	23才辛未	

本造、庚日辰月土旺に生まれ、天干甲戊尅去して庚壬接近し、地支は申子辰の水局全の情があり、申午は沖合なく、申子辰水局全となり、格局は「偏印格」となります。土旺、水死令ですが、申子辰水局全くして透壬。日干相令ですが、甲

戊剋去により無根、無印となり、用神取るものなく、喜神土金、忌神水木火となります。

このような命は初歩の人でさえ、〈天干に三奇が透出し美〉などとは考えませんし、もちろん〈天乙貴人〉も無視してかまいません。用神取るものなく、どうして〈名利双収〉と考えられましょうか。財の木は忌神です。

大運を観ましても、第一運己巳、火旺運、大運干己土は年干甲木と干合の情あって甲戊解剋、原局に戻り、大運支は巳申合にて子辰水局半会残る。子辰水局半会は甲木を生じても、甲木は土旺の戊土・大運干の己土を制土・疏土できず、しかも火旺の巳火が戊己土を強化し、甲木は土多木折の嫌いさえあり、日干の根は申にあって、かつ土旺の戊土近貼して日干強となる。この運の喜神は水木、忌神は土金、閑神は火と変化し、大運己巳にて、比劫の忌象と印の甘え、過保護、自己中心の忌の傾向性大なる運。

第二運庚午、庚甲剋にて甲戊原局に戻り、火旺の午は午子冲にて水局を解き全支個有の支。前運に続いて日干強。意気だけは盛んであるが、自己過信、甘え、依頼心強く社会に適応できず、知性欠如する忌の傾向性大。

第三運辛未、前四年火旺、後六年土旺であるが、未午合去し、申子辰水局全となり、大運干辛金はただ水源となるのみの食傷の忌。年上傷官でもあって、怪我・事故免れず、食傷太過はやることなすこと早とちり。結果を考えることなく、ただただ無目的で奔走するのみ。財に繋がることなく、またしても忌の傾向性大。

第四運壬申、壬戊剋にて、甲戊原局に戻り、申申子辰水局全以上の食傷の忌大なる運。

第五運癸酉、癸戊干合にて、甲戊原局に戻り、酉午蔵干の剋、酉辰合の情不専にて水局は解けず、日干の根旺ずるも、水源となって食傷の忌象さらに続く運。

第六運甲戌、甲戊剋、甲庚剋の情不専にて甲戊剋去のまま。戊午火局半会、戊辰冲の情不専にて水局解けず、前四年金旺、後六年土旺なるも、食傷生財の忌の傾向性ある運。

これらの大運の間、いつ家督を継ぎ、結婚し子供ができたかは全く不明です。つまり、喜となる大運一つもなく、ただただ無能にして奔走するが、財利に全く縁がありません。

また、〈刑妻尅子を免れず〉とありますが、当人の命が妻子を死亡させたものではなく、妻子は妻子なりの命運があって死亡したのです。

〔11〕

		大運	
丙	**子**		35才癸卯
己	**亥**	5才庚子	45才甲辰
乙	**丑**	15才辛丑	55才乙巳
壬	**午**	25才壬寅	65才丙午

一七五六年（乾隆二十一年）十一月二十二日、大雪は十二月六日二十三時十六分、節入まで十四日、立運約5才とすると上記となります。乙日亥月水旺生で透壬する「印綬格」ですが、亥子丑北方全くして、蔵干三壬三癸となり、調候丙火急を要するのに、年干丙火、時支午火、片だすきとなって、ほぼ適ですが、丙火生己土ともなって己土やや燥となり、戊土ほどではないものの、水多に対する「薬」の効は少しはありますが、乙木尅己土に難があります。用神取るものなく、喜神は木のみ、残りの火土金水は全て忌神となります。

陰干弱きを恐れずの乙木と言っても果たして第一運庚子、無事に済まされるか疑問です。第二運辛丑とて、亥子丑丑北方全以上、16才壬辰年、23才己亥年は亥亥子丑丑、24才庚子年、無事であったかどうか、大変疑問です。「兒能救母」と『滴天髓』で言われておりますが、このような組織構造を言うのではありません。乙の母（印）の子となるのは、丙火ですが、乙丙並ばず反生の功とはなりません。亥子丑北方全くし、丑は蔵干癸癸となるのに、〈己土元神透出、通根祿旺〉ではなく、日干無根で印太過の忌、漂木の憂いさえあり、どうして〈傷官の秀氣を用神となす〉と言えましょうか。〈無金を喜び〉とあるのに、５才庚子運、この庚金は大忌となります。水旺子運、亥子丑北方全以上と子午冲の情不専にて不去ですから、また大忌の大忌。庚子運も辛丑運も水源ある水多で、水多土流、水多火滅、水多木漂となります。生時が戊寅刻か己卯刻なら全く違ってくるのです。

徐氏は〈干支の配合を詳しく観る〉として、〔8〕の王克敏の命を言っておりますが、丙壬尅去している去の理を見落とし、〈丙火は太陽照暖〉と言っており、〈照暖〉という用語は調候の意ですが、辰月には調候不要なことも『造化元鑰』を執筆しているにもかかわらず、どうしたことでしょうか。

〔9〕の友人の造では〈丁壬合去〉と言っており、どうして王造、丙壬尅不去とするのか矛盾しています。仮に丁火は去とならなくても調候とはならないのです。丁壬合去すれば、接近する理論は、『滴天髓』の「闢内有織女。闢外有牛郎。此闢若通也。相邀入洞房。」と言われているところの、「若通也」となり、甲と卯は有情になるのにどうして〈木火を用神とはできない〉のでしょうか。そもそも用神とは、命中にある緊要な一神で、木火の二神を用神にするということ自体が『滴天髓』の論に反することであり、第一に格局をさえ取り違えているのです。「真の潤下格」であっても、格局の分類より優先するところの、「天道有寒暖」の調候丙火がないため、下格となっているということなのです。

〔12〕

甲申
丙子
庚辰
戊寅

丙庚尅、日干ゆえ不去、申子辰水局全、調候急を要する子月、丙火が月干にありますが、甲木と丙火には寅は無情な根で、時柱戊寅は殺印相生、用神戊としか取れないのです。〈木火を用〉とする理はありません。これも申子辰水局全を見落としてのことでしょう。

四柱基礎理論

〈天干論〉

五陽皆陽丙爲最。五陰皆陰癸爲至。〔輯要・闡微・徵義・補註〕

《五陽は皆陽にして丙を最たるものとなし、五陰は皆陰にして癸を至るものとなす。》

原　注

甲丙戊庚壬を陽干とし、その中で陽の精に乗じているのは独り丙火ですので、陽中の陽とするものです。乙丁己辛癸を陰干として、その中で陰の精に乗じているのは独り癸水ですので、陰中の陰とするものであります。

任氏増注

丙は純陽の火でありまして、すべての物は火によらざれば発することができないものですし、丙火を得てあつめ取り収めることができるのです。癸は純陰の水でして、すべての物は癸水にあらざれば生ずることはできないものですし、癸水を得て茂ることができるものです。陽の極は陰を生じますので、丙辛は干合して化水するのです。陰極まれば陽生ずるの理ですから、戊癸干合して化火し、陰陽相済して万物生成の妙があるのです。十干の氣は先天をもってこれを言います。ゆえに一にして同じ所より出たものですし、後天をもってこれを言うに、また一氣相包むものです。甲乙は同じく木、丙丁は同じく火、戊己は同じく土、庚辛は同じく金、壬癸は同じく水です。その作用・働きを分別して、陽は剛、陰は柔、陽は健、陰は順とするにしか過ぎないだけであります。命家が歌賦を作って譬えにかりて本質を失っているのではないかと、ひそかに懸念を懐くものであります。

つまり、甲木を梁棟となし、乙木を花果となし、丙火を太陽となし、丁火を燈燭となし、戊土を城牆となし、己土を田園となし、庚金を頑鉄となし、辛金を珠玉となし、壬水を江河となし、癸水を雨露となして、このように言い伝えられて来たのは実に長い期間・年代に及んでいて、牢固として破るべからざるものとなっているのですが、これを用いて命を論ずるのは、誠に大きな誤りです。例えば、甲は無根・死木、乙は有根・活木と、同じ木を生死に分けているのですが、どうして陽木のみ死氣を稟け、陰木のみが生氣を稟けているのでしょうか。また謂っています。活木は水泛を畏れ、死木は水泛を畏れず、と。一体どうして活木のみが水に遇えば漂い、枯れていれば水に遇っても反って定まる、とすることができましょうか。他のすべての干もこのように論断していますが、一つとして取るに足らず、このような謬論は一切根絶すべきであります。

徐氏補註

十干の性質用別は、その真意を理会すべきであって、比喩による言い伝えによるべきではありません。例えば、甲木を大林と言い、乙木を花木と言い、丙火を太陽と言い、丁火を燈燭と言い、戊土を城垣と言い、己土を田園と言い、庚金を剣戟と言い、辛金を珠玉と言い、壬水を江湖と言い、癸水を雨露と言っているのです。

言葉は誠に俗っぽいものでありますが、その中に含まれている理自体は誠に真髄に触れている点があるのです。

十干は後天八卦に配しますと、丙火は太陽の火であり、光と熱であります。聚まって形を成すものが丁火であります。癸水は雨露の沢で、湿と潤であります。化して氣となれば、すなわち壬水となります。丙丁は離卦、体は陰で用は陽、壬癸は坎卦、体は陽で用は陰です。その用を論じますと、丙を最となすと言われ、癸を至となすと言われるのです。甲木は陽和の氣で生長の力です。性質発揚しています。卦にあっては巽となし、これを物質に見立てますと、花木の萠芽となして、乙木をなすもので、卦にあっては震となすのです。庚金は粛殺の氣、収斂の力で、性質剛健、卦にあっては乾となし、これを物質を見るに珠玉の如く温潤で辛金となって、卦は兌となります。土は、艮坤、戊陽艮土となし、兼ねて木火陽燥の氣、崇高固厚です。己土は陰の坤土となし、金水陰湿の氣を兼ね、卑湿、蓄蔵です。八卦金木土各二、水火各一です。まさに後天八卦をもって水火を主となすのであります。

宇宙の間、何種の原質を論ぜず、五行の範囲を出るものはないのです。すなわち、実に一切の原質を概括してこれを帰納したものであります。五行は合して一つに八卦となすもので、循環して止まることなく年時をなすのです。これを分けて五行各一卦をなし、生旺逆順、主とする四時に分かれるのであります。詳しくは後述の陰陽順逆の節を参照してください。

考玄解註

ここはそれほど重要なところではありません。十干の重要な特性、干と干との相対性を論ずる前の枕言葉のようなものと考えてもよいくらいです。任氏は、ここで十干を色々な譬えをもって言うのは誤りである、と言っておりますが、徐氏の補註では、ものの本質を理解するための方便であると解するなら、それほど角の立つほどのことはない表現になっております。しかし、『易經』の八卦を持ち出していることは誤りで、命理と易は無関係なのです。易が命理の元・始まりであるかの印象を与えるのはとんでもない間違いです。五行の木火土金水も譬えで、仮に用いている代名詞でしかないのです。つまり、この世の中のものやことを形成しているところのものを、五つの元素としての木火土金水と仮に設定したに過ぎない陰陽五行哲学から、陰陽ゆえ、陽の木を仮に甲とし、陰の木を仮に乙としたに過ぎず、目に見ることも、手に触ることもできないもの、元素、動・変する力、「エネルギー」としか解せないのです。この意義さえ分かっていれば、どう譬えようが一向に構わないのです。「冲天奔地」という言葉があっても、それは水という目に見えないあるものが、奔流のような凄まじい勢いをなしている、と解すればよい比喩なのです。

そうしたことをとやかく言うよりも、『滴天髓』で言われている、十干の特性の真義を理解した上で、解命に際して、この十干の特性を重視しなければならないことを強調しておきます。

五陽從氣不從勢。五陰從勢無情義。〔輯要・闡微・徵義〕

《五陽は氣に從いて勢いに從わず。五陰は勢いに從いて情義なし。》

陽干從氣不從勢。陰干從勢無情義。〔補註〕

原　注

五陽干は陽の氣を得ますと、陽剛の事を成すことができるもので、財殺の勢いを畏れません。五陰干は陰の氣を得れば、陰順の義を成すことができるものです。ですから木盛んなれば木に従い、火盛んなれば火に従い、土盛んなれば土に従い、金盛んなれば金に従い、水盛んなれば水に従って、情義の所存するは、その勢い衰えるを見て忌とするのです。けだし、婦人の情の如きものです。かくの如くは得氣順理で正しき如くも、必ず勢いに従って義を忘れるのです。従すると言ってもそれは必ず正しいものではありません。

任氏増注

五陽干は氣を開いて、光亨の象で観やすく、五陰干の氣は翕（とざ）されて、包含されているもので測り難いものです。五陽の性は剛健ですから、財殺を畏れず、そして惻隠の心があり、その処世もかりそめにしないものです。五陰の性は柔順ですから、勢いを見て義を忘れ、鄙吝（ひりん）の心があって、その処世も多くは驕（おご）りへつらうもので、これ柔をもってよく剛を制し、剛は柔を制尅することでき難いものとするのであります。大体、利に走って義を忘れる人は、皆陰の氣でそむくものです。豪侠・慷慨の人は、皆陽の氣で独歩です。そしてなお、陽中に陰あり、陰中に陽ありますし、また、外は陽で内は陰、外は陰で内は陽がありますから、よくこれを弁別しなければなりません。陽中の陰は、外面仁義にして内心奸詐、陰中の陽は、外面凶険にして内面仁慈、外面陽で内面陰は、禍心を包蔵し、外面陰で内面陽なる者は真正直です。これは人品の端邪で、もとよりよく弁（わきま）えておかなければならないところです。要は氣勢順正にあって、四柱五行停匀し、偏倚なければ、人を損じて己を利する心なく、身を持し世をわたる道も、その趨くか避けるかを必ず人に先んじて知るものですから、その善なるものを択んでそしてこれに従う、すなわち、この意であります。

徐氏補註

十干は五行の代名詞で、陰陽に分けたものです。甲乙は同一木ですし、丙丁は同一火であります。しかし、同じ一つの物であるとしても、その性質を論ずるなら、陰陽は截然として同じではありません。その用もまた別です。陽干の性質は剛健、独立独歩の性があり、本氣が休囚死絶の地に至らなければ、従を言うことはできません。あるいは死絶に臨んでいても、印の相生を見るなら、すなわち、絶處逢生と言って、従することはできません。財官党衆勢強といえども、弱は弱に帰し、運が扶身するを喜ぶもので、元来の根っからの性を棄てることはできないのです。しかしながら、陰干となるとそうではないのです。その性は柔弱で四柱財旺ずるは財に従い、殺旺ずれば殺に従う。月令に通根して、自身日干生地に坐していても、論ずるところではないのです。これが「従勢無情義」と言われる所以です。

陽干は男性の如く、環境親友、富貴天にかかるといえども、ただ自己を守り、貧苦に安んじ、努力奮闘、他人の富貴をもって自分の富貴とはできないものです。家室に帰ることできず、自存することできなければ、万やむを得ず、己を捨てて人に従うのです。それは独立を本性とするところの然らしむものであります。陰干は女性の如く、環境富貴を見て、ただ勢いに従いさえすればよいので、嫁に行けば、別人の富貴が自分の富貴となるのです。独立を思わぬは本性の然らしむるところです。

〔13〕

辛卯　大運
庚寅　3才己丑　33才丙戌
庚午　13才戊子　43才乙酉
己卯　23才丁亥　53才甲申

これは山東主席、韓復渠の命造です。庚金寅月に生まれ、身は絶地に臨み、比劫重見といえども、無根。好きところは、午中の己土透出、寅中戊土は長生にして絶處逢生、運は扶身の地を喜び、乙酉運に交入して、貴、主席となったのはその由って来たるところがあるのです。

〔14〕

丁卯　大運
丙午　4才乙巳　34才壬寅
庚午　14才甲辰　44才辛丑
己卯　24才癸卯　54才庚子

庚金午月生、身は敗地（沐浴）に臨み、干透丙丁、支卯午が聚まり、庚金無根、木火の勢盛。然庚金陽干、沐浴の郷、まさに生氣をなし、従殺とできず。四柱に水の制火なく、氣勢偏枯、名誉鼎盛といえども、労碌奔波免れません。好きは午中丁己並透し、己土の洩火補金するを用とし、運は土金水地を喜ぶ。辛丑・庚子運の二十年、商界の有名人となり、名高く望み重い。これは四明虞洽卿先生の命造。

〔15〕

戊辰　大運
甲寅　9才乙卯　39才戊午
壬戌　19才丙辰　49才己未
丙午　29才丁巳　59才庚申

壬水寅月の生まれで、身は病地に臨み、氣休囚に値し、支寅午戌全く、甲丙戊透る。尅洩交集、四柱辛金の相生するものなく、従さない訳にはいきません。壬水の氣、瀕絶しているのです。寅中の蔵干甲丙戊のすべて透出し、甲木制殺して生財、棄命の「従財格」をなします。運行南方、数百万の資産があり、金融界に名高く、海上の有名な富翁となる。庚申運に至って、一落千丈、財耗禄絶す。これは紹興施再邨の命造です。以上、両造は皆陽干で、所謂「従氣不従勢」の例です。

〔16〕

命式	大運	
壬寅		41才壬子
丁未	1才戊申	51才癸丑
己卯	11才己酉	61才甲寅
乙亥	21才庚戌	71才乙卯
	31才辛亥	81才丙辰

己土未月生の土旺で通根月令。然るに亥卯未木局、乙木透り、丁壬合は化木、木の勢盛んで、棄命「従殺格」となります。これは、伍庭芳の命造です。行運中年の後、一路水木旺地、宜しきかな老いて益々壮んです。遜清時、各国公使を歴任、外交界に名声、民国以来、外交総長を歴任し、名高望重。丙運壬戌年の八十一才にて没しました。己土陰干、月垣乗令するも、これを置いて論ぜず、所謂「従勢無情義」の例です。

〔17〕

命式	大運	
癸酉		31才丁巳
辛酉	1才庚申	41才丙辰
乙丑	11才己未	51才乙卯
辛巳	21才戊午	

陰干、「従勢無情義」とは言いましても、須くその配合を察すべきです。この造の如く、乙木酉月生、地支巳酉丑金局、天干に両辛透り、その旺勢に従って良いように見受けられますが、癸水透干して、殺の情生印、印生身、「従殺格」としては論じられないのです。〔16〕の伍庭芳の命造は、己土日干で未

月土旺に生まれ、「従殺格」とすべきですが、この命造は乙木金旺月に生まれていても反って従することできないのです。従するか否かは、第一に四柱干支の配合を看るべきで、一例のみで論じることはできません。これは、許世英先生命造です。従化節に詳しく論じてあります。

考玄解註

前のところで任氏は十干を譬えをもっていうことは適切でないと言っておりますが、ここで任氏が言っていることも譬えなのです。解りやすくするために、陽は男のようなものである、と言っているのは、陽は男であると言っているのではないのです。そのようなものや、譬えをもってその本質を理解してもらうための方便なのです。つまり、陽と言い、木と言い、甲と言っていることもあくまで仮設代名詞であって、太陽の明るさそのものではなく、世の中に存在するものは、全く相反するものから成り立っているとする哲学的意味の陽なのです。木というのも樹木の木ではなく、世の中のものを形成する元素を五つとする、その一つのものを木とし、木の陽を仮に甲としているのです。ですから、任氏の言っていることも、徐氏の言っていることも、ようなものである、つまり〈五陽干は、氣を開いて〉いるようなものであり、〈光亨の象で観やすい〉もののようなものである。と解すべきなのです。徐氏の言っていることも、何々のようなものである、ということです。

人間の性情面的なことを言っておりますが、これも性情そのものではなく、陽と言うものの「エネルギー」の性を言っているに過ぎないのです。当然、この後の命理の重要な根幹である十干、甲と言い、乙と言うものも、それぞれの「エネルギー」の特性と解すべきなのです。

ここで任氏は〈財殺〉を言っておりますが、これは命理学上の共通概念や認識としての、干と干の相関関係の仮設代名詞としての生尅名で、これを十干対十干の関係とすると、百の代名詞が必要となるのですが、陰陽の干としての相関関係とすると、十の代名詞でこと足りますので、十の生尅名をもって命理学上の共通用語としているに過ぎません。ですから、同じ比肩と言っても甲と甲の比肩と、乙と乙の比肩では同じ比肩ではあるものの、全く違った作用があるのですから、ここでは陰陽の違いをしっかり理解しなければならないのです。

また「五陽從氣不從勢。五陰從勢無情義。」とあるのも、前の「五陽皆陽」以下の陰陽の性の一面の傾向であって、この後にある格局そのものと断定し切っては誤ります。

○陽は陽の性があるから、なかなか弱くならないし、人の言うことに従わない傾向があり、それだけにいったん弱くなり過ぎるとこれを助けるのが難しくなる。

○陰は陰の性があるから、陽のような強さが元々ないものですし、柔軟であるので、弱きをそれほど恐れない傾向がある。

ということと理解すべきで、女性とか男性とかはあくまで譬えであり、一般論的傾向でしかないのです。

またここで徐氏は〈絶處逢生〉を言っておりますが、これも、後に出てくる、

「陰陽順逆之說。洛書流行之用。其理信有之也。其法不可執一。」

とあることの一側面である、十干五行の一年十二ヶ月の間における生成発展・衰退・消滅の変化の周期律を仮設代名詞とする生旺墓絶の〈絶〉であり、〈生〉であることを〈絶處逢生〉と言っているのです。例えば、甲日の申月生で、申が去とならないなら、甲の申の生旺墓絶は絶となり、申中蔵干己戊壬庚となる壬水が甲木を生

ずる、と言うことの意です。これは「蔵干理論」が解らないことには理解するのに難しいし、甲申を殺印相生と『滴天髓』がこの後でも言っていることにも通ずる面があるのです。

このようにまだ説明されていない生旺墓絶の理論を突然言い出されては、初学者は訳が分からなくなるでしょう。この〈絶處逢生〉のみではなく、〈従することはできません〉も格局の従格のことであり、〈財官党衆勢強〉も、日干の強弱の有り様を分別する方法論が分からなければ理解できないことです。〈運が扶身するを喜ぶ〉とあることなど、格局が誤りなく選定できて、普通格局の八格か、特別格局の「真」となるか「仮」となるかを正しく分別できて後の、

「道有體用。不可以一端論也。要在扶之抑之得其宜。」

とある用神が正しく取れ、喜忌を正しく分別し、大運理論を知った上でないと理解できないことをここで言われては、初学の者は全く解らなくなります。ましてや格局さえ正しく分類できないのに、用神だの、〈運が扶ける〉と言われても混迷するばかりです。

〔13〕

		大運	
辛	**卯**	3才己丑	33才丙戌
庚	**寅**	13才戊子	43才乙酉
庚	**午**	23才丁亥	53才甲申
己	**卯**		

山東主席となった韓復渠命で、徐樂吾評註『造化元鑰』によれば、光緒十七年正月初五日卯時、太陽暦日本の元号では、一八九一年（明治二十四年）二月十三日卯時生となります。

庚日寅月生で己土透出する「偏印格」。木旺・火相・土死・金

囚・水休令で、寅午火局半会して、寅中蔵干二丙、年支木旺の卯と、時支木旺の卯が生火有情にして、調候太過の忌となります。用神己、喜神土金、忌神水木火となるもので、特に癸水が来れば、癸己剋去するので忌となります。

徐註の〈午中己土〉は理論的に誤りですし、土には生旺墓絶なし、とすべきです。また、寅午火局半会を見落としております。第五運43才乙酉運に入って突然主席となったように言っていますが、主席となるべき要因を過去の運歳の過程の中で作ったからのことで、年柱辛卯の辛は庚に助けられる喜で、生家環境よろしく、かつ、第一運己丑・第二運戊子・第三運丁亥の水旺運は、健にして学問を学び、庚金の気質はよく性情を良化し、第四運丙戌は忌の傾向性大となるが、前運の良好性が後遺して、一落千丈とはならず、第五運乙酉運中の喜の流年で、主席となったのです。

〔14〕

		大運	
丁	卯		34才壬寅
丙	午	4才乙巳	44才辛丑
庚	午	14才甲辰	54才庚子
己	卯	24才癸卯	

庚日午月火旺・金死令の透丙丁する「正官格」。調候壬水の水源有情なるものなく、丙火攻身、己土時干に透出するため従することのできない下格、夭凶命です。火炎土燥、燥土不能生金。徐氏の言う、〈商界有名人〉となったのであれば、生年月日が正しいものとしますと、丁丑刻生でなければならないのです。〈好きは午中己丁並透〉と言っておりますが、午中己土なく、調候ない以上、己土は燥土となり、4才からの第一運乙巳火旺運中の11才戊寅年、寅午午火局半会以上、大運干乙木生火しての巳の火旺運、二卯もまた

生火して寿保ち得るでしょうか。第二運甲辰中の19才丙戌年、23才庚寅年、無事に済まされるでしょうか。生時丁丑なれば去ることなく、不及なるも湿土にて調候的役割を果たし、用神己となり得るのです。年柱忌で、生家貧ゆえ、財利への関心が強まり、第四運壬寅から徐々に財利の基礎を築き始めたとも考えられるのです。

〔15〕

		大運	
戊	**辰**		39才戊午
甲	**寅**	9才乙卯	49才己未
壬	**戌**	19才丙辰	59才庚申
丙	**午**	29才丁巳	

富翁となった紹興施再邨の命造で、『造化元鑰』によれば、同治七年正月十三日午時とあり、太陽暦日本の元号で、一八六八年（明治元年）二月六日生、立運約9才4ヶ月となります。壬日寅月木旺に生まれ、戊甲剋去、寅午戌火局全くして透丙するので、「真の従財格」となり、用神丙、喜神木火土、忌神金水となるものです。戊甲解剋しても、火局全が解けても、印・比劫は有情有力となりませんので、真従となるのです。財利向上しても、第六運庚申、破格となって大凶、一落千丈、死亡することになります。

〔16〕

		大運	
壬	**寅**		50才壬子
丁	**未**	10才戊申	60才癸丑
己	**卯**	20才己酉	70才甲寅
乙	**亥**	30才庚戌	80才乙卯
		40才辛亥	

上造を「人名辞典」で調べますと、伍廷芳氏は一八四二年（道光二十二年）生ですから、上記の八字は七月九日のものとなり、火旺であって土旺ではなく、立運も約9才10ヶ月で、第八運、80才からの乙卯中の80才壬戌年の死亡となるのです。第九運丙辰ではありません。これでは不都合であるからと、

土旺生にし、1才立運としたのでしょうか。

己日未月火旺に生まれ、壬丁合去、己乙接近し、亥卯未木局全くします。寅中戊丙甲と官印相生するも日干弱。寅中丙を用神とし、喜神火土、忌神金水木とするものです。陰干己土の特性、陰干弱きを恐れず、かつ「不愁木盛。不畏水狂。火少火晦。金多金光。若要物旺。宜助宜幫。」であり、幇・助の戊土と丙火が寅中にあるのです。壬丁解合するのは、丙・丁・戊・壬で、解合すると丁火も助身することとなり、亥卯未木局全が酉・戌・丑で解けますと、未の旺土の根、有情有力ともなるのです。徐氏の〈丁壬化木〉は誤りです。木旺でない以上化木することはなく、理論的矛盾です。格局は、印旺ゆえ従格とはできず、「偏印格」であって、「従殺格」などではありませんし、『滴天髄』で己土の干の特性を何と言っているのかを忘れて、解命してはならないのです。さらに、大運が旺相死囚休の循環律であることよりして、前後分断することは大誤となります。また、〈丙運〉とは第九運丙辰であり、前木旺四年、後土旺六年。死亡年の〈壬戌年〉は満80才です。現代は医学の進歩により長寿となりましたが、およそ70才を過ぎたなら、いつ死亡してもおかしくないことですから、死亡の運歳を命理的に理由付けようとするのは誤りです。（一三三頁〔16〕の徐氏補註との違いを確認してください。）

〔17〕

		大運	
癸	酉		31才丁巳
辛	酉	1才庚申	41才丙辰
乙	丑	11才己未	51才乙卯
辛	巳	21才戊午	61才甲寅

許世英命で、『造化元鑰』によれば、同治十二年七月十九日巳時、太陽暦日本の元号で、一八七三年（明治六年）九月十日の春分前の生で、立運約0才8ヶ月。乙日酉月金旺に生まれ、巳酉酉丑金局全以上となり、二辛透出し、年干に印の癸

水あるため、「仮の従殺格」となり、用神は庚、喜神土金、忌神水木火となるものです。大運にて金局が解けると、水源深い丑中癸水は滋木培木して日干を強化し、「正官格」となります。また木旺運に巡っても同様です。喜神は水木、忌神土金、閑神火となるものです。

甲木參天。脱胎要火。春不容金。秋不容土。火熾乘龍。水蕩騎虎。地潤天和。植立千古。〔輯要・徴義・補註〕

《甲木は參天（さんてん）の勢いあるものにして、胎を脱するに火を要す。春は金を容（い）れず、秋は土を容れず。火熾（さか）んなれば龍に乗るべし。水蕩（とう）すれば虎に騎すべし。地潤（うるお）い、天和（わ）すれば、千古にわたって植立す。》

甲木參天。脱胎要火。春不容金。秋不容土。火熾乘龍。水宕騎虎。地潤天和。植立千古。〔闡微〕

原　注

純陽の甲木は天にも届かんとする雄壮なものであります。火は木から生ぜられるのですから、木の子です。旺木は火を得て愈々敷栄するものです。春に生まれたなら金を欺きますので、金を容れることはできません。秋に生まれるのは金を助ける土を容れることはできません。寅午戌、丙丁を多く見るは、辰に坐していましたなら帰することができます。申子辰、壬癸を多く見るなら、寅に坐せば納水することができます。土氣が乾燥せず、水氣が消えなければ、長く生きて行くことができるものであります。

任氏増注

甲は純陽の木で、体はもともと堅固でして、天にも聳える勢いがあり、また極めて雄壮であります。春の初めに生まれるのは、木は嫩らかで氣候はまだ寒いのですから、火を得て発栄するものですし、仲春に生まれるは、旺極の勢いがありますから、その菁英を洩らすのが宜しいのです。いわゆる強い木は火を得て、正にその頑(かた)さを化すのであります。木を尅するものは金ですが、春金は休囚に属しますので、衰金でもって旺木を尅するのは、木が堅く金のほうが欠けてしまうのです。それ勢いの然らしむところです。ですから、春木は金を容れないのです。秋に生まれるは、木は失時衰え、枝葉凋落し始めて行くとはいえ、木の根は反って引き締まって下に達しているのです。土は木から尅されるものではありますが、秋の土は金を生じ洩氣するので、最も虚(うつ)ろで薄く、虚氣の土は、下攻の木に遇いましても、木の根を培養することができず、反って必ず傾陥に遭うこととなりますので、秋は土を容れないのです。

四柱の中に寅午戌の火局三合全くして、また丙丁が天干に透っていますと、単に洩氣太過するというだけでなく、木は燃え尽きてしまいますから、辰に坐していることが宜いのです。それは辰は水庫で、その土は湿、湿土は木を生じ、火を洩らせますから、所謂、火が熾んに燃えているなら、龍、つまり辰の上に乗っていれば宜しい、といわれるのであります。申子辰の水局三合全くして、また壬癸が天干に透出していますと、水泛木浮といわれるのですから、寅に坐しているのが宜しいのです。寅は火土の生地で、木の祿旺ですから、よく水氣を納めることができるもので、木が浮泛してしまうことを避けられるものです。ですから、水熾んであふれ勢い強ければ、虎、つまり寅に騎する、乗っているのが宜しいといわれるのです。金もそれほど鋭くもなく、土も乾燥もせず、火も烈しくもなく、水も狂ってもいなければ、木は堂々と立派に植立して、長くいつまでも生き続けて行くものです。

徐氏補註

〔ほとんど任氏増注と同じで、別に註として補っているとすれば、火熾んなれば辰に坐し、水泛なれば寅に坐すのを地潤となし、金木、木土が相尅しないのを天和となして、仁義の象です、と言っているくらいです。〕

考玄解註

この甲木以降は、十干の特性という大変重要なことを、誠に端的に、かつほとんど余すところのないくらい論じているのです。十干の特性を忘れて解命することはできないものですが、任氏も徐氏もこの重要性に気付いておりません。この『滴天髓』の十干の特性の論は、全文すべて暗記するくらいにしておかなければならないものですが、少なくとも、「甲木參天」「乙木雖柔」「丙火猛烈」等の冒頭の四字は覚えておいてください。これはもともと、古来からあちらこちらで言われて来た十干、特に『十干體象詩』を誠に要領よく『滴天髓』の作者がまとめ上げたものであって、適切、要を得、余すところなく、的確な表現となっているのです。

また、一つの干のことを言いながら、一干のみに限っていると考えてはならない部分が多々内包されてもいるのです。つまり他の干や支の有り様についても論じておりますし、さらには他も同様に考えなければならないことをも言っているのですが、省略している場合もあるのです。

これを少し詳しく述べていくことにします。

甲の陽木は陽にしてその勢いは天にも上る壮んなものではあるが、「脱胎」、穀のようなものを脱ぎ捨てるには、つまり、寒気の厳しさが去り、立春の寅月木旺であっても、寅中丙火とは別に丙火の暖を必要とするものである、と言っていることは、他の干にも同様に通じる調候の意と、丙火があることによって、才能能力を発揮する洩秀ともなり、それがさらに生財する、といった生々することが良好であるなら、これを木火通明とも言う、の両意があるのです。この調候は後で「天道有寒暖」のところで再び論じられてもいるのです。

「春不容金」とは、庚金が寅・卯・辰月の木旺の春に天干にあるのは、甲木が強となるなら劈甲して棟梁の材にする良い作用となるが、甲木が弱であるなら、良いとは言えない、という両意があるのですし、このことは他の陽干にも通ずることなのです。ただし、庚金が日干であれば、干の特性として丙火ではなく、丁火煆金により、成器となる良好な作用のほうが良いのです。これは丙日に対する壬水、戊日に対する甲木、壬日に対する戊土、すべてに通ずる理なのです。春に金があってはならない、という意ではないのですし、寅卯辰の東方全くするような場合の庚金が「薬」となる、ということともちょっと違いますし、春の金は何でもかんでも金のほうが欠けてしまう、という意とも違うのです。木多金缺ということは、寅卯辰全支がすべて東方を成す場合とか、甲乙が木多の上に天干に透出するとかの場合のことです。

「秋不容土」とは、秋金旺ずる月は、調候丙火も必要でもあれば、金旺・木死となり、あまりにも弱い甲木では疏土できないので、甲木に有情な根が必要であるし、近貼して透甲するなら、疏土開墾して万物育成する弁証法的発展を期することができる、と言っているのです。土は休令で生金するものですので、湿土生庚して、庚金が日干に近貼していると、日干を棟梁の材とするどころか、おが屑のように飛散させてしまうような恐れもある、という意も含まれているのです。このことは同様に他の干にも共通の生尅制化の理ともなるのです。

「火熾乗龍」とは、火が大変強くなるようであれば、辰の湿土に納火するのが「病」に対する「薬」となることを言っているのですが、これは日支のみのことではなく、湿土という点から言えば、丑も同様と考えるべきです。しかし、寅午戌火局全くするのが「病」であるなら、壬水が適切にあることが「薬」となります。これは制火の「薬」であり、辰・丑は納火の「薬」で、しかも辰・丑共に癸水が滋木培木することとなるのです。

「水蕩騎虎」とは、虎は寅で、寅中本気の甲、つまり、甲・寅が強い水をよく生化（洩生）・納水する「薬」であることを言っているのです。天干に制水する戊土が透出するのも「薬」となりますが、しかし、甲戌並んでいては甲木が制戊土するので、その力量はほとんど減じてしまうことになると言うことです。

このように、四柱配合の干支がそれぞれ適切であるならば、いつまでも発栄するものである、とは大運喜用の運を巡るのが望ましい、とも言っているのです。つまり甲木のことを言いながら、他の干も同様となる理をも論じているのです。

乙木雖柔。刲羊解牛。懷丁抱丙。跨鳳乗猴。虚溼之地。騎馬亦憂。藤蘿繫甲。可春可秋。〔闡微・徴義・補註〕

《乙木柔といえども、羊を刲(さ)き牛を解く。丁を懐きて丙を抱けば、鳳(とり)に跨(またが)り猴に乗るべし。虚溼の地、馬に騎すれどもまた憂う。藤蘿(ふじかずら)が甲に繫(かか)るは、春よし、秋よし。》

乙木雖柔。刲羊解牛。懷丁抱丙。跨雞乗猴。虚濕之地。騎馬亦憂。藤蘿繫甲。可春可秋。〔輯要〕

原　注

乙木は春に生まれるは、桃や李のようなものですし、夏に生まれるは、稲穀物のようなものですし、秋に生まれるは、桐桂のようなものですし、冬に生まれるは、珍しい草花のようなものです。丑・未に坐するのはよく柔土を制することができるのは、羊を料理したり、牛を切り分かつことと同じようなものであります。ただ、丙か丁があることが必要なのです。そうすれば申・酉の月に生まれても畏れることはないのです。しかし、また壬癸が透出していましたなら、たとえ午に坐していても発生するに難があります。ですから、丑・未月に坐するのを美となす所以がますます解るのです。甲と寅の字を多く見るのは、弟が兄に従う意で、譬えて言うなれば、藤づるが喬木にまとわり付いているようなもので、斫伐(しゃくばつ)を畏れないのです。

任氏増注

乙木は甲木の質で、甲の生氣を承けているのです。春は桃李の如く、金が尅すれば凋(しぼ)んでしまい、夏は稲穀物の如く、水の滋すに生を得、秋は桐桂の如く、金旺ずるを火が制し、冬は珍しい草花の如く、火が湿った土を培うものです。春に生まれるは火が宜しいもので、その発栄を喜びます。夏に生まれるは水が宜しく、地が燥くのを潤すのです。秋に生まれるは火が宜しく、火が金を尅するのです。冬に生まれるは火が宜しく、氣候が寒凍となるを暖めてくれるのです。「刲羊解牛」とは、丑・未月の生まれとか、あるいは乙未・乙丑日のことを言っているのでして、未は木庫で、木の根がしっかり土中にとぐろを巻いているようなものですし、丑は湿った土ですから、生氣を受けることができるのです。「懐丁抱丙。跨鳳乗猴。」とは、申・酉月に生まれるとか、あるいは乙酉日に生まれるなら、丙丁が天干に透出して、壬癸の水と相尅しなければ、制化宜しきを得て、金の強いのも畏れないものです。

「虚溼之地。騎馬亦憂。」とは、亥・子月に生まれて四柱に丙丁なく、また戊未の燥土もないなら、年支に午があっても、発生するのは難しいものであります。天干に甲透り地支に寅があるのを、藤蘿繋甲、藤づるや蔦かつらが松柏の大木にまとわり付いているようなもので、春はもとより助けを得ますし、秋もまた扶けに合う、つまり、四季一年中皆可とするものであります。

徐氏補註

〔また、補というほどのことは言われていません。任氏増注、原注を簡略にしただけですので、省略します。〕

考玄解註

甲木の陽剛で参天の勢いあるのに反して、同じ木であっても、乙木は陰にして柔であって弱々しくやさしい面があるのです。しかし弱いとは言っても、五行では木が尅土するものですので、同じ陰の己土くらいは制土することはできるものですが、陽土の戊土となると、甲木のように疏土開墾して万物を育成させる弁証法的発展の作用を成すことはできません。ですから、乙は未土の己土を制しつつ、未中の乙の助けを得、丑中の己土を制して癸水より滋木されるのを喜ぶもので、癸水が滋木するのは甲も乙も同様に助けとなるものです。干の特性からして、三夏を除いて丙と乙が天干に並んでいるなら、乙は丙に洩らすことによって乙の陰湿なるのを陽にして力強くするという、反生の功がありますし、調候必要である月であるなら、これまた調候の役割も果たしてくれることになるのです。調候は必ずしも並んで透出することが条件ではありませんので、天干・地支の適切なところにあれば良いのです。特に申・酉月に生まれるなら、乙丙並ぶのが特に宜しいのは、反生の功と調候と、強い金を制しもする、という三作用を発することにあります。しかし、丙火ではなく丁火が並んでいても功はありません。これも丙火と丁火の特性による違いで、火さえあれば何でも良いということではないのです。

水旺月に生まれて水が強過ぎると陰湿をさらに湿にし、寅支があっても太過する水を納水し切れないようになることを恐れるものです。つまり、乙の下の支に寅の陽支が来ることはないのですから、寅が来るとしても、年支に来るか、生時戊寅となるかです。戊寅の戊土は乙木では制し切れないのみでなく、寅蔵干は甲生丙生戊となって、さらに制することのできない戊土を強化するものの、この時干の戊土の制水は月支年支に及ばないとなると、水多となり、乙は納水し切れなくなることを、「虚溼之地。騎馬亦憂。」と言っているのです。水太過するのは陽燥の戊土が適切なところにあるのが「病」に対する「薬」となることは原則論です。また、日支に卯が来るのも「薬」となるものです。ここの「馬」は午火ではなく、生尅名の財、つまり、戊土のことと解さなければ理に合わないのです。〈年支に午があっても〉とある任氏増注は誤りです。「禄馬」とも言われる財のことと解すべきです。

「藤蘿繫甲。可春可秋。」とは、天干に日干に近貼して甲木が透出し、有情な位置に寅か卯の根があるなら、一年中いつ生まれてもよい、という意と、甲木のように「植立千古」というような勇ましい表現とは言えないまでも、いつまでも枯れしぼんでしまうようなことはない、という両意があるのです。しかし、調候必要な月に適切に調候あることが必要ですし、甲木と同様「地潤天和」、つまり、洩秀となる丙火と滋木の癸水が有情であることが必要です。

「跨鳳乗猴」とあるのは生月を主として言いながら、乙木は甲木のように庚金の断削が良好な干と干の関係となることなく、原則的に好ましくないのです。乙庚並んでいると、干合の情専一となると金旺月なれば化金して、乙は辛に変化し、辛金として見るという少し面倒なことになるのです。乙木が尅己土できるのと同様に、辛金は尅乙木となるので、乙は金を原則的に好まないのです。乙庚干合の情が専一となって化金しないなら、庚金は倍力となり、つまり、二庚あることとなって尅乙することから、庚金は乙木を尅し貫通して他の干支にさえ係わっていく、というエネルギーの貫通が行われます。これが「貫通理論」です。「干合理論」とは、

「五行で尅の関係となる陽干と陰干が隣り合わせに並んでいて、それぞれの干が他の干と尅合とならないな

ら、これを干合の情専一として、干合して化する五行が旺じている月であれば、それぞれ化する五行の陽干、陰干に変化する。それ以外は変化せず、日干以外の干は倍力となる。」

ということなのです。つまり、

甲己干合の情専一で、辰・戌・未・丑月の土旺生であれば化土して、甲は戊となり、己は己のまま。

乙庚干合の情専一で、申・酉・戌月の金旺生であれば化金して、乙は辛となり、庚は庚のまま。

丙辛干合の情専一で、亥・子・丑月の水旺生であれば化水して、丙は壬となり、辛は癸となる。

丁壬干合の情専一で、寅・卯・辰月の木旺生であれば化木して、丁は乙となり、壬は甲となる。

戊癸干合の情専一で、巳・午・未月の火旺生であれば化火して、戊は丙となり、癸は丁となる。

干合して化さないなら、日干以外の干は倍力となる。年月干干合して化さない場合は去となる。


ということが定理なのです。このことも今までは理論的に説明されていませんでした。

また、この「藤蘿繋甲」ということは、陰の日干に対して陽干の幇け(たすけ)が有力であり、陰の日干に対して陰干の幇けはあまり有力ではない、という定義ともなりますし、他の五行にとってもこの藤蘿繋甲は全く同義である、と言うことを忘れてはならないのです。つまり、丁日に対して丙と巳・午、己日に対して戊と土性支、辛日に対して庚と申・酉、癸日に対して壬と亥・子も藤蘿繋甲的であるのです。しかし、陰日干で月令を得、強となる場合、必ずしも藤蘿繋甲とは言えないことが多く、丁日の火旺月、日干に近貼して丙火が透出するのは、「丙火奪丁」、丁火の良好性を失う、という場合があるものです。ここにも調和の理があるのです。

丙火猛烈。欺霜侮雪。能煅庚金。逢辛反怯。土衆成慈。水猖顯節。虎馬犬郷。甲來焚滅。〔輯要〕

《丙火猛烈にして、霜を欺き、雪をも侮る。庚金を煅えるに能くするも、辛に逢えば反って怯む。土衆ければ慈を成し、水猖んなれば節を顕す。虎馬犬の郷、甲來たれば焚滅す。》

丙火猛烈。欺霜侮雪。能煅庚金。逢辛反怯。土衆成慈。水猖顯節。虎馬犬郷。甲來成滅。〔闡微・徵義〕

丙火猛烈。欺霜侮雪。能煅庚金。從辛反怯。土衆生慈。水猖顯節。虎馬犬郷。甲來成滅。〔補註〕

原　注

火は陽の精粋でして、丙火は灼陽の最たるもので、猛烈と言われるのです。秋を畏れずして霜をも溶かしてしまい、冬をも畏れず雪をも溶かしてしまうものです。庚金は頑金ではありましても、丙火の力はこれを煅えます。辛金はもともと柔らかいのですが、丙火は辛金と合しますと反って弱くなるものであります。土は火が生じる子ですので、戊己を多く見るは、慈愛の徳を成します。水は火にとっては尊君の如きものですから、壬癸旺ずるのに遇いますと、忠節の風を顕わし、炎上の性をよく抑えます。しかし寅午戌三合して、もし甲木が露れますと燥となり、焚滅させてしまうこととなります。

任氏増注

丙火は純陽の火で、その勢いたるや猛烈なもので、霜や雪を少しも恐れず、除寒解凍の功があり、秋霜、冬雪に丙火は照暖の作用を発揮するものです。庚金をよく鍛えることができるのは、強暴な庚金に尅伐を施すということであります。しかし、同じ金でも柔らかい辛金に逢うと反って怯み、弱くなるのは、柔順なものに合して和平をもたらすからです。「土衆成慈」とは下のものを凌がないことであり、「水猖顕節」とは上のものを援けないことです。寅午戌三合火局を作るは、火勢猛烈に過ぎて、もしも甲木が来たりて火を生ずるなれば、転じて甲木は焚滅に至ってしまうものであります。

このように見て来ますと、その威を洩らすには、己土を用とすべきで、その焔をとどめるには、必ず壬水が必要であります。その性を順たらしめるには、反って辛金に逢うほうが宜しいのです。己土は卑湿の体ですから、元来陽の強いものをよく収めることができ、戊土は高燥ですから、丙火を見ては焦げひび割れてしまうのです。壬水は剛中の徳ですから、よく暴烈の火を制しますが、癸水では陰柔で、丙火に逢っても熯乾させられてしまいます。辛金は柔軟なもので、明作合、つまり天干にあって干合してしまうと丙火は辛金と互いに親しんで、暗に化水して相済となるのですが、庚金は剛健、剛がまた剛に逢うのは勢の両立できないことになるのです。これらのことは、五行を挙げて色々と言ってはいることですが、世事、人情にも当てはめて、また、同様のことが言えるものであります。

徐氏補註

「五陽皆陽丙爲最」の丙は、太陽の精、純陽の性、欺霜侮雪、水尅を畏れないのです。庚金頑といえども、力はよくこれを煅える。辛金柔といえども、合して反って弱く、壬水を見るは、陽が陽に遇うので、対抗の勢いを成します。癸を見るは、霜雪が日を見るようなもので、ゆえに水尅を畏れず、いよいよその剛強の性を見ます。土を見るは、火烈土燥となって、生機尽滅し、土は火を晦くすることができるのです。己土を見るは宜しいのです。しかし、戊土を見るを最も忌とします。生慈とは、その猛威の性を失うということです。顕節とは、その陽剛の節を顕すことです。寅午戌全く、また甲透るは、火旺にして節なく、自焚してとどまり収まることがないのです。

考玄解註

乙木のところで少し述べましたが、生地にもよりますが、寅・申・酉・戌・亥・子・丑月の寒の候には、太陽にも譬えられるエネルギーを持つものとされている、丙火の照暖が必要であるとする調候の意よりして、他の陽干よりもより以上に陽である、ということから「五陽皆陽丙爲最」とも言われているのです。除寒や解凍するエネルギーですので、その性は「猛烈」と言っているのは、人の性情面として、変えることのできない生まれながらの気質・気性とも言えますが、必ずしも乱暴というようなことではないのです。日干はその人の気質面の中心となるとは言えますが、それのみではありません。気質とて万人同じではないもので、十干であるからといって十の気質しかない、などということはないのです。これは『四柱推命学詳義』(巻八 事象論(1)の「性情論」のところで係わってくることですので、ここではあまり深く立ち入りません。

丙火は、寒気始まり寒気進んでも「欺霜侮雪」ぐらいですから、他の干のように、調候としての丙火を必要としませんが、幇身という点になりますと丙火が必要であり、また厳寒の丑月には調候として二丙火あることが望ましいのです。陰干丁火では、甲に対する乙のようにあまり有力ではありません。

「能煅庚金」とありますが、ここはこの字句通り真に受けるのは誤りです。丙火の特性よりも丁火のほうがよく煅庚すると考えるべきです。猛烈な丙火ですから少し強過ぎますと、煅えるどころか熔金もしかねないのです。ですから「逢辛反怯」ということは、水旺月、丙辛干合の情専一となると化水して、猛烈の性を失って壬水となってしまうこととなるので、怯む、と言っているのです。さらに化水しないなら、辛金は倍力となって、財を人一倍好むとか、男性なら異性への関心が人一倍強いとか、となって、相当に丙火猛烈の性を減じるので、「反怯」と言っているのです。

しかし、それも絶対的ではなく、四柱組織・構造、あるいは生月にもよりますから、大まかな原則の傾向でしかないのです。

「土衆成慈」とは、土が多いということではありますが、これも己土卑湿の土か、丑と辰の湿土であれば強い火をよく納火し、その土がまた生金することを喜ぶようであるなら、母丙の子は土であり、有情にまた金を生じて慈愛ともなる、という意です。しかし、戊土とか戌・未の燥土となると納火はするものの、生金という点では、そうはいかない面があります。それらの燥土は壬水があるとか、申支があって湿土となるなら、それはそれなりに生金し、火が湿土を有情に生ずることを、納火とも晦光とも言います。この燥を湿にするのを後のほうで、

「天道有寒暖。發育万物。人道得之。不可過也。」と調候を言っていることに続いて、「地道有燥溼。生成品彙。人道得之。不可偏也。」と言っているのです。

「水猖顯節」とは水が狂奔する、水が重々とあって、後述するところの「従殺格」になって、大運喜用の運を巡るなら、官吏として忠節を尽くすようになる、という特別な見方があることを言っているのです。ここの解釈を多くの人は誤ります。「猖」とは狂うようなさま、つまり、申子辰水局全くするとか、亥子丑の北方全くするとか、そうでなくても重々と水があって、制水する戊土も、生火する印も根も無情であることを、「顯節」すると言うのです。

しかしそのようではなく、日干丙火がある程度強く、壬丙並ぶなれば、「輔映湖海」という慣用語で言われる良好な象、河や海や湖に太陽が照り映えて、周りの景色を一層美しくする、としているのです。これは、甲木にとっての庚金とよく似ているのです。共に相対性的弁証法の発展の意となるのです。このことは、日干が壬であって、ある程度強く、壬丙並ぶ場合も、「輔映湖海」とするものです。

「虎馬犬郷。甲來焚滅。」は、寅午戌火局を全くするのが欠陥となる場合、「薬」となる壬水がないようですと、甲木があっても、運歳で甲木が来ても、木は生火し、木は灰になってしまい、火はますます激しく燃え上がる、木化成灰となる、と言っているのです。このことは巳午未南方を成す場合も同様でありますし、また、申子辰水局全とか亥子丑北方全くするのに、それを生ずるところの金は、水多金沈ということになり、亥卯未木局全とか寅卯辰東方全を成すのに、水が来るのを木多水縮と言い、巳酉丑金局全くするとか申酉戌の西方を全くするのに土が来ると、金多土変ということになるのです。しかし、その来るものが喜であるなら、そのようには言わないものです。

丁火柔中。内性昭融。抱乙而孝。合壬而忠。旺而不烈。衰而不窮。如有嫡母。可秋可冬。〔輯要・闡微・徴義・補註〕

《丁火は柔にして中、内性昭(あきら)かにして融(のど)かなり。乙を抱きて孝、壬に合して忠をなす。旺ずるも烈しからず、衰えるも窮まらず。如(も)し嫡母あるなれば、秋よし、冬よし。》

原　注

丁は陰に属していまして、火性陽とはいっても、柔にしてその中庸を得たものであります。外は柔にして順ですが、内面はゆるやかに燃えていまして、文明の象があるものです。乙は丁の生みの母ではありませんが、乙は辛を畏れ、丁が乙を抱えるのは、丙が甲を抱えて甲木を反って焚上させたり、己土が丁を抱えて、反って丁火を晦くするのとは違いまして、その孝たるや他干と違ったものがあります。壬は丁の正官で、壬は戊を畏れて丁と合して、戊土をなだめて壬を尅せしめず、暗に化して木神、戊土を木で尅して壬に抗せしめなくするので、その忠たるや他干とは異なった要素があるのです。夏令に生まれ、丙火に逢っても、特に謙譲でして、その焔を助けませんので、火烈には至らないものです。秋冬に生まれましても、一甲木があれば、甲に倚って滅びず、焔も窮まることがないのです。ですから、「可秋可冬」と言うのは、丁であってこそ甲ありて柔の道を全うできるわけなのです。

任氏増注

丁火は燈燭の譬えには全く不適で、燈燭ではありません。丙火に比較しまして柔にして中和あるもので、文明の象があります。「抱乙而孝」とは、辛金をして乙木を傷付けさせないのが丁で、丁火尅辛して乙を傷付けさせないので孝と言っているのです。また「合壬而忠」は、暗に戊土をして壬水を尅せしめないので、壬は丁の正官ですから忠と言っているのです。それも丁が柔で中であるからです。ですから、太過不及の弊害さえなければ、時乗旺に当たるとしても、烈火にはなりませんし、時休衰に当たっていても、甲乙が透干さえしていれば、熄滅することはなく、秋に生まれても金を畏れないのです。支に寅・卯があれば、冬に生まれても水を忌まないものです。

徐氏補註

丁火は離火でして、内陰にして外陽、ゆえに「柔中」「内性昭融」と言われるのです。「柔中」の二字の注解が、「内性昭融」です。乙は丁の母です。丁あり乙を護って、辛金をして乙木を傷付けさせません。丙火が甲木に焚えるのと違います。壬は丁の君で、壬は戊を畏れるを、丁は壬と合して、戊土をして壬水を尅傷せしめないのです。つまり、己土が甲と干合するのは、甲は己土に従った形で化し、その甲の本性が変わり、辛金が丙と干合するは、丙はその威を失う、のとその本性が変わるにしても、丁壬合の場合化木するので、その意義・

作用は違うのであります。時乗旺に当たるも、赫炎には至りませんし、時衰に当たるも熄滅に至らないのは、酉は火の死地ですが、丁の長生であるからです。干に甲乙が透っていますと、秋に生まれるも金を畏れず、支に寅・卯がありましたなら、冬に生まれるも水を忌みません。

考玄解註

陽の丙火と陰の丁火の違いは、乙と甲の違い以上の要素があるのです。丙火は猛烈であるが、丁火はそんな勢いはない陰であるし、柔であるので、火は火であってもその内面が光輝いているようなもので、これを文明・学術と言われているのは、そうした性によるものです。

「抱乙而孝」とは、天干に乙があり並んでいますと、丁火壊辛し、辛金が乙を尅するのを丁火が尅辛して護ってくれることから、乙木は丁火を生じる印・母ですので、「孝」と言っているのです。しかしこの理は、日干乙で「抱癸而孝」となるのは、乙が尅己して、己土が乙の母の癸水を尅するのを阻むことと同理であり、「抱丁而孝」「抱己而孝」「抱癸而孝」の、すべてに共通することであって、丁火のみの特性ではありません。また陰干のみのことではなく、陽干にとっても同理となる生尅制化の理なのです。つまり、甲日にとっても「抱癸而孝」「抱壬而孝」であり、丙日であっても「抱甲而孝」「抱乙而孝」ということになるのです。

「合壬而忠」とは、丁の正官、壬を君主とし干合するなら、戊土が来ても君主である壬を去らさない、君主は君主として残ることを主として言っているのです。しかし、この点についても陰日干にとっては、全く同じことが言えるのです。つまり、乙日にとって庚正官、己日にとって甲正官、辛日にとっての丙正官、癸日にとっての戊正官、すべて「而忠」ということになるので、これも丁火のみの特性ではないのです。丁壬干合化木すれば、ということになりますと、丁は乙となり、主君は庚となり、壬は甲になるので、何が、どうして「忠」となるのかの説明は苦しいことになってしまうのです。むしろ、これらの「孝」「忠」のことよりも、「旺而不烈。衰而不窮。」とある点が他の弱きを恐れない陰干よりも、さらに弾力性がある良好な点になるということです。三夏の生であっても、丙火猛烈が天干に透出することがなく、調候の壬水が水源有情となっているなら烈しいものとはならない、ということです。しかし、三夏で透丙しますと、丙火奪丁となって、丁火の「内性昭融」の性はなく、よい特性を失って丙火に変わるのではないが、丙火的、猛烈となってしまうのです。この点、前述もした通りです。

乙木三春に藤蘿繫甲はありますが、甲木奪乙はないし、他の陰干も月令を得て、藤蘿繫甲と同義とはなるものの、丙火奪丁と同義とはならないのです。もちろん三夏以外であれば、藤蘿繫甲的となるので丙火助丁とも言えます。しかし、丙火助丁は有根でない場合でもそのように言うこともあります。さらに水旺・火死令であって、日干弱となっても、他の陰干以上に「不窮」ではありますが、これとて限界があるものです。

土旺・金旺・水旺月に生まれるなら、丁に近貼して甲木の印が透出することが望ましいと言っているのです。つまり、土旺であればよく甲木が旺土を疏土開墾し、万物を良く育成し、金旺で甲木が去ることがなく、庚金が来ても庚金劈甲引丁し、丁火煅庚となる。しかし、辛金では甲から生丁された丁が制辛する、ということになります。また水旺なれば、水の殺は化して印となり、印が生身する、つまり、化殺生身となるのですから、「如有嫡母。可秋可冬。」と言っているのです。もちろん、調候必要なことは言うまでもないことです。

戊土固重。既中且正。靜翕動闢。萬物司命。水潤物生。火燥物病。若在艮坤。怕冲宜靜。〔闡微〕

《戊土は固重にして、既に中にして正。靜なれば翕じ、動ずれば闢き、萬物の命を司る。水が物を潤すなれば生じ、火が物を燥とするなれば病む。もし艮坤にあるなれば、冲を怕れ、靜を宜しとす。》

戊土固重。既中且正。靜翕動闢。萬物司命。水旺物生。火燥喜潤。若在坤艮。怕冲宜靜。〔輯要〕

戊土固重。既中且正。靜翕動闢。萬物司命。水潤物生。土燥物病。若在艮坤。怕冲宜靜。〔徴義・補註〕

原注

戊土は城牆とか堤防とかに譬えるのは正しくないことです。己土に較べて特に高く厚く、剛にして燥で、己土の発源の地であるのです。中氣を得てそしてかつ正大であるのです。春夏は氣は闢いて万物を生じ、秋冬は氣は翕て万物が成るものですから、万物の命を司る、と言っているのです。その氣は陽に属し、潤を喜び、燥となるを喜びません。寅に坐するは申の冲を恐れ、申に坐すはまた寅の冲を畏れます。つまり、冲となるは根が動ずるからで、地の道の正理でないので、静で冲のないことが宜しいのです。

任氏増注

戊は陽土で、その氣は固重、中に居て正を得、春夏に氣が動いて闢き、発し生じますが、秋冬は氣は静で翕(とじ)て収蔵するのですから、万物の司命と言うのです。その氣は高厚で、春夏に生まれ、火旺じて水潤なるが宜しいのです。そのようですと万物は発し生じますが、燥となりますと物枯れる道理です。秋冬に生まれて水が多いなれば、火で暖めれば万物化成しますが、湿り切っていますと物病むの道理です。艮坤とは、寅・申月のことで、春に尅を受けますと氣は虚となりますから、静なるが宜いのです。秋は金に多く洩らしますと、体は薄くなりますから冲を怕れます。あるいは寅・申日に坐しているのも静を喜び冲を忌みます。また四季土旺に生まれるものは、最も庚申・辛酉の金に洩らすを秀氣流行するとして、貴格を定めます。己土もまた同様です。四柱中木火を見、あるいは木火の運に遇うは、破となります。

徐氏補註

固重の二字は、最もよく土の性質を形容しているものです。春夏には氣は動じて闢き、発生し、秋冬には氣静となってとじ、収蔵する。ゆえに万物の司命となすのです。戊土高亢、春夏に生まれるは、水潤って万物発生、燥なれば枯れる。秋冬に生まれるは、火の暖が宜しく、万物化成し、湿なれば物病む。艮坤とは、寅申で、土は四隅に寄せ、寅申に寄生し、巳亥に寄祿する。ゆえに、艮坤に位して、静を喜び冲を忌むのは、四生の地は皆冲を忌むもので、土もこの例外ではないのです。

考玄解註

「戊土固重」。確かに戊土には、堅固にして頑、剛で重厚というようなエネルギーがあり、「甲木參天」「丙火猛烈」に次いでの陽干の性を「固重」がよく表しております。十二支では、土は中央にあったものが四方の隅に散じて辰・戌・未・丑となったものの、辰・戌土の本気が戊土となっており、この戊土の性が辰や戌の重要な性情面の主となっているので「既中而正」と言っているのです。つまり、「正」とは、正義、正道、順生、正直、正面等の「正」で、この「正」であるから、「固重」「中」であるから、中庸、中道、中心、正中の「中」で、「固重」ともなるのです。

「靜翕動闢」とは、動と静に応じて、開いたり、閉じたりする、ということで、静かな変化に応じつつその変化の中で順応していくが、激しい動の変化のエネルギーが加わるとそれに対応する変化も激しい、ということです。戊土が重々とあって凝り固まり、強であるなら、甲木をもって疏土開墾し、万物を滋生させる弁証法的発展となるものが必要である、ということが動じて開くの意で、これを古い命理では、沖庫（庫とは墓庫の生旺墓絶）を開けば財を得る、というように言い伝えられてきたことを盲信している人が多いのです。これはものの譬えをあまりにも即物的にしてしまった誤りの一端です。この戊土と甲木の関係は、甲木と庚金、丙火と壬水、庚金と丁火（丙火ではない）の関係と全く同理であり、壬水と戊土の関係も同様なのです。

戊土は陽にして燥ですので、適度の湿の水があり、適度な暖の丙火があるなら、土は生金し、金は生水し、水は生木し、木は生火して流通よろしきを果たすことになる、というのが「水潤物生」です。しかし三夏火旺にして「水潤」がないなら、燥土はますます燥となり、土はひび割れして旱魃となり、人畜の生命さえ奪うことになるので「火燥物病」と言い、燥土不能生金、とも言うのです。また水が多いなら、この戊土で制水し、水利灌漑して田畑に水をひき渡らせることができるが、しかしあまりにも水が太過しますと、一点の戊土では制水し切れず、土は押し流され、水多土流、となって水害を招くことにもなるのです。

「若在艮坤。怕沖宜靜。」は、色々に解釈できます。「艮」とは易でいう北東で丑寅、坤とは未申で南西です。つまり、未丑が冲去したり、寅申が冲去したりすることは宜しくない、つまり、日干の戊土の根が去となって、日干無依となるのは宜しくない、と言っているのですから、実はこのことは、辰戌冲去する、巳亥冲去することさえも言っている、と拡大解釈すべきところです。しかし、日干が無根となることは原則的にいかなる干であってもよくないことですが、「蔵干理論」よりして、申寅巳亥すべて余気に土があり、辰戌未丑すべて本気土であるのに、これらが冲去となることが多いので、戊土のみではなく己土も含めて無根となるのを忌とする、と言っているのです。つまり日干木であるなら、木の本気同士が冲となる関係はないのです。金水火とて同様です。また後で言われている「甲申戊寅。眞爲殺印相生。」とある戊寅は、「蔵干理論」よりして、寅中戊丙甲、甲は戊の殺、丙は戊の印、戊は比肩、これが順生してもいれば、丙印が天干の戊土をも生じている、この寅が日支にあっても、申と冲の情が専一となって去となると、印・比の根を失うことから、「艮坤」を寅申とのみ解しがちですが、その真義から言うと正しくはないのです。金水木火の干の場合、支が本気となるのは、それぞれ二支ずつしかないのに、土が本気となるのは四支もあるので、日干弱となって他に従することはそれだけ少なくなるのです。特に陽干従し難い面があるので、印・比劫の根が去とならないほうが原則的に望ましい、ということから特にこのように言われているのです。

己土卑溼。中正蓄藏。不愁木盛。不畏水狂。火少火晦。金多金光。若要物旺。宜助宜幫。〔闡微・徴義・補註〕

《己土は卑く、溼なるもので、中正にして蓄藏す。木盛んなるを愁えず、水狂うとも畏れず。火少なきは火晦く、金多きは金光る。もし物旺ずるを要するなれば、助けるが宜し、幫けるが宜し。》

己土卑溼。中正蓄藏。不愁木盛。不畏水旺。火少火晦。金多金明。若要物昌。宜助宜幫。〔輯要〕

原　注

己土は低く薄く軟らかく湿っています。つまり、戊土の枝葉のようになったものです。中正でよく万物を蓄蔵します。柔土よく生木することができ、木のよく剋するところではありませんので、木盛んでも愁いないのです。土は深く水を吸い込むことができ、水の泛濫するところではありませんので、水の猛り狂うのも畏れないと言われるのです。無根の火は湿土を生ずることができませんから、火が少ないと反って火を晦くしてしまうのです。湿土はよく金の氣を潤しますので、金が多いのは金の光彩をよくし、反って清く光り輝く様も観るべきものがあります。これをなすことなくして、有為の妙用ありと言えるのであります。もし万物充ち盛んで長く旺ぜしめるを必要とするならば、ただ土勢固重であって、また火氣を得て和するなれば正に可であります。

任氏増注

己土は陰湿の土でありまして、中正にして蓄蔵するもので、八方に貫いて四季に旺じます。ですから滋生して息むことなき妙用があるものです。木盛んでも愁えず、というのは、己土の性は柔和で、木は湿土によって培養されるもので、木が尅せないからであります。水狂を畏れずとは、その体はみずみずしく深く、水を吸収することができて水が冲することができないのです。火少なければ火を晦くする、と言われている火は丁火のことで、陰土は陰火をおさえて火を晦くするのです。金多金光、の金は辛金のことで、湿土よく金を生じ金を潤沢たらしめるのです。四柱中土氣深く固いようでしたなら、丙火を得てその陰湿の氣を去らしめることができましたならば、さらに万物を滋生し得ますので、所謂、助けるが宜し、幇けるが宜し、と謂われるのであります。

徐氏補註

戊己は同じく中正の土、しかし、戊土は固重で、己土は蓄蔵、戊土高亢で、己土卑湿という違いがあります。卑湿の土は、木の根を培うことができ、水が泛濫するを止め、甲を見ますと合となる情があるので、木盛んでも愁えず、水を見ても吸収してよく蓄えますので、水狂うとも畏れず、洩火し晦火するので、火少ないと火を晦くするのです。潤土はよく生金しますから、金多金光にて、これ己土無為の妙用となすものであります。ただし、万物を滋生せんと欲するなら、丙火がその卑湿の氣を去らしめるが宜しく、戊土が生長の力を助けるが宜しく、もって、充盛長旺となるものであります。

考玄解註

己土も同じ土ですので、正円形に十干を東西南北に配しますと、戊己土は中央にある、つまり、東西冲尅し、南北冲尅する中央にあり、十二支に配すると四隅に散じ、未丑が己土本気となるので、戊土と同じように「中正」である点に変わりがないのですが、陰の土という点から、低い湿ったところの土のようなエネルギーであることから、「卑（低い）溼」と言われ、その低くして湿り気がある土は生木する機があるので「不愁木盛」と言われているのです。しかし「乙木雖柔。刲羊解牛。」とあるように、天干にあるなら尅の関係となり、天干に甲と並ぶと合となり、土旺であれば情専一にして化土するが、化さない限り倍力の甲となるので尅己土はされるものの、陰にして柔、かつ、軟らかい土で湿り気があるので、戊土のように弱過ぎると破土されるというほどに弱くなることはない、といった干の特性があるのです。同じ陰干の乙や辛のように、乙干合不化倍力の庚から破木断削される、もしくは辛金が干合不化倍力の猛烈な丙火から壊辛される、あるいは癸水が干合不化倍力の固重燥土の戊土から塞水される、という点と全く違う要素があるのです。譬えですから、誤解されると困りますが、実際の柔らかい土に木の棒を差し込んでも、土の中へ入っていくだけで、燥土頑土に棒を差し込むためには土の粉が散乱してしまう、といったようなことなのです。同じ土でも全くその作用が違い、柔らかい湿った土は散乱することがない、といったようなものと解すべきです。この譬えよりして、火が納火された場合は、燥の戊土よりも弾力性があるので、火が少ないと逆に火を晦くしますし、生金する湿土であるから金が多くても金の輝きを増すものである、土多なれば埋金とさえなる、という「火少火晦。金多金光。」ということも理解されると思います。

ですから丙火と己土が並ぶ場合は、戊土とはならないものの、己土をして戊土的にするし、丙火が制金もする、また己土日干の印が丙火であるから、木の官殺も化殺生身する、さらに日干己土を中心に、丙己戊、もしくは、戊己丙、であるなら、この戊土の幇は水太過を制水し、水利潅漑して万物を滋生することから、いかなる干支が来てもそれほど恐れることはない、という点で「宜助宜幇」と言われているのです。しかし、このことは何も己土のみの特性ではなく、すべての弱い干にとって共通に言えることなのです。例えば日干乙に、甲乙癸、癸乙甲、日干丁に、丙丁甲、甲丁丙、日干辛に、庚辛己、己辛庚、日干癸に、壬癸庚、庚癸壬、と並ぶような場合のことです。しかも、これらのことは、日干弱の場合、大体印・比劫を喜神とするので、「宜助宜幇」ということになるのです。それも、助一、幇一でもよい場合があります。己土の場合『四言獨歩』に言われるように、「己干用印。官徹名清。」とあるのも丙火のことで、火旺の用神運を巡るなら、地位も高く名も知れわたる、ということになるのも、やはり己土の特性である、とも言えるのです。また己土の湿土の一面は、己壬並んでいる上に調候よろしきを得れば、己土濁壬してよく生滋木となる、ということです。しかし、調候よろしきを得ませんと、己土濁壬しても濁命となるものです。丁火と己土は同じ陰でも、乙や辛や癸と相当違った弾力性・耐久性がある、つまり免疫性、自然治癒力・自浄作用があるものと解することができるのです。

庚金帶煞。剛健爲最。得水而淸。得火而鋭。土潤則生。土乾則脆。能贏甲兄。輸于乙妹。〔闡微・徵義・補註〕

《庚金は煞を帯び、剛健たること最たるものなり。水を得れば清く、火を得れば鋭し。土潤えばすなわち生じ、土乾くはすなわち脆い。甲兄(こうけい)によく贏(か)つも、乙妹(おつまい)に輸(ま)ける〔負けるに同じ〕。》

庚金帶煞。剛强爲最。得水而淸。得火而鋭。土潤則生。土乾則脆。能勝甲兄。輸於乙妹。〔輯要〕

原注

庚金はすなわち天上の太白星であります。殺を帯して剛健で、健ですから水を得ますと氣が洩れ流れまして清くなります。剛ですから火を得ますと、その氣は純粋となって鋭利となります。水を含んだ土はよく生金を全うし、火氣を含んだ土は、金を脆くさせてしまいます。甲木が強いとしても、庚金はこれを伐採しますが、乙木柔ですが、合して反って弱くなるものです。

任氏増注

庚は秋天の粛殺の氣で、十干中最も剛健です。水を得れば清くなるという水は、壬水のことで、庚金は壬水を発し生じ、壬水は剛殺の性を引通しますので、精を出し勉強して光り輝きを放つのです。火を得て鋭利となるの火は丁火のことで、丁火は陰柔で、庚金と敵とはならず、よく治め煅煉研ぎ澄まして、ついには刀剣とさえ為すものです。時にその鋭利なること一方ではなく、春夏に生まれますと、その氣はやや弱く、丑辰の湿土に遇うとよく生金し、未戌の燥土に逢いますと脆くなるものなのです。甲木には庚金は伐木しますが、乙とは相合し、転じて有情となります。しかし、乙はすべて庚と合してその暴剛を助けるものとも限りませんし、また庚はすべて乙と合して反って弱くなるとは限りませんので、よくその辺のことを詳細に弁別しなければなりません。

徐氏補註

〔任氏増注を簡略化した程度で、ただ「乙木雖柔」「合而有情」と言っているのみで、任氏の如く、合と言ってもその作用が異なる場合が生ずるから、「宜詳辨之」とは言ってはいませんし、『子平粋言』では、反ってその鋭鋒の用を失う、とさえ言っております。〕

考玄解註

庚金は甲から数えて七番目となる偏官・七殺ですので、「帯煞」の殺と言っているのです。この点のみで悪い、というように解すべきではありません。しかし陽であり金である、という点からして、剛で健、強烈さをその性に持っている、という点、「丙火猛烈」、という点に似てはおります。あるいは、丙火よりも剛とさえ考えられるので「剛健爲最」と言っているのです。

「得水而淸」とは、金は生水するものではあるが、特に陽干の庚から生水される壬癸水は、戊己土によって塞水とも濁水ともならないので「淸」と言っているのです。つまり、日干が強であるなら洩身することは、その英秀の気を発することはすべて同じではあるが、その洩秀が水智の水ということからして、濁とはならないことが、他干の洩とは違う点があることを言っているのです。単なる洩秀ではない、水智への洩秀なのです。「水木淸奇」「木火通明」と同義なる「金白水淸」とは、主として日干辛金の場合を指して言うことが多いのです。庚金であっても良好な組織構造であるなら、「金白水淸」の象と言っても誤りではありませんが、「庚甲不離」であるとともに、庚金の特性は丁火煅金という点にあることを既述もしました。つまり、丙火で溶かすのではなく、丁火で庚金を柔らかくして鍛え上げることで、金属製品や刀剣のようなものを作製もする、ということですので「得火而鋭」と言っているのです。これも刀剣の譬えから「鋭」と言っているに過ぎないのです。ここに、丁甲、庚甲、丁庚の、庚金劈甲引丁して丁火煅庚、という相対性的弁証法的発展の関連があるのです。これが「能贏甲兄」でありますが、庚金と乙木の干の特性からして、劈乙とはならず、ただ尅傷するのみとなって、弁証法的良好さを一つも得られないということから「輸于乙妹」と言っているのです。もちろん、干合の情専一であれば、金旺なら化金して、乙は辛となり、金旺であるのにこれ以上必要としない陰干辛があっても、芳しい傾向とはなりません。化金しないなら、乙が倍力となっても、尅乙し、また貫通さえするので、生成発展の機がないこととなるのです。陽日干が陰干の財と干合することは、前述したことと同様に、制財するためにそれだけ弱化することになるのです。

もちろん丁火煅庚ということと、調候という点での丙、ということとでは全く違うのです。ですから原則として、庚金三秋の生まれは丙丁を愛する、と古書にあるのは、調候の丙火と、庚金に近貼する丁が必要である、ということなのです。また三夏の庚は、壬水の調候とこの壬水に有情となる水源の金が必要であります。このことは他干と同じことなのです。日干庚だから、これが水源となると思い込むのは正しくないのです。

「土潤則生。土乾則脆。」とあることは、湿土生金、燥土不能生金であり、五行の生では土生金で、燥土生金はするとしても、その金は弾力性・耐久性のない金であり、この金からは生水の機がない、ということになると解すべきです。これもまた反生の功の一面であって、土金水が適切であれば、湿土が生金し、生金された金は生水して、水がまた土を湿にすると同時に生木もしていく機となるのです。こうした意味から「得水而清」はこの水が湿土を湿にする機でもあれば、生木する、生財もする機ともなるというように、弁証法的に考えを発展させることが大切なことになるのです。こうした干と干の有り様がよく解りますと、戊己土を「中正」としたことも、木火土金水の五行の土は、木火と金水の中央にあるもので、これに陽陰の干という視点からみると、陽燥・陰湿ではあるものの、水がどのような影響を与え、火がどのような影響を与えるか、土は金を生ずる、金は水を生ずる、と言いはしても、そこには水火が複雑に絡み合っていることが理解されてくるのです。

これが生尅制化なのです。

辛金軟弱。温潤而清。畏土之疊。樂水之盈。能扶社稷。能救生靈。熱則喜母。寒則喜丁。〔輯要・闡微・徴義〕

《辛金は軟らかく弱きものにして、温潤なれば清し。土の疊なるを畏れ、水の盈るを樂しむ。よく社稷を扶け、よく生靈を救う。熱なれば、すなわち母を喜び、寒なれば、すなわち丁を喜ぶ。》

辛金軟弱。温潤而清。畏土之多。樂水之盈。能扶社稷。能救生靈。熱則喜母。寒則喜丁。〔補註〕

原　注

辛金は陰金でして、珠玉の謂いではありません。およそ温軟で清潤なるのが辛金であります。戊己土が多いと埋まってしまうので畏れるのです。壬癸の水多いのは必ず秀でるものですから、楽といっているのです。辛は丙の臣下で、合丙化水、丙火をして壬水に臣服せしめて、社稷を安んじ扶けるのです。辛は甲の君となるもので、合丙化水して、丙火をして甲木を焚えさせず、生霊を救援するものであります。戊月に生まれて己土を得るのは、火を晦くして辛金を存ぜしめるのです。水旺の月に生まれましたなら、丁火がよく寒に敵対して辛金を養いますので、辛金冬生まれて丙火を見るのは男命貴ならず、たとえ貴となっても忠義でありませんし、女命は夫を尅しますし、尅さなければ不和です。丁を見るは男女共に貴ですし、かつ柔順であります。

任氏増注

辛金は世の中の五金〔金、銀、銅、鉄、錫のこと。錫の代わりに鉛とする説もある〕の質ですので、清潤たること観るべきものがあります。戊土太重なるは、水を涸らし埋金となります。「樂水之盈」とは、壬水有余なるは、潤土にして養金するからです。辛は甲の君で、丙火はよく甲木を焚くのを、辛は丙と合して化水して甲木を焚かせしめず、反って相生の象があるのです。辛は丙の臣で、丙火はよく戊土を生ずるのを、丙辛合して化水して、丙火をして土を生ぜしめず、反って相助の美があるのです。どうして社稷を扶け、生霊を救わないことがありましょうか。夏に生まれて火が多ければ、己土は晦火して生金、冬に生まれて水旺ずるなら、丁火は溼水〔温水の誤植か〕、養金するものであります。所謂、「熱則喜母。寒則喜丁。」と言われているのは、このことです。

徐氏補註

辛金は清潤の質で、三秋温和の氣です。戊土太多となるは、すなわち涸水埋金、壬水有余すれば土を潤し、洩金せしめることとなります。辛は甲の君、丙は辛の君、丙火は甲を焚やすことができますが、辛合丙化水すれば、尅は転じて生となり、甲を生ずるゆえ、社稷を扶け生霊を救うのです。夏に生まれ火が多いのは、己土は晦火せしめ生金、冬に生まれて水旺ずるのは、丁火あれば、暖水し養金するゆえに喜とするのです。

考玄解註

陽の庚金に対して、同じ金でも陰干の辛金となりますと、「剛健」の庚とは正反対の「軟弱」となって、乙木の「柔」どころではない「軟」さえ加わるのです。ここまでの各干の論は、初めの四字と次の四字はすべて特性的内容そのものでありましたが、辛金は「温かく潤であるから清いものである」というようにその性を言うことはできないのです。温とか暖ということは丙火と丁火の火であり、潤ということは壬水と癸水の水であるので、この「溫潤而清」とあるのは、温金となり、庚金と同様に適切な洩秀の水があって、清となる水智が喜となるのが望ましいものである、というように解すべきところです。つまり、洩秀の水が喜となるためには、己土のところでも述べましたように、陽干庚金の幇身があるとか、湿土生辛金となる印の己土が近貼するとか、いずれかが有情な根となる上に、「溫」になるために、申月から丑月生であれば、丙火の調候が必要、ということになるのです。

「寒則喜丁」と言われているのは、日干辛金の場合、水旺月生で丙辛干合の情専一であれば化水して、丙は壬となり、辛は癸となることから、本来の干の持つ性を変えてしまうことになるので、寒ければ、丁でも喜としているのです。以上のことから、やむなく丁火を調候の代用と考えもしましたが、やはり亥・子・丑月の調候は必ず丙でなければならず、特に丑月は二丙くらい必要なのです。

三夏火旺は金死令となり、最弱となる可能性があるものですが、調候壬水があって、金の水源と有情となることによって調候適切となり、さらに生身する印の土があれば、化殺生身となるので、この調候あっての印を「熱則喜母」と言っている、としているのです。調候のない己土はこれも燥となるので不能生金です。ただ単に印の母を喜ぶと言っているのではないのです。これらの意を含めて、辛金がある程度強となって洩秀の水があれば、庚金以上に「金白水清」となるので、そうなることが望ましい性として「溫潤〔水火よろしく強となって、洩秀して〕而淸」と言っているのです。これがまた「樂水之盈」、水が満ち満ちている、水が多いことを楽しみ、喜ぶのは日干が強となることであるから、比劫の幇身や有情な根があり、印の母が化殺生身することが必要です。しかし、いくら助身するといっても、土多であると陰干の辛金は庚以上に金埋となる、土多は制水もするので洩秀の水智の良好さを発揮もできないこととなるのを、「畏土之疊」と言っているのです。

このように、「溫潤而淸」となり、「樂水之盈」となるなら、「能扶社稷。能救生靈。」である、と言っているのです。この社稷とは、土地の神（土）と五穀の神（木）のことで転じて国家ともなるのですが、ここでは、以上のように火土金水それぞれ所を得るなれば、土から生産される五穀も、つまり、木も良好なる流通の象となる、ということで、「生靈」とあるのも生成発展する契機となる、たましい、霊を損傷することなく、互いが互いに救応し合うこととなる、の意なのです。原注・任氏増注・徐氏補註、すべて、丙を辛の臣であって、甲は生丙する、丙辛合して無条件に化水するとして、化水すれば甲は丙火を生火しないで、水生甲となる、化水するから丙生戊土とならない、ゆえに社稷を扶け生霊を救う、としております。何度読み返しても、この真の意、真の義は解らないことと思います。私の解註もあまり上手とは言えないかも知れませんが、よくよくお読みいただければ、その真義は理解していただけると思います。要は「溫潤而淸」となる条件が満たされて、その上で「樂水之盈」となるものであれば、「能扶社稷。能救生靈。」となって良好なる四柱八字の組織構造となるということなのです。しかし、このことはまた別の表現をしますと、調候も適切であり、生尅制化も誠によろしくして、常に救応があることはすべて良好な命である、というすべての干に共通する原則でもあります。

なお、土多金埋ということは、辛金のみのことではなく庚金も同様です。

壬水通河。能洩金氣。剛中之德。周流不滯。通根透癸。沖天奔地。化則有情。從則相濟。〔闡微・徵義・補註〕

《壬水は河に通じ、よく金氣を洩らす。剛中に徳ありて、周流して滞らず。通根して透癸するは、天を沖し地を奔る。化すれば、すなわち情を有し、従すれば、すなわち相済う。》

壬水汪洋。能洩金氣。剛中之德。周流不滯。通根透癸。沖天奔地。化則有情。從則相濟。〔輯要〕

原注

壬水は癸水の発する源で、崑崙山より流れ出る水であります。癸水は壬水の帰宿する所、扶桑の水であります。分かれたり合したりしながら、運行して息むことがないものです。ですから、百川とするのはこれがゆえであります。また、雨露となすのもこれがゆえです。ということは岐れずして両義とするのです。申は天関となして、天河の口で、壬水はここに長生し、よく西方の金氣を洩らすことができて、周り流れる性があって、少しずつ進むことはあっても滞まることのないものですから、剛中の徳と言われるのは当然であります。もし申子辰全くして、そしてまた癸水が透りますと、その勢い冲奔、滞めることは不可です。東海はそのもとは天河に端を発しますが、常々水害を引き起こすのと同じであります。命中このような配合で、もし財官がないようでしたなら、その禍たるや、いかばかりか測り知れません。丁と干合して化木するは、また丁火を生じますので、有情と言うべきです。よく丙火を制し、丁の愛を奪わしめないのです。それゆえ夫は義をなし、君は仁をなすこととなるのです。夏に生まれる、すなわち巳・午・未中の火土の氣、壬水を得てあたたまって水蒸氣となって天に昇って、また雨露となって地上に降りて来るので、ゆえに火土に従うといえども、相済しないことは未（いま）だかつてないものであります。

任氏増注

壬は陽水で、通河と言っているのは、天河であることを言っているのです。申に長生し、申は天河の口、また坤の方にあって、壬水はここに生じて、よく西方粛殺の氣を洩らしますので、剛中の徳、と言われる次第です。百川の源、周流して滞らず、進むはやすく、退くには難。申子辰全くして、また癸水透出するはその勢い泛濫して、戊己の土がたとえあったとしても、その流れをくい止めることはできません。強いてこれを止めようとしますと、反って冲奔激しく水患を成すのです。必ず木を用いて水を洩らし、その氣勢に順ずるなら、冲奔には至らないものであります。丁火に合して化木し、木はまた火を生じ、転々と息まざる妙があるので、化すれば有情と言っているのです。巳・午・未月に生まれ、柱中に火土並旺し、別に金水の助けなく、火旺透干するは従火、土旺透干するは、従土となって調和潤沢、すなわち相済の功があるものであります。

徐氏補註

〔任氏増注を簡潔にしているのみで、補となるほどのことには言及されていません。〕

考玄解註

「甲木參天」「丙火猛烈」「戊土固重」「庚金帶煞」と陽干について言われてきた特性的表現が、陽の水である壬水では「通河」となっており、ちょっとその性が理解し難いようですが、流れる河川である水であることから、水の湿と寒であり、また、三夏の調候となる、「壬丙不離」「輔映湖海」、水智、流動する、燥土を湿とさせる等から、壬水は人間や万物にとって欠かせないものであるので、「剛中之德」とも言っているのです。陽干はすべて「剛」です。しかし、「德」となる要素を孕みながらも、それが「不德」「害」となることもあるのが陰陽の相対性なのです。他干もそうですが、壬水とて同様で、水太過するなら、「冲天奔地」、激流・洪水・泛濫して甚だしい害を及ぼすこともあるのです。

つまり、申子辰水局全、亥子丑北方全とか、水多になるなら、戊土で制水することが「薬」の原則であり、また寅とか卯とかに納水することも「薬」となるものですが、水局全、北方全くして、「至弱」の陰干癸水が天干にあるようですと、制水や納水の効もないことになる忌を、「通根透癸。冲天奔地。」と言っているのです。陰干の癸水でなく、陽干の壬水が透出するなら、なおさらのことです。申子水局半会さえも「病」となるもので、戊土、甲・寅卯木が「薬」となるのですから、水局全、北方全くするとその「病」は重いこととなるのです。この局や方を全くすることが「病」となるなら、「薬」が必要であることは前述もしましたように、壬水のみの特性に限ったことではないのです。

河や川に譬えますと、「周流不滞」は当然のことです。この周流するところが土であり、太陽の照暖あって、木も繁栄し、金は土から生ぜられ、金は生水する、これも五行の周流であります。水は金から生水され、水は木を生じ、木は火を生じ、火はよく生土し、土は金を生じる五行の原則の相生で、これを何も生旺墓絶の長生をもって説明する必要など全くないことです。水は申に長生、木は亥に長生、火は寅に長生、金は巳に長生することは、一年十二ヶ月の五行の生成発展し消滅する循環律でしかないもので、壬水の特性が生旺墓絶にあるものではないのです。この生旺墓絶を月支以外に当てたことは、古書の大誤と言うべきです。

「化則有情」も、別に壬水の特性ではありません。丁壬干合して干合の情が専一で、木旺なれば化木すること、これは甲己干合、乙庚干合、丙辛干合、戊癸干合、すべて干合の情専一であれば、化する五行が旺じる月令であるならすべて化するのですから、それが旺ずるものに有情な関係となるのは当然のことで、無条件に化しますと、無情となることさえ生じてくるのです。この有情とある二字よりしても、化の条件は化する五行が旺じている、という定理となるのです。任氏も徐氏もこの「有情」を正しく理解できなかったのでしょう。干合すれば無条件に化すると解命中で言っているのです。

「従則相濟」とは従格になること、すべての干がそうであって、何も壬水のみが「相濟」となるものではなく、このことは「従得眞者只論從。従神又吉和凶。」とあるところで論じております。そこでは「相濟」と言ってはおりません。

癸水至弱。達于天津。得龍而運。功化斯神。不愁火土。不論庚辛。合戊見火。化象斯眞。〔闡微〕

《癸水は至って弱にして、天の津(しん)〔水のうるおす所〕に達す。龍を得れば運(めぐ)り、功はこれ神に化す。火土を愁えず、庚辛を論ぜず。戊と合して火を見るは、化してこれ眞を象(かたど)る。》

癸水至弱。達於天津。龍德而運。功化斯神。不畏火土。不論庚辛。合戊化火。火根乃眞。〔輯要〕

癸水至弱。達於天津。得龍而運。功化斯神。不愁火土。不論庚辛。合戊見火。化象斯眞。〔徵義・補註〕

原　注

癸水は陰の純にして、至って弱いものです。ですから、扶桑は弱水を有するものです。天津に達する。天に随って運行し、龍、すなわち辰を得るは雲雨となって、よく万物を潤沢できるものです。これを「功化斯神」と言っているのです。およそ柱中甲乙・寅卯あれば、皆水氣を運ぶもので、生木制火、潤土養金するは、貴格となるものです。火土多くとも畏れず、庚金に対しては、その生を頼みともせず、また多くとも忌とせずとするものです。ただ、合戊土化火は何を言っているか、と言いますと、戊は寅に長生、癸は卯に長生、寅も卯も、東方に属し、ゆえによく生火することができる、これはもとより一説にしか過ぎません。地、東南満たされざるを知らないのです。戊土の極まる所は、癸水の尽き果てる所、すなわち、太陽の出て来る方であるから、化火するのです。およそ戊癸日にして、天干に丙丁が透っていたなら、衰旺を論ぜず、秋冬皆よく化火するもので、最も真となすものです。

任氏増注

癸水は雨露の謂いではありません。すなわち純陰の水で、その発源する所は遠く長く、その性は極弱とはいいましても、その勢いは最も静かでして、土を潤して養金し、万物を発育せしめるものです。「得龍而運」とは変化測れざるもので、所謂、「逢龍卽化」といわれるものです。龍、すなわち辰が、真龍に逢うならすべて変化するものなのです。およそ十干辰位に逢う時、必ず化神が干に透るもので、これは一定不易の理であります。火土を愁えないのは至弱の性、火土多きを見れば従化するのです。「不論庚辛」とは、弱水ですから金氣を洩らすことができず、所謂、金多が反って濁となるは癸水のことです。

「合戊見火」とは、陰の極は陽が生じます。戊土燥厚、柱中丙火透露すれば、化神を引き出して、真となすのです。秋冬の金水旺地に生まれても、支に辰があって、丙丁が透っていても、従化し難いものです。宜しく細詳してください。

徐氏補註

癸は純陰の水、発源長といえども、その性は、至静にして至弱であり、所謂、「五陰皆陰癸爲至」です。龍は辰、遁干辰を見れば、必ず化氣の原神透出するは、一定の理です〔この後の文も全く任氏増注と同様です〕。

考玄解註

「五陰皆陰癸爲至」とありますように、陰干の癸水は十干の順から言えば最後に当たるので、至である弱とするもので、陽干のように強くないので「静」かで、かつそれだけ耐久性がある、陰干弱きを恐れず、なのです。「達于天津」を、天にある川に達する、と訳しますと、その流れの源が遠く長い、と誤解される危険があります。つまり、壬水は通河で大河のような流れであるとすると、譬えとしては、小川とか、流れとはならない水とかに譬えられるべきでしょうし、譬えとして雨露の水ではない、と原注・任氏増注では言っておりますが、譬えですので、その本性、エネルギーの他と違う特性として認識するためには、雨露のようなもので、大河の流れのような強いものではないと理解すればよろしいのです。

〈純陰の水〉というだけではとらえどころがないし、発源するところ長いというと、これも絶えることがない、と誤解されやすいのです。いくら多くあっても大河とはならない、壬水とはならない、癸水はあくまで癸水の本性のエネルギーでしかないのです。しかし、これに壬水が加わりますと、癸水の性は壬水的となることもあれば、沖天奔地の激流ともなって氾濫を起こすこともあるし、藤蘿繫甲的になることもあるのです。水であるから蒸発もしやすいことは壬水も癸水も同様ですが、蒸発した水はまた雨や雪となって降ってくるのは自然律ですし、水源の金があれば、壬癸水いずれも涸れ蒸発することはないのです。これを「不論庚辛」と言っているのです。この文を庚金であろうが辛金であろうがその陰陽を論ぜず水源となる、と解すべきであって〈弱水ですから金気を洩らすことができず、所謂、金多が反って濁となるは癸水のことです。〉と解するのは誤りです。壬水とて同様に、金多水濁になることに変わりがないのです。誤解してはなりません。

「得龍而運」と言っていることは、子辰水局半会して透癸するに、子中一点壬水が加わって蔵干一壬三癸となるので、強い「通河」となって運ばれる、流れて行く、ということと解すべきです。ですから、そのように弱い癸水であっても、壬水と一緒になると、「通河」に化しさえするものと、「功化斯神」と言っている真義を正しく理解すべきなのです。ここも原注・任氏増注共に、変化測れず、化辰の元神透露するのは、十干は干合して、龍に逢えば化する、と昔から言われてきたことを無批判に、支中に辰さえあれば、あるいは生時に辰を見るならば、甲己干合、乙庚干合、丙辛干合、丁壬干合、戊癸干合はすべて化する、としている大誤であります。そして〈一定不易の理〉であるとしていますが、正に、その非合理であることを『滴天髄』の作者は、

「合戊見火。化象斯眞。」つまり、

戊癸干合の情が専一であって、「見火」火旺であるなら、戊は丙に、癸は丁に化するものである、と化の真義を述べているのです。この「見火」とあるのを丙丁火の干と誤解してしまったことから、〈秋冬の金水旺地に生まれても、支に辰があって、丙丁が透っていても、従化し難いものです。〉としているのです。つまり、丙丁火を見て、辰に逢って、金水旺ずるなら化火に難がある、化火しないというなら、木旺・土旺・火旺は丙丁透出し辰があるなら化火するのか、という疑問を解決できない、定義付けられないので、〈宜しく細詳してください。〉と逃げているのです。化の条件につきましては、既に私が明確に定義付けたことでもありますが、ここで「合戊見火」といみじくも喝破しているのです。実は原注はお読みになったように〈戊癸日にして、……化火する〉と言っており、これでは、「見火」の意も曖昧で、この点からしても、『滴天髄』の原作者と原注が同

一人物ではない、という証明になるのです。

任氏増注で〈一定不易の理〉と言っていることは、甲年と己年、また甲日と己日は甲己干合して情専一であって土旺であれば化土するものであるので、辰月・辰刻は、必ず化する陽干の戊土がその干となる、つまり、戊辰月・戊辰刻となることが言われているのです。また、他の干についても、化土の場合と同様、

乙庚年日は、庚辰月、庚辰刻

丙辛年日は、壬辰月、壬辰刻

丁壬年日は、甲辰月、甲辰刻

戊癸年日は、丙辰月、丙辰刻

となることを言っているのです。これは六十干支の不易の理なのです。これを辰を見れば化する、とするのは本末転倒の大謬の屁理屈でしかありません。そのため任氏はその挙例中、この化を説明の都合の好いように常時間違えてもいるのです。

「不愁火土」とは、庚辛金の水源があるなら、日干甲乙木の三夏の生まれは、癸水の水源有情ゆえ、調候ともなれば、滋木培木ともなる、場合によっては「病」に対する「薬」的な効さえある、さらに水源有情であるなら、土金水と順生するということを、また癸水も逆に燥土を湿土にできて生金さえもする、ということを言っているのです。他の五行での調候は壬水ですが、甲乙木の干の特性と、壬癸水の干の特性よりして、癸水滋木と調候の両作用をもってよしとしているのです。壬水も癸水と同様に生木しますが、ちょっと多いと過湿とさえしてしまう恐れがあるのが壬水の特性です。

以上で、十干の特性、干と干の相関関係の普遍的作用関係、支の有り様と干の関係、化の定義、病薬の原則、調候等々を余すところのないよう概論的に説明してきました。でき得る限り、原注・任氏増注と比較してよく理解していただくようにしましたが、『滴天髓』の真義を理解していただくためには、どうしても原注・任氏増注の謬を指摘せざるを得ないところもありました。しかし、決して個人攻撃ではなく、理論の正当性、妥当性のためであることをお断りしておきます。

再び述べますが、この十干の特性を十分理解することなく、命理は論ずることはできないのです。干の特性を無視しての解命は真の解命ではなく、命理学ではないのです。

公理から始まり、その方法論の総論・概論を理解し、十干の特性の具体論を理解したのですから、四柱八字を構成する地支を理解しなければならないのです。しかし、地支には人元である蔵干が含まれておりますので、この「蔵干理論」を正しく認識しなければならないのですが、『滴天髓』ではこの理論は追究されずして、既定の共通認識あるものとして説明が進められているのです。また、その共通認識とされている蔵干が実は共通するものではなかったのです。今まで『滴天髓』を初めとし、いかなる命書も秩序整然たる合理的、万人が納得できる「蔵干理論」が展開されたことはなく、ただその師が昔からこうなってるとか、今は多くの人がこうしているとか、の蔵干の考えを受け継いでいたに過ぎないのです。ここで、「蔵干理論」による認識から出発しなければならないところなのですが、それは後で細述することにし、次に単に地支の論のみについて『滴天髓』を進めることとします。

〈地支論〉

陽支動且强。速達顯災祥。陰支靜且專。否泰每經年。〔輯要・闡微・徴義〉

《陽支は動にしてかつ強く、災祥を顕すに速く達せしむ。陰支は静、かつ専らにして、否泰は毎に年を經る。》

陽干動且强。速達顯災祥。陰支靜且專。否泰每經年。〔補註〕

原注

子・寅・辰・午・申・戌は陽であります。その性は動くもので、その勢いは強く、その発するは至って速く、その災いや祥びを顕すに速やかです。丑・卯・巳・未・酉・亥は陰です。その性は静かですが、その氣は一筋に専一で、その発するのは速くはなく、その否なるか泰なるかを顕すのに、年を毎に経て後に見るものです。

任氏増注

地支は子から巳までを陽とし、午から亥に至るまでを陰とする考え方がありますが、これは、冬至から陽が生じ、夏至から陰が生ずる、とする理によるものであります。また寅から未に至るまでを陽とし、申から丑に至るまでを陰とする考え方がありますが、これは、木火を陽、金水を陰に分ける理によるものであります。命理家は子・寅・辰・午・申・戌をもって陽とし、丑・卯・巳・未・酉・亥を陰とするものであります。子は癸に従い、午は丁に従うように、こうした点を、体陽用陰というのであり、巳は丙を従わせ、亥は壬を従うので、体陰用陽と言いまして、その取用を分別しているのは、ただ剛柔健順の理で、天干と異なるところはないのです。しかしその生尅制化は、その理は誠に多端であります。それは一支中に蔵されるものが二干であったり、あるいは三干であったりするがためであります。しかし、本氣をもって主となすもので、寅は必ず甲を先とし、後に丙に及びます。申は必ず庚を先とし、後に壬に及ぶもので、他の支も皆同様であります。陽支の性は動で強く、吉凶の験は誠に速く、陰支の性は静かで、かつ弱いものですから、禍福の顕れるのは比較的遅いのです。局中にあっても、運にあっても、均しくこの意があるものです。

徐氏補註

子・午・寅・申・辰・戌を陽支とし、丑・未・卯・酉・巳・亥を陰支とします。陰陽の支の性質は同じではなく、その理を解さない人がおります。任氏増注もまた闡明(せんめい)してはおりません。あるいは原文誤字があるのではないかと存じます。干をもって言いますと、甲陽乙陰、丙陽丁陰でありますし、支の陰陽を言いますと、子陽丑陰、寅陽卯陰です。しかし干と支を陰陽に分けますと、干が陽で、支が陰となるのです。ですから、『子平眞詮』に甲乙・寅卯を陰陽に分けるならば、甲乙を陽となし、寅卯を陰となすと言っているのはこの意であるのです。ここの『滴天髓』の原文は、そういった意味で、「陽干動且强。陰支靜且專。」となすべきで、干が陽であって、支が陰であることを後人が理解せずして、陽支、陰支に変えてしまって、その意は正しく探り、解き明かすことができなくなっているのです。つまり、干は天を主（つかさ）どり、外に顕露していますので、動くに早くなすことあり、支は地を主どり、天干の下に蔵納されていますので、静であって用を待つのであります。干は一を主どり、支は蔵するもの多く、干の性質は単純、支の性質は複雑で、ゆえに用において顕れるのです。天干の吉となし凶となすのは、顕れて見やすく、財が劫される、官が傷付く、というように、立ち所にその災いを見せるし、有病無薬も立ち所にその福を顕すものです。しかし、地支はそのようには行かないのです。吉神が暗に支中に隠されていたり、あるいは凶物が支中に深く蔵されていたりしますので、一時に禍福を見せないのです。歳運が巡って引き動かすことがなければ、休咎は顕れないものであります。「經年」とは大運・流年が巡り動いて、互いに、その吉凶の意を催（うな）がす、という意であります。

考玄解註

十干を陰陽に分けて論じてきましたので、ここでは支の陰陽を論ずるものとして、干については、

「五陽皆陽丙爲最。五陰皆陰癸爲至。五陽從氣不從勢。五陰從勢無情義。」

と論じたことの対照として、およその支の陰陽の普遍的共通性を論じているのです。十干の陰陽の普遍性が必ずしも文字通りではないように、支の陰陽の普遍的特性も必ずしもここで言われている文字通りではないのです。陽支と言っているのは、寅・辰・午・申・戌・子で、陰支は、卯・巳・未・酉・亥・丑で、これは純円形に十二支を等分に配すると、陰陽が交互に配されることとなって、陽干と陽支、陰干と陰支の組み合わせによって、整然たる六十干支の組み合わせの順序ができるので「配合干支」の四柱八字が組織・構成されるのです。

ですから、陽支の上の干は必ず陽干である、陰支の上の干は必ず陰干である、ということからして、必然的に陰陽の特性がより強くなることから、

陽は強い、陰は弱い、

とは言えはしますが、それが動ずるか静なるかは全く別のことなのです。動とは何らかの変化を受けることで、変化する、という意であれば、支の陰陽を問わず、原局・四柱八字にあっては、天干から、左右の支から、時には三支の間に、エネルギーの変化が生じることになるし、運歳干支のエネルギーによっても何らかの変化を生ずることになるのです。この動はまたこれによって、冲・合去、局・方、解冲・解合、喚起の種々なる変化をもたらすのです。つまり、冲合局方の変化を成さなければ、それは静とは言えはするものの、生尅制化が必ず発生するものですから、これは動となるのです。そういう意味からすると絶対的静などはないもので、ただ陰支が柔・軟・弱であるという意からのみ、陽と対照すると静である、とは言えるので、ただ静としているに過ぎないのです。つまり、卯を見ても、乙卯、丁卯、己卯、辛卯、癸卯となりますが、前述の干の特性からしても、強いものはないのです。だからと言いまして、その吉凶善悪が経年、年を巡り経過した後に事象が顕れるとは言えませんし、反対に陽支だから早く吉凶善悪の事象が現れるものでもないのです。

この吉凶善悪の事象の現れ方というものは誠に複雑多端なものであって、こうだからこうであるといった単純に類型化できるものではないのです。しかし一言で言いますと、

何らかのある吉凶善悪の事象が発生したということは、必ず発生する原因があって、必然的に発生したものである。ということを否定する人は一人もいないはずです。ですから端的に言いますと、

人生における原因と結果の理論を秩序付け、体系化するものが、命理学である。という定義付けもできるものですから、その全理論を理会してこそ事象・結果を識ることができるのです。「速達顕災祥」も「否泰毎經年」もないことです。このように簡単に片付けてはならないのです。むしろ、この二句は作者の皮肉な逆説である、と理解するなら、それだけ命理学の深奥であることが解っていくことになるのです。ここの原文を逆説と解せないのは、それだけ命理学の理会ができていない証明なのです。ですから、徐樂吾氏の『滴天髓補註』で、原文が「陽干」「陰支」となっていることは、誤りの独断でしかありません。

生方怕動庫宜開。敗地逢冲仔細推。〔徵義・補註〕

《生方は動を怕れ、庫は開くが宜しく、敗地が冲に逢うは仔細に推すべし。》

生方怕動庫宜開。敗地逢冲子細裁。〔輯要〕

生方怕動庫宜開。敗地逢冲子細推。〔闡微〕

原　注

寅申巳亥は生ずるところの方で、冲動を忌み、辰戌丑未は四庫で、冲して開くは宜しく、子午卯酉は四敗の地で、合に逢うありて冲を喜ぶものがあり、生地は必ず冲すべからざるものです。冲に逢って合を喜ぶものがあります。庫地は必ず閉ずべからずとも言えないゆえ、仔細によく見極めなければならないのです。

任氏増注

旧説では、金水はよく木火を冲することができるが、木火は金水を冲することはできない、と言われていましたが、これは天干には当てはまることで、地支には当てはめられないことです。何ゆえかと言いますと、地支の氣は多く専一ではなく、他干を内蔵しているからであります。必ず氣の乗権するか勢いを得るかを看るべきであります。すなわち、木火も金水を冲することができるものです。「生方怕動」とは、両方が敗れ両方が傷付くのです。仮に、寅申が冲に逢うと、申中の庚金は寅中の甲木を尅し、寅中の丙火は申中の庚金を尅し、申中の壬水は寅中の丙火を尅し、寅中の戊土は申中の壬水を尅して、戦尅して静まることがないのです。庫は宜しく開くべし、とは宜い場合も宜くない場合もあり、雑氣の章の中で詳しく論じてあります。また、子午卯酉は専氣で、金水を用とするに金水が冲されてよく、木火を用とするに木火が冲されてはならない、しかし、また必ず活看すべきで、もし春夏金水を用とするなら、金水は休囚、木火の勢い旺相で、金水は反って傷付いてしまいますので宜しくなく、一概に決め付けることはできませんから、詳しく究め尽くさなければなりません。

〔18〕

		大運	
甲	寅		丙子
壬	申	癸酉	丁丑
癸	巳	甲戌	戊寅
癸	亥	乙亥	己卯

秋水は通源し、金当令、水重々とあって、木囚して冲に逢う、用となすに足りません。火は休令とはいえ日支にあり、氣はいまだ熄んでおりませんので、用神は必ず巳火にありますものの、巳亥冲となって、群劫紛争、三妻を続けて尅し、無子、その上に大運北方水地を巡り、破耗異常。大運東方の戊寅・己卯運に転じ喜用に合致して、生活が豊

かとなるも、庚運制傷し生劫、酉年には喜用兩傷して死亡しました。

〔19〕

癸巳　**大運**　己未
癸亥　壬戌　戊午
甲寅　辛酉　丁巳
壬申　庚申

甲寅日、孟冬に生まれ、寒木須く火を用とすべきです。八字中四旺水に逢い、用を傷付け、土もありません、不美のようで妙は寅亥合にあり、巳火は、絶處逢生、これすなわち興発の機です。しかし、初運の西方金地では体用を傷付け、貧しく西奔東走するも機会に恵まれません。ところが未運からは大運は南方火土の地に逢い、用神を助け起こし、印を棄てて財に就き、財発すること数万、妾を娶り、四子を続けてもうけました。このように観ますと、印綬の作用、財に逢うも、禍は少なからず、財を用とせず、発福最も大であります。

〔20〕

辛卯　**大運**　癸巳
丁酉　丙申　壬辰
戊子　乙未　辛卯
戊午　甲午

これは、傷官用印で喜神は官星です。俗論の土金傷官、官星を忌むとするのは誤りです。卯酉冲、すなわち印綬は、生助の神なく、子午冲、傷官をほしいままに暴れさせ、地支は金旺水生、木火冲尅され尽き果てています。天干火土は虚脱、勉学するものにならず、商売もさっぱりうまく行かず、しかし水が透干していない点は喜とするものです。人となり文采風流、書法に精通し、さらに中運に天干金水、志は伸ばし難いものです。おおよそ傷官佩印は、喜用は木火にあって金水を見るを忌むものであります。

〔21〕

	大運	
辛未	庚子	丁酉
辛丑	己亥	丙申
戊辰	戊戌	乙未
壬戌		甲午

この造は、支全四庫の美ではありません。喜ぶところは辛金吐秀、丑中の元神透出し、その精英を洩らし、さらに良いことには、木火が伏して天干に見えていない、純清不混、酉運に至り、辛金得地、中郷に名札が掲げられました。その後は大運南方、木火並旺、用神辛は受傷、推挙され進展するかに見えましたが、ついに選にもれました。

〔22〕

	大運	
戊辰	癸亥	丙寅
壬戌	甲子	丁卯
辛未	乙丑	戊辰
己丑		

これは満局印綬、土重埋金、壬水用神傷尽、未辰支が乙木を蔵するといえども冲なく、あるいは借用すべく、運が来たって引出を待つ、すなわち、丑戌冲破を被り、蔵金暗に尅伐にあい、尅妻無子に至る。

これによって観ますと、四庫必ず冲を要す、とは一論に執着するもので、すべては天干の調剤宜しきを得て、用神有力であるとともに、歳運輔助して、偏枯の病をなくすのがよいことになるのです。

徐氏補註

寅申巳亥は四生の地として生方と言い、冲動を忌とします。辰戌丑未は四庫の地で、冲尅を忌みません。冲を喜ぶのではないのです。子午卯酉は四敗の地、冲を喜ぶのと冲を忌むの別があります。原注、任氏増注は甚だ詳しく論じております。四生の地、寅宮は丙戊長生、氣は正に萠動せんとしているのですから、冲尅を見るを忌むのはもとより当然のことであります。木は臨官・建祿、時の変遷より言いますと、大地に春回り、草木萠芽、旺に向かわんとする時、旺じて有り余っている候ではありませんので、陽和の暖かいのが宜しく、また、その生機を暢ばすのですから、疾風、暴風雨に痛めつけられるのを忌むのです。『窮通寶鑑』に、春木は根株が深きを得ているのですから陽地が宜しく、陰地は宜しからず、多水に逢って漂い浮いてしまうのを恐れ、尅制するのに何も金を煩わさなくともよい、と言うのは、このことです。冲は尅であります。干にあっては七殺となすものです。例えば寅宮、甲丙透干して用をなすのに、申の冲を見るのは、甲丙の根が抜かれ、生機息んでしまうのです。戊土は寅申に寄生しておりますので、相尅ではないとしても、また冲動を忌むものです。所謂、「若在艮坤。怕冲宜靜。」と戊土の項で言われている通りです。寅宮はこのようですが、他は類推してください。

庫は、辰戌丑未の四墓です。土を本氣となし、用が土にあれば冲に逢うも問題をなしません。所謂、朋冲と言われるのです。金水木火を用とする場合、四季の余氣、および墓中まさに絶せんとする氣で、力はもともと微弱で、また、土の下に壓伏しておりますので、天干に透露しないなら、用とすべき理はありません。しかし原局に需要の神があって、墓庫内に蓄蔵されていましたなら、取って用神となすものであります。例えば金水傷官、正官を喜ぶのに、一点の丁火が戌未中に蔵され、木火傷官、印を喜ぶに、一点の癸水、辰丑中に蔵され、これらの庫中の神あるなら、決して冲してはならないのです。冲すれば必ず敗れます。また兩旺を用とする場合があります。運が庫地に遇うは、その氣を閉塞しますので、用神入墓と称します。用が財官にあるような場合、行運財官、墓庫の地に逢う、用が食傷にあるに、行運食傷、墓庫の地に逢う、これらの場合に、冲に逢うも必ずしも福をなさず、合に遇うも必ず殃いを見るものではないのです。墓に入るはもともと閉塞を嫌うに、再び合神に遇うは、重々鍵を頑丈にかけられ、鬱塞の極、晦滞はどうしても免れません。

「敗地逢冲仔細推。」とは、子午卯酉は一神専旺の地で、喜をなし忌をなし、その用は大変よく顕れます。冲を喜ぶのはこれを去らしめるのであり、忌とするもの冲去するからですし、喜ぶものを冲去するは忌とするのです。任氏増注に詳述されています。

さらに冲して冲論をもってしない場合があります。李虚中の命書に、壬子の水は北方の坎で、丙午の火は南方の離で、丙午が壬子を見るは破をなさず、丁巳が癸亥を得るは冲をなさず、これ水火既済の源であるもので、夫婦配合の理です。庚申・辛酉の金は西方の兌であり、甲寅・乙卯の木は東方の震の象で、甲寅が庚申を得るは刑をなさず、乙卯が辛酉を得るは鬼をなさず、これ木女金夫の正体で、左右の神の化を明らかにするものです。戊辰・戊戌の土は魁罡相会であり、己丑・己未、これは天乙貴神、形体具備し、忠貞を守位、動静常ならず、これ四維の真土、万物行く道の始めである、と言われています。これはまた、冲尅以外の理であります。

考玄解註

五行では、木尅土、土尅水というように、尅という用語が用いられ、それが十干の陰対陰、陽対陽の尅として、庚金尅甲木、甲木尅戊土というように発展しているのです。しかし、支には二干、三干蔵されておりますので、尅とは言わず、冲、支冲として、天干の尅と区別して用いることにしています。冲とは、蔵干同士が尅となる関係であるし、三百六十度に十二支を等分に配すると、相対する支となること、必然的に、七つ目同士となる、対冲のことを、冲、という用語を用いているのです。つまり、尅とは、

五行

木←→金
火←→水
土←→木
金←→火
水←→土

十干

甲←→庚
乙←→辛
丙←→壬
丁←→癸
戊←→甲
己←→乙
庚←→丙
辛←→丁
壬←→戊
癸←→己

この十干の尅の関係は、干が七つ目同士である、ということから、「蔵干理論」の余気・中気・本気の理から、

十二支

寅（戊 丙←→壬 甲←→庚）申（己戊
卯（甲 乙←→辛）酉（庚
辰（乙 癸←→丁 戊）戌（辛 丁←→癸 戊）
巳（戊 庚←→甲 丙←→壬）亥（戊
午（丙 丁←→癸）子（壬
未（丁 乙←→辛 己）丑（癸 己）

となる、冲の理論となるのです。

しかし、この尅、冲は四柱が組織された場合、どこにあっても成立するということではなく、二干二支が並んでいる場合、尅や冲の情が専一である場合のみを、尅と言い、冲と言っているのです。日干のみは去らないが、他の尅・冲がある場合は、その作用がないものとして、尅去・冲去の理論になるのです。日干は生命エネルギーの中心核ですので、なくなることはなく、無作用とはならない、という理です。

前述十干のところで、干合が論じられておりましたように、支合理論もあるので、干の場合も、支の場合も、

(1) 尅と合が隣り同士にあれば、解合・解尅して去とならない。支も同様、個有の支（蔵干）となる。

(2) しかし、一旦解けた干や支が、年月日時の順に見て、さらにまた並んでいる干や支と、尅冲合さらに会局がある場合（後述）、その尅や合、冲や合・局の情が専一となるので、再び尅や冲が喚起されて、冲去、合去となる。

という定義が理論的に成立するのです。

以上の理論は、原注にも、任氏増注にも、徐註にさえもはっきりと明言されてはいないという、理論的大欠陥があるのです。さらに、

(3) 干も支も合化の理論があり、また、

(4) 四生（寅申巳亥）、四正（子午卯酉）、四庫（辰戌未丑）の四支が揃った場合、冲去とは見ない理論があるのです。

これらの「基礎理論」の定義が解りませんと、命理はいつまで経っても解らないのです。ですから、『滴天髓』がここで、冲を論じながら、「仔細推」と言っているのです。決して、「敗地」のみを「仔細推」と言って

いるのではないのです。つまり、別文で、

「陽支動且强。速達顯災祥。陰支静且專。否泰毎經年。」

《陽支は強い変動を及ぼすし、陰支は静かな変動を起こすものであるが、その良し悪しは、原局、大運、流年の結果として、客観的時間の経過の中で発生していくものである。私がここで、「速達顯災祥」「否泰毎經年」と言っていることを鵜呑みにする人は、『滴天髓』全文をよく理解していないからであり、正しくその意を汲み取り得ますか？　どうですか？》

と皮肉に逆説的に言っている文に続いての一文であることを理解すべきなのです。前文を字句通りとしか読み取れなかったなら、ここもまた、字句通りとしか解し得ないのです。原注、任氏増注、徐註を正しく理解できましたか？　何遍読んでもその理が解らないので、『滴天髓』は難解である、の通説になってしまったのです。ここで、皮肉を込めて、『滴天髓』は「庫宜開」と言っているのです。

任氏、徐氏の挙例を飛ばしたほうがよい方は飛ばして読んでくださっても結構です。

〔18〕

		大運	
甲	**寅**		丙子
壬	**申**	癸酉	丁丑
癸	**巳**	甲戌	戊寅
癸	**亥**	乙亥	己卯

癸日申月金旺・水相令に生まれる、分野により「印綬格」か「偏官格」か「正官格」です。申寅巳亥の四生が揃っておりますので、冲去せずの理ではありますが、寅申中の蔵干は尅の関係、巳亥の蔵干も尅の関係、申巳の蔵干は本気が尅となっています。金旺には調候が必要なのに、年支寅中丙、日支巳中に丙があって適切。月干壬、時干癸で、

時支の亥は日時の干の根として有情・有力、また申中壬水の根あって、相令の水は藤蘿繋甲と同義であり、日干最強。用神は甲と取ります。甲を用神とするのは、甲乙や寅卯が来ますと、食傷に洩秀して、寅中丙火、巳中丙火を生財するからです。喜神は木火土、忌神は金水となります。

第一運癸酉、金旺・水相令、癸水生甲し、甲また生丙するので、大忌とはならないといった程度のやや忌の傾向性。

第二運甲戌、やや、喜の傾向性。

第三運乙亥、喜忌参半の傾向性。

第四運丙子、丙壬尅去し、むしろ水旺の忌大の傾向性。

第五運丁丑、壬癸水傷丁し、水多による財・官の忌大の傾向性。

第六運戊寅、木旺・火相・土死令の運ですが、戊寅殺印相生しても、原局甲寅による戊土の制あるため、日干の強水を制しきれず、わずかに食傷生財の喜とはなります。立運不明で、0才立運としても50才からの戊寅運、ましてや10才立運となると、60才戊寅運であり、しかもこの前までの運、喜の累積後遺なく、むしろ忌の累積後遺あるので、それほどの喜の作用は得られないものです。〈庚運制傷し生劫、酉年には喜用兩傷して死亡〉とある酉年は、79才癸酉年です。70才を過ぎたなら、それほど命理的に理由付けることは正しくないのです。しかし第八運庚辰に庚甲尅去し、辰は蓄水、湿土生金の忌で、その前年が壬申年の大忌ですので、壬申年か癸酉年に死亡してもおかしくないのです。

また、〈三妻を続けて尅し〉とあるのは、この命のために三妻が死亡したのではありません。〈無子〉も男性が一人で子供を生むことはできません。また、〈子〉とは男の子のことです。

任氏はこの例を、「生方怕動」の証明として挙げたのでしょうが、この命、良好なことがあまりなかったのは、「生方怕動」のためではなく、大運が忌の傾向性を巡ったからです。「生方怕動」の証明にはなっていません。

〔19〕

		大運	
癸	**巳**		己未
癸	**亥**	壬戌	戊午
甲	**寅**	辛酉	丁巳
壬	**申**	庚申	丙辰

甲日亥月水旺生まれ、二癸一壬透出する「偏印格」。調候急を要するのに、年支巳中蔵丙、日支寅中蔵丙、申寅巳亥の四生が揃うので冲去せず、全支個有の支となります。亥中蔵甲し、天干二癸一壬、また申中有壬、日干強となる。用神やむなく戊とするのは、丙は丙壬尅去となるためです。喜神は火土、忌神は水木、閑神は金（忌に近い）、となります。

第一運壬戌、第二運辛酉、第三運庚申は忌と言えますが、第四運己未、火旺四年、土旺六年にて透己土し、ある程度制印もすれば、甲木疏土するため木の力を分散させて、巳・寅中の丙火の助もあって、喜となり財利を発しはします。ただ、突然変異はなく、徐々に財利向上し、何才立運か不明ですが、精神力、体力まだ衰える年齢ではありませんので、遅きに失することはありません。第五運戊午、火旺運、生戊生財でさらに財利向上しつつ、さらに第六運丁巳、佳美の運。しかし第七運丙辰に至ると、丙壬尅去して忌の傾向性大となり、もう七運ですから寿終わっても不思議ではありません。

つまり、この二例は「生方怕動」とは言っても、すべては用喜忌に係わるものであることと、四生揃うのは冲去とせずの定義の証明と言えるものです。四生・四正・四庫揃うのは不去とは言いましても、その四支の配合には二十四通りの組み合わせがあるので、四支蔵干の生尅制化はそれぞれ全く違うことになるのです。

〔20〕

	大運		
辛 卯		癸巳	
丁 酉	丙申	壬辰	
戊 子	乙未	辛卯	
戊 午	甲午		

戊日酉月金旺に生まれ、透辛する「食神格」か「傷官格」。辛丁尅去し、二戊土は年支の方に接近しますが、金旺・土休令であり、子午卯酉の四正揃うので不去ではあるものの、金旺の酉は尅卯木とも生子水ともなり、調候丙火不及ではあるが、時支に午あり、日干戊土無根で弱。用神丙、喜神火土、忌神は金水木となります。死令の卯木は時支午火に無情である上、月支酉金より生水された子は、午火を尅す組織構造であり、良好とは言えないのです。

第一運丙申、丙辛合にて辛丁解尅して原局に戻り、丙火は制金もする。調候と助身の用神で、喜多の傾向性。

第二運乙未、乙辛尅にて辛丁解尅し、前火旺四年、後土旺六年。戊土の根が未支にあるので喜大の傾向性。

第三運甲午、甲木疏土する一面、火旺の午を生火もして助身もする調候運ですが、喜少の傾向性。

第四運癸巳、火旺運、透癸するもそれほどの忌とはならず、喜忌参半の傾向性。

第五運壬辰、透壬して辰中癸水あり、かつ湿土生酉金となり、酉金生水もする、辰土の根あるとも忌大の傾向性となります。

原局「始終」よろしくなく、そのため折角の火旺運も甲午運でありながら、大なる喜を得られない傾向となるのです。甲午運でなく丙午運であれば喜大となるのです。子午卯酉揃うと土性支が四柱にある訳がなく、支中蔵干も無土となるからです。

〔21〕

辛未　　大運
辛丑　　0才庚子　　30才丁酉
戊辰　　10才己亥　　40才丙申
壬戌　　20才戊戌　　50才乙未

一八一二年一月辛丑月にも、一七五二年一月辛丑月にも戊辰日なく、一六九二年一月五日がこの三柱です。小寒は五日午後二時十七分ですから、男命立運約1ヶ月。水旺生ですが、辰戌未丑の四庫揃うので冲去とは見ず、厳寒の候、調候二丙必要であるのに一丙もない「正財格」です。水旺・土四令の戊日で四支土性支で、二辛透出する傷官は丑に有気で、年支未は日干に無情です。有情な土性支の根あっても、財に任じ得ず、日干は弱。用神戊、喜神火土、忌神金水木となる、金寒水冷、池塘氷結の下格の命です。


第一運庚子、食傷生財、大忌の傾向性。

第二運己亥、前運に続き洩身して生財の大忌の傾向性。

第三運戊戌、一見喜のようですが、調候と助身の丙一点もないため、喜はほとんどなく、喜忌参半の傾向性。

第四運丁酉、金旺にて食傷生財し、大運干丁は滅丁されて用をなさず、大忌の傾向性。

第五運丙申、金旺にて食傷生財し、大運干丙は調候とはなるものの、壬水に制丙され助身の用はほとんどなく、制食傷も不能の忌運となって、一生食傷の忌と財の忌が付きまとう傾向性となるものです。

〔22〕

戊辰　　大運　　34才丙寅
壬戌　　4才癸亥　　44才丁卯
辛未　　14才甲子　　54才戊辰
己丑　　24才乙丑

一七四八年十月には辛未日はなく、一八〇八年十月二十七日生、土旺生にして、立冬節入は十一月七日午後十時二十分ですから、立運約3才7ヶ月となります。調候丙火必要であるのに一点もなく、戊壬尅去しても、池塘氷結、金寒水冷の下格です。印の土が重々とあり、辛金の特性で言われるように、恐れるところの土多金埋の構造です。印太過太強は病弱くらいでは済まされず、身体障害さえあるものです。用神取るものなく、喜神金のみの夭凶命です。第一運癸亥水旺の食傷旺運、尋常では済まされません。第二運甲子水旺運、食傷生財の忌、土旺の四支と己土に対して、金寒水冷の凍木、木折の憂いさえあり、この運中死亡しても不思議ではありません。

以上、私が解注してきましたが、任氏の挙例は、『滴天髓』で言われていることを証明しようとはしていますが、実は全く証明となっていないのです。

支神只以冲爲重。刑與害兮動不動。〔輯要〕

《支神はただ冲をもって重しとなし、刑と害は動じて動せず。》

支神只以冲爲重。刑與穿兮動不動。〔闡微・徴義・補註〕

原　注

冲は必ず相尅で、四庫兄弟の冲も必ず動ずるものです。刑害は相生相合もあるので、動あり、また動かざるものある所以であります。

任氏増注

地支が冲に逢うのは、天干の相尅とちょうど同じであります。よくその強弱、喜忌を見極めて論ずべきであります。四庫の冲にしましても、また宜しき場合があり、宜しからざる場合があるものです。例えば、辰月にして乙木が司令しているのに、戌の冲に逢うような場合、戌中の辛金はまた乙木を傷付けることができます。また未月で丁火司令しているのに、丑の冲に逢うような場合、丑中の癸水はまた丁火を傷付けるのです。考えますに辰月の乙、未月の丁、退氣に属しているものの、司令を得ているのですから、用となすべきも、冲されて受傷しましたなら、用となすに足らず、となるのです。所謂、「墓庫逢冲則發」の説は、後人の誤謬であります。墓は墳墓の意で、庫は木火金水の収蔵・埋根の地で、例えば、得氣の墳、開動して発福した者は一人もおりません。木火金水の天干地支に寅・卯・巳・午・申・酉・亥・子の祿旺の支なく、すべて辰・戌・丑・未の身庫に通根するに頼っているのに、冲に逢うは微根がことごとく抜かれますので、冲動して強旺とはならないのであります。司令するを用とせず、土をもって喜神とし、これを冲するなら、土は動じて発し生ずるものであります。

刑は取る意味はないものです。例えば、亥が亥を刑し、辰が辰を刑し、酉が酉を刑し、午が午を刑する等を自刑と言われていますが、本支が本支を見、自ら同氣なのですから、何で相刑と言えましょう。子が卯を刑し、卯が子を刑する、これは相生であって、何をもって相刑と言えましょう。戌が未を刑し、未が丑を刑するは、皆本氣をなし、さらに刑に当たる訳がありません。寅が巳を刑し、これまた相生、寅申相刑、既に冲しているのに再び刑とするのでしょうか。また、子卯一刑、寅巳申二刑、丑戌未三刑なりと言ってもおりますが、これらは皆俗謬であって取る意ありません。穿（せん）は害、六害は六合より来ているもので、我が合神を冲するから、これを害となすと言うのです。例えば、子と丑は合ですが、未は丑を冲するから、子は未と害になり、午は子を冲するから丑は午と害となるということです。子未の害は相尅にあらざるはなく、丑午寅亥の害は、これ相生、何をもって害となす必要がありましょう。かつ、刑は信憑性なく、害もその生尅を論ずべきでありますし、破に至っては全く削除すべきです。

〔23〕

丙子　**大運**　乙未
辛卯　壬辰　丙申
壬子　癸巳　丁酉
癸卯　甲午

壬子日元、支兩刃に逢い、干に癸辛透り、五行無土。年干丙火絶地に臨み、合辛化水、最も提綱卯旺ずるを喜び、その精英を洩らし、劫刃の頑をよく生化、秀氣流行して、人となり恭にして礼あり、和にして中節。甲運に至って、木の元神発露し、科甲連登、午運卯木の洩を得て水生木生火、乙未・丙申運には、郡守となり仕途平順でした。俗謬の論をもってしますと、子卯は無礼の刑、かつ傷官羊刃、刑に逢うは、必ず傲慢無礼、凶悪多端であることになります。

〔24〕

辛未　**大運**　辛卯
乙未　甲午　庚寅
庚辰　癸巳　己丑
丁亥　壬辰

庚辰日元、季夏に生まれ、金進氣、土が当権しており、その丁火司令を喜び、元神が発露して用神となします。よく辛金の劫を制することができ、未は火の余氣、辰は木の余氣、財官は皆通根し有氣であり、さらに妙なるは亥水潤土養金し、滋木している点です。四柱に欠陥なく、運走東南、金水虚で、木火は実、一生凶なく、険ないのであります。辰運午年、財官印は皆生扶ありて、中郷に名札が掲げられ、地方長官より司馬に登用され、丑運にて没しています。

〔25〕

		大運	
辛	**丑**	辛卯	
乙	**未**	甲午	庚寅
庚	**辰**	癸巳	己丑
丁	**丑**	壬辰	

本造は前造と大同小異です。財官はまた通根・有氣、前造は丁火司令、この造は己土司令、さらに丑時、丁火熄滅を嫌います。年干辛金は肆逞、未中の木火の微根を沖去、財官あるともなきが如く、初運甲午、木火並旺し、父母のお蔭有り余るも、一たび癸巳運に交わりますと、癸尅丁、巳丑拱金し傷劫並旺して、刑喪破耗。壬辰運、妻子兩傷、家業蕩尽してしまい、削髪して僧侶となりました。俗論をもってしますと、丑未は財官兩庫を沖開して、名利兩全となります。

徐氏補註

支の変化はすべて、会合刑沖にあるものです。天干七つ目に遇うは、七殺と言い、地支七つ目に遇うを沖となすもので、また七殺であります。三刑は、子卯相刑、寅巳申相刑、丑戌未相刑、これを三刑といたします。自刑の義は、局と方の相配によるもので、辰が辰を、酉が酉を見るも、三刑の中です。寅巳申をもって激しいものとします。寅申は本来相冲に属し、巳亥を見れば四冲全備、常に命造を見るに、配合極めて佳であり、寅巳申三刑全きは貴ならず、ほとんど刑沖によってその貴氣を損ずるのです。子卯の相刑は、元來相生ですが、何ゆえ相刑をもってするか、と言えば、子中の癸水、卯中の乙木、湿重く陰濃く、反ってその生を損ずるからです。かつ子午卯酉、四正の位、子の卯における、午の酉における如く、また敗地相逢う、特に影響比較的微かであるのみです。丑戌未の庫地の相刑に至っては、冲も恐れないのですから、刑はさらに忌となりません。穿は害で、六冲刑害の義は、『命理入門』に詳しく説明してあります。さらに破があります。わずかに酉卯午の三位のみで、また、子卯相刑の類であります。刑冲害の中、冲をもって重しとし、刑害は軽しとします。ただし、三刑は冲に逢うべからず、三刑が冲に逢うは、禍甚烈とします。寅巳申三刑ありて、亥を見るは四冲具備、重々寅申を見るは併冲であります。子卯刑して午酉を見、丑戌未刑して辰を見るも、四冲具備として同じです。『明通賦』に、三刑冲に逢うは横禍生ず、と言われており、また『氣象篇』に、三刑が用を得るは威光辺疆を鎮める、と言われ、『三命通會』の萬註に、三刑有氣、日主剛強用を得るとなす、と語意含蓄されていまして、三刑得用とは相刑の支が乗令していて、また用神となすに適している、ということです。挙例は次の如きです。

〔26〕

		大運	
癸	未		32才辛酉
乙	丑	2才甲子	
壬	戌	12才癸亥	
庚	子	22才壬戌	

これは民初の浙江都督、朱瑞の造です。壬水丑月生、時支子刃に逢い、劫印並透して、日主剛強、土旺の時に生まれ、丑戌未全く、三刑有氣、殺刃をもって用となし、早年水運は孤苦となるものの、戌運に至って、一躍都督となる。しかし、わずかこの五年、丙辰年、戌と辛と兩運交脱の際、三刑逢冲、失敗して下野、後病逝しました。

〔27〕

壬 寅　大運
乙 巳　10才丙午　40才己酉
壬 午　20才丁未
乙 巳　30才戊申

この造は『窮通寳鑑』に挙例されているもので、「従財格」です。三刑得用、貴となるに制軍。寅巳申三刑、用丙火で当旺の氣、反って申を見なかったならば貴とはなりません。申を見るは、火金水の氣、同時に並用できないがゆえです。

〔28〕

壬 寅
戊 申
丙 寅
癸 巳

上造、戊土が去殺留官するとはいえども、究めて官貴の氣を損じ、ただ財をもって用となすことができる程度で、坐下三刑用を得ず、富むも貴とはならないのです。

古人は命を論ずるに、年をもって主とし、月日時相刑、太歳は関与せず刑論をもってしなかった、と『三命通會』にあります。今日では日をもって主とするのですから、刑穿は重んずるに足らずとして宜しいのですが、しかし三刑逢冲、禍をなすのは至って激烈なものであります。

考玄解註

生尅制化ということは、生命エネルギーの中心核と言える日干を主とした場合、日干が生ぜられることを生助、日干が生ずることを洩生として、これを生化とも言いもしますし、日干が制するものを制化とも言い、日干が剋されることを受剋とも言っておりますが、これを一緒にして、制剋とも言っているのです。何を主として見るかの相対性よりして、干と干の関係を総称して、生剋制化と言っているのです。しかし一応分別して、干を剋とし、蔵干の剋をもって支冲・冲とすることは理解したところです。干の剋は必ず陽と陽、陰と陰の五行の衝突ですので、激しいものがあります。干合よりも激しいのですが、情専一となって剋去することがあってても日干は去ることがないものの、支の冲の場合は日支でさえも冲去するものです。その蔵干は少ない場合でも四干、一番多い場合は七干が無作用となって、剋去の場合の二干が無作用となることとは違うということから、重い、と言われているのです。これは合去も同じではあるが、さらに運歳の支が係わって冲となる場合、去とはならなくても、喜となる蔵干がそれだけ損傷することが大である、ということから、「支神只以冲爲重」と言っているのです。この運歳が係わる場合の見方は、相当命理が理解された時点での重要な視点となるのです。多くの場合、この冲をもって重しとする、ということを忘れがちなために、結果として、どの程度の喜となるか忌となるかの判定ができなかったり、迷ったりするのです。つまり、支合の蔵干同士は剋の関係ではないが、冲はその蔵干が剋の関係となるので、「支神只以冲爲重」と言っているのですが、運歳となるともっと重要な視点となる、ということをよく理解しておかなければならないのです。剋とは互いが傷付く、ことですから、喜であっても傷付き、傷付く度合いにより喜の象が減となるのです。単に刑害破と比較して重い、ということではない重要な一句がここで言われているのです。その言葉の裏には、支合は剋ではないということが含まれているのです。この『滴天髓』の真義は今までの註者が誰も理解できていなかった一点でもあります。

「刑與害兮動不動」と言っているのは、これも『滴天髓』の作者の皮肉な表現であって、「今までの命理で刑害や破をあれこれ言ってはいるが、命理は生尅制化の理から一歩も外れるものではない。動じて不動である、ということが解りますか？」と笑っているのでしょう。つまり、支の冲は冲去、支の合は化するか去となり、局や方は蔵干が変化する、という「動」があるが、刑害破というようなものは生尅制化という点での「動」はあるが、去となったり、蔵干が変化したりすることがない、つまり「不動」である、と言っているのが真義なのです。要するに、このような「不動」のものは生尅制化として見ればよいことで、刑害破を論ずるものは、真の命理家ではないのですよ、と言っているのです。その刑害破の構成の非理論性は詳細に他で明確に理論付けてあります。

〔23〕

		大運	
丙	**子**		乙未
辛	**卯**	壬辰	丙申
壬	**子**	癸巳	丁酉
癸	**卯**	甲午	

壬日卯月木旺生の「食神格」か「傷官格」です。年月干の丙辛合去し、壬癸水が年柱のほうに接近して、二子に根あることにもなり、二卯を滋木培木するものの、用神甲、喜神木火土、忌神金水となります。

第一運壬辰、丙辛解合、辰子子水局半会以上となる忌の傾向性多大。

第二運癸巳、火旺運にて二子あるため巳中庚は水源となるので、喜忌参半、あるいはやや喜の傾向性ある運。

第三運甲午、用神甲が透出し、甲は二卯に根あり、二子一午を冲するも、よく納水した甲・二卯が生火するので、喜大の傾向性となる運。

第四運乙未、乙辛剋にて丙辛解合し、乙木生丙し、未卯卯の木局半会以上は納水して生丙し、辛金が助身するのを制して無力にする喜の傾向性ある運。この二運良好にて、食傷生財の喜象大となります。

〔24〕

		大運	
辛	未		30才辛卯
乙	未	0才甲午	40才庚寅
庚	辰	10才癸巳	50才己丑
丁	亥	20才壬辰	

一八一一年七月に庚辰日なく、一七五一年七月七日がこの三柱になり、火旺生で、立運は約1ヶ月となります。調候壬水は水源有情なること必要であるのに、辛乙剋、乙庚合にて去とならない辛金、亥中壬水に無情ではあるものの、日支辰の湿土にて晦火、調候やや不及の「正官格」となります。二未は燥土不能生金ではあるが、日支辰は湿土生金、日干は無根、用神やむなく戊、喜神土金、忌神水木火となるもので、上格とは言えません。

第一運甲午、火旺の忌の傾向性ある運で、環境も悪く、甲財の苦労多く、かつ病弱なのは、庚金劈甲もできずに、甲木生火の忌でもあるからで、丁火煅金どころではなく攻身とさえなるものです。

第二運癸巳、癸丁剋去しても、日干はとても乙財にも任じ得られず、地支は巳亥冲去、「支神只以冲爲重」、調候壬水を失い、辰支を頼むのみで、忌大の傾向性ある運。

第三運壬辰、壬丁合は前四年木旺運には化木し、壬は甲となり、甲木疏土、湿土生庚してやや喜。後六年の土旺運中は壬丁合去し、喜の傾向性。

第四運辛卯、木旺運にて亥卯未未木局全以上となって、財の困窮甚だしく、忌大なる運。

第五運庚寅、寅亥合去して、調候を失い、辰の湿土を頼みにするも、大した喜は得られず、喜忌参半。続く第六運己丑は喜となるが、好運が遅過ぎます。庚寅運まで少しも佳いところのない命運です。火旺・金死令であることと、調候不及の点、日干無根の点、「支神只以沖爲重」という点を忘れてはならないのです。日干陰干弱きを恐れませんが、陽干の特性、いったん弱くなると救いように困ることとなる、惨憺たる命運です。

〔25〕

		大運	
辛	丑		
乙	未	8才甲午	38才辛卯
庚	辰	18才癸巳	48才庚寅
丁	丑	28才壬辰	58才己丑

一七二一年未月に庚辰日はなく、一七八一年七月二十九日がこの三柱です。土旺・金相令の透丁する「正官格」。小暑は七月七日午前六時二十七分ですから、立運約7才7ヶ月となります。土旺で全支土性支ですので、未丑は冲去せず、全支個有の支。一辰二丑の湿土、年干辛金は無情無力、申酉の根なく、甲木の疏土もなく、印太過の忌で用神取るものなく、喜神金とするのみの夭凶命です。先天的身体障害があっても不思議ではなく、大運は喜の金旺を巡らず、一路忌神運を巡り、前造より低劣の命運となります。

〔26〕

		大運	
癸	未		32才辛酉
乙	丑	2才甲子	42才庚申
壬	戌	12才癸亥	
庚	子	22才壬戌	

壬日丑月水旺に生まれる「陽刃格」です。調候二丙ぐらい必要とするのに、一点も丙火のない金寒水冷、池塘氷結の下格にして、未丑冲去するも、子に根あり、戌土も湿土となり、生庚し、用神乙としか取れない命です。

第一運甲子、甲庚尅去、子丑合にて未丑解冲し、大運支水旺の子、金寒水冷で忌の傾向性の運。第二運癸亥、亥子丑北方全の水太過の大忌で、調候なく「薬」の戊もなく、水多木漂、水多土流の忌運。この運中16才己亥、17才庚子、18才辛丑、北方全以上を強化して死亡してもおかしくありません。日干旺強にて無依の運歳が続くのです。

第三運壬戌、〈戌運に至って、一躍都督〉などあり得ないのです。徐氏の言うようであれば、生時が違うか、生日が違うことになります。

〔27〕

		大運	
壬	寅		40才己酉
乙	巳	10才丙午	50才庚戌
壬	午	20才丁未	
乙	巳	30才戊申	

壬日巳月火旺生で、すべて個有の干と支。月日時支の巳午巳団結する旺強な火に、月時干乙木と年支寅が火源となって、さらに火勢を強化します。日干壬水は無根、二巳中庚金は旺火により熔金されて水源の能なく、また年干壬水あるとはいえ、日干の左右に乙木が近貼し、さらに年支寅木あって旺強の火に流通し、月支巳火をわずかに制する程度。この水火通関の乙は、いかなる干が来ても、化したり去となることなく、また年干壬水は寅木に坐し日干に遠隔、無情無力であることから、日干は従するしかなく、従児格的要素もある「仮の従財格」となります。用神は陽干丙、喜神木火土、忌神金水となりますが、ただ水は、壬水が調候でもあり、日干に近貼する二乙、寅木もあるため、大忌とまではならないのです。

大運は、喜の南方から、喜忌が逆転して「偏財格」となる西方運、次いで北方水運に巡ります。徐氏は、〈三刑得用、貴となるに制軍。寅巳申三刑、用丙火で当旺の氣、…申を見なかったならば貴とはなりません。〉と言っていますが、第三運戊申、申寅冲、また申巳合の情不専にて、日干壬水は、大運干戊土から制水され、申に有気であっても、本気庚は旺強の火から尅傷され生水する力量ほとんどなく、忌の傾向性ある運。何才の立運であるのか、何才で〈制軍〉となったのかも言われておりませんが、「刑與害兮動不動」を知るべき命であります。

〔28〕

		大運	
壬	**寅**	壬子	
戊	**申**	己酉	癸丑
丙	**寅**	庚戌	
癸	**巳**	辛亥	

丙日申月金旺生で、壬戊尅去、二寅一申の両冲で不去となる「偏官格」か「傷官格」か「食神格」です。日干丙ですから調候不要、日干は強で、用神壬、喜神土金水、忌神木火となります。〈官貴の氣を損じ〉てはおりません。透癸正官、接近して申に有情なる財生官殺となっているのです。大運己酉・庚戌の後、辛亥の水旺・官旺の運、さらに、喜の壬子・癸丑運と巡ります。

天戰猶自可。地戰急如火。〔輯要・闡微・徴義・補註〕

《天戰はなお自ら可とすべし。地戰は急なること火の如し。》

原　注

天干の尅を天戦と言い、地支の冲を地戦と言っているのです。甲庚とか乙辛とか二干並ぶのは余り力とならず、凶とはしないものですが、地支は静であることが宜しく、支が動じるのは宜しくないものです。ですから、庚申と甲寅とか、辛酉と乙卯とか二柱並ぶ運歳に逢うのは宜しくないのは、天地交戦と言って、最も凶とするものです。そのいずれが勝つか負けるかをよく見なければなりませんし、一冲と二冲さえあるものです。しかし、合に逢うとかするなら、凶のみと言えませんし、時にはその地戦あることが良いことさえあるもので、冲動して喜を引き出すこともあるものです。

任氏増注

天干の氣は専一、ただ一つですので、地支が安静であるなら、その制化はやさしいこととなります。ですから、天干の尅である天戦があっても、それほど重大事とはならないのです。つまり、「自可」とす、と言うこととなるのです。地支は雑氣で蔵干されておりますので、地冲となると、大変見難くなるので、「急如火」と言うことになるのです。天干は動じるが宜しく、静なるは宜しくありません。動じることによって、その用があることとなるのです。天干が静であるのはますます静となるのです。地支は静なるが宜しく、動は宜しくありません。それは、静であれば用を得ることとなりますが、動となると、その根が抜かれ無作用となります。しかし、合神が有力であって局を成し、その動の氣が息み、あるいは庫神がその動神を収めることとなれば、動の氣がなくなります。それは動中に静となると言うことです。もって凶は吉に化すものです。甲寅に庚申、乙卯に辛酉、丙寅に壬申、丁卯に癸酉のようなものを、天地交戦と言うのですが、これに合神、会神があっても、その動氣がなくなったと言えず、その勢いは凶となるものです。二支が一支を冲さないというのは誤りで、二寅と一申の冲は、一寅を去らし、一寅を残すこととなり、二申が一寅と冲となるは、金多木少となり、木は尽き果てることとなるのです。ですから、天干は尅と言い、地支を冲と言い、冲は尅です。この理は厳然たるものです。用神が地支蔵干にあるとか、合を被り、柱中に用神となるものがない場合、反って冲して動ずるなれば、正にその用を発するのです。ゆえに、合して宜いか否か、冲して宜いか否かは、深くよくよく考えねばならないのです。

〔29〕
癸 酉　**大運**
乙 卯　甲寅　辛亥
丁 未　癸丑　庚戌
辛 亥　壬子　己酉

李都司の命です。丁火仲春に生まれ、支は木局を成し、癸水は酉に坐し、財滋弱殺、殺印相生の如くですが、卯酉の冲にて印局を成さしめず、天干乙辛交戦し、印の元神を傷付け、財殺肆逞となるのです。辛運壬子年、また財殺に逢い、法を犯し、刑に服することとなったのです。

〔30〕
癸 酉　**大運**
辛 酉　庚申　丁巳
乙 卯　己未　丙辰
己 卯　戊午　乙卯

天干は乙辛癸己にして地支二卯二酉、金鋭にして木凋で、天地交戦しております。金は月令を得て、反って己土の生あり、木は休囚にて癸水は乙木を生扶できません。中運、南方火運、制殺し、異路出身にて、知県に昇進しました。辰運、生金助殺、国法に罹り処罰されるに及びました。

〔31〕

壬申　**大運**　丙午
壬寅　癸卯　丁未
壬午　甲辰　戊申
甲辰　乙巳

壬水寅月に生まれ、年月干に二比肩透出し、申に坐し生に逢う。水勢は源に通じ、かつ、春初は木嫩(やわら)かく、申の冲に逢うは不美のようですが、日支午が春寒を解くを喜び、生氣あるものとなって、金また制されます。さらに妙なるは時干に甲木元神が発露し、天干の水の帰するところとなります。運は生化有情なる地を巡り、争戦の患いなく、早く棘闈(きょくい)科甲の試験に合格し宰相となりましたが、申運に至り、二申が一寅を冲し、死亡しました。

〔32〕

壬申　**大運**　丙午
壬寅　癸卯　丁未
壬申　甲辰　戊申
辛丑　乙巳

天干三壬、地支二申、春初は木嫩かく、寅は二申の夾冲に耐えることはできません。命中火なく、制化の情も少ないものです。さらに嫌うところは、時支の丑の湿土も生金し、これを氣濁神枯の象というものです。初運癸卯・甲辰運、木の不足を補いますので、両親の庇護余り有るものですが、乙巳運、刑冲並見し、両親を失い、丙午運、群比争財し、天干に木の化すものなく、ついに家も破産し、死亡しました。

〔33〕

乙亥　**大運**　丁丑
辛巳　庚辰　丙子
戊申　己卯　乙亥
甲寅　戊寅

天干は乙辛尅と甲戊尅、地支は申寅巳亥の天地交戦にて、不美に似て、天干の乙辛尅去して官殺混雑とならない点を喜びます。地支申寅は制殺肆逞せしめず、巳亥の冲は壊印して本来は喜ばしいことではないが、立夏後十日は戊土司令して亥水は制を受け、巳火が傷付かないことを喜ぶものです。中年運途、木火助印、扶身する運にて、連登して郡主までなったのですが、子運に至り、亥水を強化して、生殺壊印し死亡しました。

〔34〕

		大運	
乙	**亥**	丁丑	天干は甲乙と庚辛、地支は巳亥と子午の天地交戦にて、火旺にして水衰、印綬の水は、庚辛の官殺の生を喜ばないことはないのですが、庚辛が巳午上にあって、亥子の上になく、密接ではないのです。正に謂うところの尅洩交加となるものです。さらに加えて、運途水地を巡りませんので、刑耗異常、三妾四子を尅し、丁丑運に至って子水を合去し、晦火生金。何事も成すことなく、死亡したのです。
辛	**巳**	庚辰 丙子	
甲	**子**	己卯 乙亥	
庚	**午**	戊寅	

徐氏補註

天干の相戦とは、甲が庚を見る、乙が辛を見る、丙が壬を見る、丁が癸を見る、戊が甲を見る、己が乙を見るようなことです。甲庚・乙辛の戦を見ても、壬癸を見るは、和するものです。丙壬・丁癸の尅も、甲乙が和せしめるものです。しかし、和解の神とならないものもあります。別の干がこれを制することもあります。それによって、救となることもあります。甲木を日主としますと、庚金を見るは七殺となすものの、丙火が庚を尅するのは庚を制することとなります。地戦とは、寅申、巳亥、子午、卯酉等の四冲です。原注で天干が尅戦しても、地支が順、静であれば、害はないと言っております。地支の相冲は、天干がこれと和することはできません。干は支をもって根とするもので、支は天干をもって苗とします。苗がしぼんでも根に損傷がないなら、やはり用とすることができます。苗がしぼんでも根が抜かれないなら、といっても、苗はしぼんでしまうものです。天干尅戦しても、地支が会合有力ならば、動が息んで争いを解くものです。地支相沖するは、天干は解沖できません。ですから、支は沖をもって重し、とするものです。例を挙げますと、次のようになります。

〔35〕

		大運	
庚	**午**	3才丙戌	33才己丑
乙	**酉**	13才丁亥	43才庚寅
庚	**子**	23才戊子	53才辛卯
壬	**午**		

清朝の和珅（わしん）の命造です。乾隆十五年九月初一日生、嘉慶四年死を賜りました。年六十三。任氏増注では庚午日となっておりますが、誤りです。庚子日と改めてください。干は乙庚相戦、地は子午相沖し、午と酉は相破となり、戦局をなすものです。官刃格をなすといえども、印をもってこれを和するが宜しく、戊子・己丑運二十年、威権赫奕（かくえき）〔明らかに光り輝く様子〕、最も盛運の時でした。寅運は劣るといえども沖なきを喜び、その威権を維持しましたが、卯運に至るや、四沖全備し、死を賜ることとなったのです。

〔36〕

		大運	
癸	**未**	9才乙卯	39才壬子
丙	**辰**	19才甲寅	
丙	**午**	29才癸丑	
戊	**子**		

これは郭松齢の命造です。日干丙火は羊刃午に坐して、殺の癸水が午を制しておりますので、殺刃格です。印がこれを和するを喜び、冲尅を最も忌むものです。天干は癸丙戊相尅し、重軽に関わりなく、地支は子午冲し、殺身の機を伏せ

るものです。乙卯・甲寅運、早くチャンスを得、癸丑運十年、刃旺殺強、重兵を統率し、国の重鎮となるも、壬子運の甲子年、三子冲刃、倒戈〔味方を裏切ること〕失敗して死亡しました。

考玄解註

この一句は次の一句とともに、一文にすべきもので、冲と合について論じているところです。天戦とは天干の尅ですが、天干の尅去となるのは年月干のみですので、そんなに重視しなくてもよいのですが、地戦は冲で、冲去するのは、場合によっては全支無根となることも、年月支冲去、月日支冲去、日時支冲去、というように無作用となることが多いのです。冲去の蔵干は最も少なくて四干となるので、天干の二干が去となることに比べて、重視しなければならないのです。もし蔵干中の用神と取る干が去となるのは、その関鍵を無作用とするので、〈急なること火の如し〉と言っているのです。要するに、冲が成立して冲去し無作用となる蔵干は、必ず二干ずつの干の尅となるのですから、四干を必ず無作用にしてしまい、天干二干が去となることと比べますと、重大なことになるのです。しかし、これも次の句よりして、冲去しても良い場合も悪い場合もあるので、「仔細詳」とも言えるのです。昔の冲尅はよくなく、合は宜しいとする古い考え方を考え直すべきである、と皮肉な反語をもって表現しているのです。この点、蔵干理論が確立されておりませんでしたので、支の冲は必ず二干ずつの尅、解冲されなければ四干が無作用となる理を、原注、任氏増注、徐氏補註は述べることができなかったのでしょう。

冲とは、ある支から数えて七つ目の支に当たり、これが対冲となるので冲去としておりますが、午と酉は七つ目にも対沖にもならないので、六沖の中に入ってはおりません。徐氏が四沖と言っているのは、辰戌沖、未丑沖がないということですが、七つ目に当たり、対沖するのですから、沖の情専一なれば、沖去し無作用とすべきです。よく土性の支の沖去は本気が土性の干であるから、これを沖去とすることに疑問を抱く人が大変多いのは、それだけ命理が解ってきた証拠です。申寅沖、巳亥沖もすべて土性の干が余気にあるのですが、蔵干二干ずつ、中気同士、本気同士が尅となるので、余気の土性の干があっても、その土性の干をも含めて沖去となり、無作用とするのです。土性の支も、どのような場合であっても、土性の干は本気であるかのような錯覚をしているようです。

これは誤りで、辰月木旺なれば本気は乙であり、癸は中気、戊土は余気と考えるべきなのです。これは、未・戌・丑月も同様です。ですから、土旺四立十八天前であるなら、土性の支が四支、例えば、二辰二戌であっても、沖去と見ない理があることを忘れてはならないのです。要するに、沖とは、二干ずつが尅となることから、沖を重し、とする理論が成立するのです。

ですから、一支を両沖する場合、去とはなりませんが、尅される干を「根抜」などとしてはならないのです。それは四柱の状勢、何が旺じているかを見なければならないので、両沖されなくとも、後論される「旺者沖衰衰者抜」とあることの理とは全く違うのです。例えば、左の①の申月は金旺じるので、木は死令ですから、日支寅中の丙も甲も、ほとんどその作用はないことになります。これが、②の寅月の木旺・土死・金囚令となると、丙も甲も無作用と見てはならず、むしろ生金するものがなければ、申中の庚は無力で、寅中丙甲は有力と見なければならないのです。こうした違いが、旺相死囚休にあることから、「仔細詳」と言うことになるのです。

①
年　〇
月　申（己戊壬庚）
日　寅（戊丙甲）
時　申（己戊壬庚）

②
年　申（己戊壬庚）
月　寅（戊丙甲）
日　申（己戊壬庚）
時　〇

この辺の理が、任氏にも徐氏にも理解されていないのです。この旺相死囚休は循環律であることから、大運支が旺じ、原局と大運はその個人の生命エネルギーであって、事象は大運によって生じるものではなく、傾向性のみで、客観的事実は、流年の経過の中で継続しつつ発生していくということも、『滴天髓』の作者も、原注も任氏も徐氏さえ解っていなかったのです。

〔29〕
癸　酉　　大運
乙　卯　　甲寅　庚戌
丁　未　　癸丑　己酉
辛　亥　　壬子　辛亥

丁日卯月木旺に生まれ、亥卯未木局全は酉卯冲にて解け、全支個有の支。全局を見ますと、囚令の酉金は休令の癸水を生水し、癸水は木旺の乙卯を滋木培木するので、酉卯冲であっても木の根を弱くすることはできません。これを金尅木とのみするのは誤りで、酉金は生金されない金であるのに、卯は滋木され透乙もしている木であり、未中の己土をよく制土するのは、「乙木雖柔。刲羊解牛。」であって、よく死令の己土を制するからで、日干丁は未中に丁あって、よく洩身に耐えられ、また、任財もできるのです。用神庚、喜神土金、忌神木火、木旺透乙するので、水は閑神とせず、忌神としたほうがよろしいのです。

任氏の大誤は、時干辛が月干乙を剋す、と言っている点です。〈財殺肆逞〉ではありません。また、〈辛運壬子年〉とあるが、〈辛運〉などはなく、第四運辛亥、立運何才かも言わず、壬子年は満齢38才、〈法を犯し、刑に服する〉とは、どういう法を犯して、処刑されたのかも不明です。しかし、大運辛亥で、壬子年は化殺生身太過し、忌年ではありません。制水する喜の戊土、命運中に一点もありません。しかし、第三運壬子も忌でもあり、その間の流年庚子年があるにも拘らず、一言も触れていません。つまり、用神も喜神も忌神も明確にしていない命理などはあり得ません。『滴天髓』原文の「地戰急如火」の表面的字句に迎合しようとした例でありま す。常に、「仔細詳」であるにも拘らず、酉卯冲をのみ見、しかも、〈天干乙辛交戦〉とした大誤であるのです。

〔30〕

		大運	
	癸酉	丁巳	
	辛酉	丙辰	庚申
	乙卯	乙卯	己未
	己卯	甲寅	戊午

乙日酉月金旺に生まれ、木死令にて辛金剋乙し、化殺の癸水は年干にあって無情、月日支酉卯冲去し、年時支接近しても調候丙火なく、乙木は財にも任じなければならず、遠隔無情ではあるものの、やむなく癸水を用神と取るしかありません。喜神は水木と一応しても、忌神土金、閑神火。喜の木旺甲寅運は、はるか晩年に巡ってくるのです。

任氏は、二卯二酉冲のように言っておりますが、冲去するのは、月支酉と日支卯のみです。〈己土の生あり〉も、接近する年支の酉を生金はしますが、月干の辛金を生金はしません。〈中運の南方火運〉を喜のように言っておりますが、忌が忌を制して攻身する力を弱める、ということを明確にしないのは誤りです。

つまり、第三運戊午は、火旺・土相にて生戊された戊土は、戊癸干合火旺ゆえ化火し、戊は丙、癸は丁となり、午酉蔵干の尅で酉卯解冲し、全支個有の支。午火は火旺運であり、よく制金するので攻身はしませんが、日干乙は、洩身大ですのでやや忌の傾向性。この運はあまり良好は期し得られません。

第四運丁巳、火旺運は巳酉酉金局半会以上の情あって、酉卯解冲し、全支個有の支。年月支の酉を大運火旺の丙が制金し、やや喜とはなります。しかし、第五運丙辰、前木旺四年、後土旺六年、丙辛合は、辛乙尅で情不専となり、辰の湿土は生金するとともに、乙・卯を辰中癸水が滋木培木するので、喜となる傾向性であるのに、〈国法に罹り処罰される〉として、法に触れどうなったのかも言わず、その流年も言っておりません。大運天干を言わず、辰運とのみ言っているのは、命理ではありません。

〔31〕

		大運	
壬	**申**	丙午	
壬	**寅**	癸卯	丁未
壬	**午**	甲辰	戊申
甲	**辰**	乙巳	

壬日寅月木旺に生まれ、透甲する「食神格」です。申寅冲は寅午火局半会にて解け、全支個有の支。年支申は日干には無情ですが、年月干の壬水に有情であり、雨水前の生まれなら午火が調侯であり、日干壬水は時干甲に洩身しなければならず、調侯を越えた財も制さなければなりません。しかし、年月干の壬水有力で、制財もし、辰が晦光もする休令の壬水です。時干甲と寅は無情ですので、用神は丙、喜神木火土、忌神は一応金水、とするものです。

任氏の解命は、不正確にして、用喜忌を言わず、〈申運に至り、二申が一寅を冲し、死亡しました。〉と言っておりますが、立運を言わず、喜忌を言わず、死亡の流年干支を言わず、その死因も言わず、大運は喜忌の傾向性であることも知らないようです。組織構造によっては良好とさえなることがあるのです。

第六運戊申、金旺にて、大運干戊土は戊壬尅、戊甲尅の情不専、湿土となって生金する金旺運、二申が一寅を冲するどころか、一応天干を省略して、この運のみと原局の関係を見ますと、

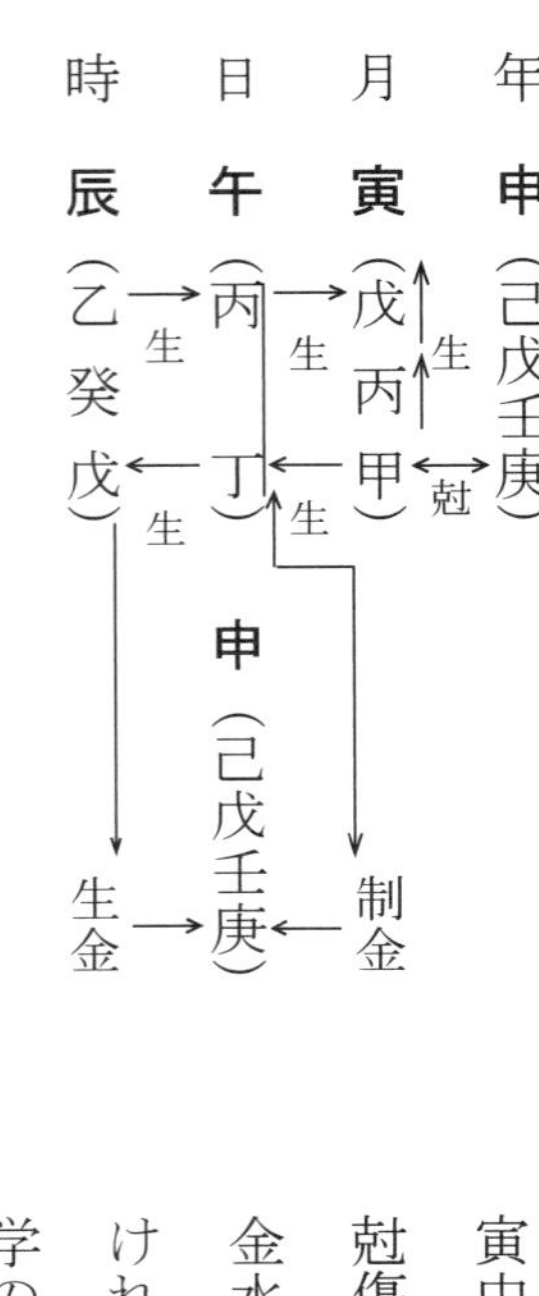

大運金旺の申は、辰の湿土より生庚されますが、日支午火は寅中甲が生火する火であり、よく申中庚金を制するので、寅を尅傷するのみとはなりません。むしろ、甲申殺印相生、木火土金水木火と流通する喜の傾向性さえある運ということが解らなければなりません。両冲して死亡、そんな一面的なことで、初学の人を混迷させてはならないのです。

〔32〕

壬申	**大運**	丙午
壬寅	癸卯	丁未
壬申	甲辰	戊申
辛丑	乙巳	

前例、二申一寅冲で死亡が正しいなら、この造もこれに似ていることになるのです。本造は日干強となり、用神甲としますが、生火する丙丁火も、巳・午火もありませんし、仮に寅中丙としても、火源の甲乙木は無力であり、また制水する戊と取ると、辛金の印が近貼するの

で、化殺生身して忌とさえなりかねませんし、真神得用とはなり得ません。やむなくの用神甲としか取れず、喜神は一応木火としても、それほど喜とならず、忌神は金水、土も忌として然るべきです。これは印強とか旺とかの問題ではありません。

第一運癸卯、喜の傾向性。

第二運甲辰、用神の元神が透出する大運ですが、湿土辰生二申金となりますので、喜忌参半の傾向性ある運。

第三運乙巳、火旺運、乙辛尅去し、三壬が巳中丙火を制して、巳中庚は水源となり有情、〈死亡〉も流年によってあり得ます。「何知其人夭。氣濁神枯了。」と言われていることは正しいのです。

〔33〕

		大運		
乙	亥		丁丑	
辛	巳	庚辰	丙子	
戊	申	己卯	乙亥	
甲	寅	戊寅		

戊日巳月火旺に生まれる「食神格」です。年月干乙辛尅去し、申寅巳亥の四生が揃うので不去、全支個有の支となりますが、年支亥中壬水は、火旺巳中の丙を制し、接近する天干戊甲は、攻身する甲が生丙することにより減力。余気に四土の根あるので、相令の戊土はそれほど弱とはならず、用神丙、喜神火土、忌神金水木となるものです。

任氏、〈戊土司令〉と言い、火旺の戊分野生のようなことを言っておりますが、〈立夏後十日〉は庚分野です。大運による傾向性は、任氏が言うような事象と言えはします。しかし、〈子運に至り、亥水を強化して、生殺壊印し死亡しました。〉と勝手に大運で殺してしまうことはできません。つまり、〈子運〉だからではなく、第五運丙子、丙辛合にて乙辛解剋して原局に戻り、化殺の丙ありますが、忌の水旺運で、子水は亥水の協力を得て、生甲寅木して攻身。大運干に丙あるので大忌とはなりませんが、この丙火が壬水から制せられる流年は、その支によっては大忌とはなります。

〔34〕

		大運		
乙	亥		丁丑	
辛	巳	庚辰	丙子	
甲	子	己卯	乙亥	
庚	午	戊寅		

甲日巳月火旺に生まれる「偏官格」です。結果として亥巳冲去、子午冲去、乙辛剋去となって、残るのは日時干甲庚のみで、休令の甲、死令の庚で、用喜忌は何とも言えません。任氏の言う、〈剋洩交加〉ではなく、運歳の喜忌による、としか言えない命なのです。つまり、

第一運庚辰、辰子水局半会の情にて、子午解冲するので、喜神水木、忌神火土金となる、湿土辰が生庚する、攻身の忌の傾向性。

第二運己卯、卯亥木局半会の情にて、亥巳解冲する喜の傾向性の運。

第三運戊寅、寅亥合、寅午半会情不専で、子午解冲せず、一応喜の傾向性。この間結婚も生子もあり得ます。

第四運丁丑、亥子丑北方全の情にて、全支個有の支となり、辛乙剋も解剋、日干甲木亥中に微根あるのみで、喜忌参半、むしろ忌のほうが大となります。

〈三妻四子を剋し〉と言っておりますが、この命の人が妻子を死亡させたのではありません。妻には妻の命があり、子には子の命があり、それぞれの命運によって死亡したに過ぎません。

〔35〕

		大運	
庚	午	3才丙戌	33才己丑
乙	酉	13才丁亥	43才庚寅
庚	子	23才戊子	53才辛卯
壬	午		

清朝の和珅（わしん）の命造として掲げられておりますが、歴史家間で生年不明とされております。この八字では生年一七五〇年生ということになります。

庚日酉月生の「陽刃格」です。子午冲去、酉午接近し、甲を用神と取りたくもなく、乙は破木され用神とは取れません。用神はやむなく丁とします。賄賂（わいろ）政治甚だしく、乾隆帝没後、諸官より糾弾され、処刑されております。没年は一七九九年（嘉慶四年）で、49才己未年となりますので、〈卯運に至るや、四冲全備。〉ではありません。午酉は蔵干尅になりますが、乙木は生火の作用なく、接近して壬水に制火されるのみです。自説を合理化しようとして、歴史を歪めたり、大運・流年の史実を曲げたりすることは許されません。

〔36〕

		大運	
癸	未	9才乙卯	39才壬子
丙	辰	19才甲寅	
丙	午	29才癸丑	
戊	子		

丙日辰月土旺の生まれ、透戊する「食神格」です。午子冲去し、辰未接近、食傷太過し洩身して日干弱となり、用神甲と取りたいものの、命中になく、用神やむなく乙と取ります。喜は木火、忌は土金水となり、良好な命とは言えません。〈癸丑運十年。刃旺殺強、重兵を統率し、国の重鎮となる。〉と言っておりますが、午子は冲去して無作用のままですし、事象とも合致しません。

合有宜不宜。合多不爲奇。〔輯要、闡微、徵義、補註〕

《合に、宜しきと宜しからざるものあり。合多きは奇となさず。》

原　注

合して喜神を助けることもあります。庚を喜とするに乙があって庚と干合し化金するが如きです。凶神が合して去らすこともあります。例えば、甲を忌とするに、己と合去するが如きです。動ぜんとして合して静となることもあります。例えば、子午冲動せんとしても、丑あって子丑の合で冲去なからしめているが如きです。生局にして合して成となるものもあります。例えば、甲日生にて、亥があり、寅を得て合して成るが如きです。凶神を助起する合があります。土を忌とするに、甲己化土して甲が戊となるが如きです。子午冲するに、丑にて解冲することもあり、要するに、喜となることも忌となることもあるのです。しかし、合が多いのは貴とするに足りません。

任氏増注

合はもともと美なるものですが、最も喜となるのは、合して美となることです。合を忌むのにこれを合するのは、冲があってますます凶となるようなものです、これはどういうことかと言いますと、冲となるのを合があって静となるのはやさしいこととし、合があるのに冲にて静となるのは難とするものですから、喜神が合して喜を助けるのは美とするものです。例えば、庚を喜とするに、乙と合して化金し、乙が辛となって、喜をさらに強めるが如きです。また、凶神が合去するのも美となるものです。例えば、甲を忌とするのに、己と合して去となるが如きです。閑神・凶神が合化して、喜となることがあります。例えば、癸が凶神であるのに、閑神の戊と合化して、癸は丁、戊は丙と、喜神となるが如きです。閑神・凶神が合して化し、喜となることがあります。例えば、壬が閑神で、丁が忌神であるのに、干合して木に化し、壬は甲、丁は乙となって、甲乙木が喜となるが如きであります。

子午冲となるに、喜が午であって、丑があって子丑の合にて午火喜となる、申寅冲となるに、寅を喜とするに亥が合して喜となる、これらはすべて宜とするものです。合して忌となることがあります。例えば、己土が忌であるのに、甲と合して化土して甲が戊土の忌となるが如きです。また、乙を喜とするのに、忌の庚があって、乙庚干合化金して乙が辛金の忌となるが如きです。喜神・閑神が合化して忌となることがあります。

丙を喜神とし、辛を閑神とするのに、丙辛合し、化水して丙が壬となり、辛が癸となって忌となる。また、閑神・忌神が合して忌となることがあります。例えば、壬が閑神で、丁が忌神であるのに、丁壬干合して化木して、壬が甲、丁が乙となって、甲乙木の忌神となるが如きです。卯酉冲となり、喜が卯であるのに、辰の合にて化金する〔これは三支のみでは成立しません〕が如きで、金が尅木することとなるのです。巳亥冲で巳を喜とするのに、申に合して化水し〔これも三支ではあり得ません〕、制火する忌となり、これらすべて不宣なるものです。大体において、忌神が合化して忌とならないのは美であり、合にて忌となるものは不美なるものと言えます。

〔37〕

		大運	
辛	亥		丙戌
庚	寅	己丑	乙酉
丙	子	戊子	甲申
乙	未	丁亥	

朱中堂の造です。丙子日元、春初に生まれ、火虚木嫩で、用神は木にあり、忌神金。亥水が金性を流通するのを喜とし、寅と合して生木するを宜となすものです。時支未土にて、乙木を得て、己土を制し、去濁留清、中和純粋、人となり寛厚和平、一生宦途安穏なるものです。

〔38〕

		大運	
戊	子		甲子
庚	申	辛酉	乙丑
壬	寅	壬戌	丙寅
辛	丑	癸亥	

壬寅日元、孟秋に生まれ、秋水は源に通じるものです。重々の印綬、戊・丑の土はよく生金して、制水せず用とはできず、ただ水の性に従い、寅木を用とするものです。癸運にて洩金生木して入泮。亥運、北方を成し、丑土の湿滞の病を去らしめ、寅木と合し、科甲連登しました。名は翰苑に高くなったのです。申寅冲を嫌うのは、秀氣損傷されるからです。知県に降り、甲子運、水木斉來し、仕路平安でした。乙運、庚金と合して虐を助け、職を辞め、丑運では、生金して死亡しました。

〔39〕

		大運	
丁	亥		戊戌
壬	寅	辛丑	丁酉
丙	午	庚子	丙申
丁	酉	己亥	

丙午日元、寅月生、天干二丁透り、火の旺を知るべきです。壬水は亥に通根し、殺印相生。嫌うところは、丁壬化木、寅亥化木して忌となるにあります。劫刃肆逞、群劫争財、初交北方金水、遺業豊かでしたが、戊戌運、火局を成し、金水を尅尽し、破産して死亡しました。

〔40〕

己亥　**大運**　庚午
甲戌　癸酉　己巳
戊寅　壬申　戊辰
丙辰　辛未

謝侍郎の造。戊日季秋、戊月土旺生、劫印並透、日主いまだかつて強とならざるはありません。ただ、甲木は進氣で、長生、建祿に坐し、辰は木の余氣、洩火、養木し、これを制する金なく、殺勢は強であります。甲己合を宜とするものです。日主は甲の尅を受けず、さらに妙は、中運運走土金、制化合宜しく、名高く、祿重くなりました。

〔41〕

己巳　**大運**　庚午
甲戌　癸酉　己巳
戊寅　壬申　戊辰
丙辰　辛未

これは前造の亥が巳に換わっただけの違いで、土は水の潤なく、養木できず、甲己の合は不宜とするもので、殺は氣勢なく、劫が肆逞するものです。壬申運、生化して、官吏とはなり得たものの、上級試験に合格できず、中運、また土金に逢い、妻子を死亡させ、家業も衰え、巳運に至って死亡しました。ほんの一字の違いが千里の隔たりとなった例です。

〔42〕

丁未　**大運**　戊戌
壬寅　辛丑　丁酉
甲子　庚子　丙申
丙寅　己亥

甲木寅月寅時に生まれ、木嫩氣虚、丙火解凍にて寒に敵するをもって用とするものです。壬水が丙火を尅するを忌とし、丁壬干合して化木するは、反って丙火を生じ喜とするものです。癸酉年は本来は吉ならざれど、大運己がよく癸水を尅するを喜とする。しかし、科甲の試験には合格せず、戊運卯年、科甲の試験に合格しましたが、大して出世できません。

〔43〕

丁亥	**大運**	
壬寅	辛丑	戊戌
甲戌	庚子	丁酉
甲子	己亥	丙申

甲日寅月に生まれ、得時当令、丁火を用とするなれば、壬水を合去し、戌土を用とするなれば、寅亥の合が戌土を尅するものです。一生成敗は一ならず、刑耗多端であるものの、中運、悪くはありませんので、温飽たるのみです。つまり、合の宜しきものは名利遂げられますが、合の宜しからざるものは刑傷破敗、と言われる所以です。

徐氏補註

古人は命を論じるに、専ら合をもってしたものですが、合は化ではなく、合化は必ず時を得て、地を得るによるものです。成方成局、合を尋ね、化論をもってするものではありません。干支合の多いものは、精氣団結、有情なるもので、一種の貴の徴あるものです(「情和氣協」の節を参照してください)。天干に五合があり、地支に三合六合があり、さらに暗合があります。例えば、子中の癸と巳中の戊の合、寅と丑・未の合(甲己)、卯と申の合(乙庚)、辰戌と子の合(戊癸)、巳と丑の合(丙辛・戊癸)、午と亥の合(甲己・丁壬)です。ただ、合に宜しきもの、宜しからざるものがあるのです。例えば、木が冬令に生まれ、透丙するは寒木向陽となるに、辛を見、丙辛干合して丙火がその用を失うとか、金水傷官、冬令に生まれ、天干に丁、支に午があって、水暖金温となるに、壬・癸を見、その用を失うとかするものが、合の不宜なるものです。

干支が合するは、有情なるものですが、有情過ぎるものは、反って宜しくないものです（「氣象篇」参照）。例えば、甲木にとって己土は財で、財が我に就くのはもともと宜しいことですが、また、甲己合が子丑の上にあり、天干地支共に干合するのは、甲木は常に己土の牽引されるところとなって、情意団結し、外の財・官・印綬は、その心を動かすに不足することとなります。これでは、その志、どうして遠くに達することができましょうか。これ、合多きは貴となさず、と言われる所以であります。

考玄解註

天干の合には合去と合化の別があり、日干は条件が整えば、化格ともなれば、条件が合わなければ、化しても化格不成の場合もあります。

しかし、地支の合化と合去はあっても、化格となることはありません。『滴天髓』の作者は、合を宜しとする、誤った考え方を否定して、「有宜不宜」と言っています。徐樂吾氏の誤解を否定する考え方です。そもそもが天干の合は陰陽の和合ということによるのですが、実は尅の五行なのです。ですから、年月干合して不化なら尅と同様に去となるし、日干合して不化なれば、妬合と同理として、相手の干が倍となる理が成立するのです。地支の合も一定の理があり、明確に理論付けてあります。解冲解合の理もあれば、喚起する冲合もあります。ですから、解冲解合されたような支の場合は、月令の如何を見て、その生と尅との天干との係わり合いを見なければならないのです。徐氏補註のように、蔵干同士の合を合と見るなどとんでもない大誤です。中気と中気、余気と余気、本気と本気の尅が、冲去となるのですから、どの蔵干とでも合するなどといった理は大誤の大誤とすべきです。例えば、寅と丑の本気同士の甲と己は合ではなく、木尅土と尅となるものですが、木から始めて、木火土と土金水となり、水また木火土となる、もっとも、本気が中気を生じ、中気が余気を生じる、つまり、三干順生する支は、十二支中、一年の終わりの丑と、一年の始まりの寅の二支しかありません。

地支の合化は、任氏の挙例でも分かるように、一貫した理論なく、全くご都合主義となっております。それだけではなく、天干の合化の理も、曖昧にされております。

要は、合が宜いとか悪いとかではなく、すべてに係わるのは、まず原局での用喜忌にあるのです。その喜忌も、大運によって変化することもあるのは、格局が仮の従格、仮の化格である場合、普通格局となって、喜忌が変化することがあるのと同理なのです。

「奇」貴となるか、ならないかは、すべて運歳の喜忌によるものです。任氏増注で言っている喜とか忌とかは、二字、四字の間での喜忌のことでもあり、命理は四柱八字あっての喜忌でなければなりません。

〔37〕

		大運	
辛	**亥**		
庚	**寅**	己丑	丙戌
丙	**子**	戊子	乙酉
乙	**未**	丁亥	甲申
			癸未

本造は、一七三一年二月十八日（雍正九年正月十二日）生の朱珪の命造です。丙日寅月木旺・火相令の生まれにて、透乙する「偏印格」です。丙火調候不要で、〈火虚木嫩（かきょもくどん）〉（嫩は、わかい、よわい、やわらかの意）とあるのは、雨水前の生まれの木旺であって、〈木嫩〉として

いるのです。年月支の亥寅は合去、子未接近、相令の丙火は木旺の未に有気となる乙木から生丙火され、子水は生滋乙木。しかし、一方、子水は年月に移動するので、未土は湿土となり生金はするものの、相令の丙火は囚令の庚金にかろうじて任財可能であり、丙火無根に近くなっても、一応用神は洩秀の己として然るべきことになります。喜神は土金、忌神は大忌とはなりませんが、木火、閑神は水とするものです。亥寅解合して原局に戻る運は、第一運己丑、第三運丁亥となっても、喜忌は変わりません。第二運戊子、水旺湿土生金しても、よく木旺の乙が納水する化殺の喜運。第四運丙戌も、日干それほど強とはならず、喜の傾向性となる運。第五運乙酉の金旺運も喜の傾向性となり、第六運甲申も殺印相生の喜運。第七運癸未も喜の傾向性。任氏の言っている事象は誤りではありません。

〔38〕

戊	**子**	**大運**	
庚	**申**	辛酉	乙丑
壬	**寅**	壬戌	丙寅
辛	**丑**	癸亥	

（大運：甲子）

壬日申月金旺・水相令に生まれる、分野により「偏印格」か「偏官格」か「正官格」です。子申水局半会は申寅冲で解け全支個有の支となり、年支の子は日干に無情ですが、年干戊土は月柱を通じて、殺印相生。時干の辛金も、丑支より生金されており、日干強。印強ですので、用神丙、喜神木火、忌神金水、土は忌に近い閑神となります。

第一運辛酉、金旺運にて忌大の傾向性。

第二運壬戌は、湿土生金の忌の傾向性。

第三運癸亥は、水旺運での亥子丑北方全にて大忌の運。

第四運甲子に至って、喜忌参半、やや喜のほうが多となる甲透出します。しかし、これまでの過去が忌運続くので、一遍に吉化されることなく、流年の喜により、徐々に好転はし得るものです。

第五運乙丑は忌運。しかし、〈死亡〉とは言い切れないのは、寅中甲生丙となって、まだ、依る辺なし、とまではならないからです。流年で大忌が続けば死亡はあり得ます。ただし、立運が分かりませんので、何とも言えません。

〔39〕

		大運	
丁	**亥**		戊戌
壬	**寅**	辛丑	丁酉
丙	**午**	庚子	丙申
丁	**酉**	己亥	乙未

丙日寅月木旺・火相令に生まれる「食神格」か「偏印格」です。天干は、丁壬合、壬丙尅の情不専、亥寅合は寅午火局半会の情にて解け、全支個有の支。午酉並び、天干丙丁にて酉金制金されるので、用神は亥に根ある壬水と取り、喜神は土金水、忌神は木火となります。これは輔映湖海の象で、運佳なれば、学術に優れることになるのです。任氏註の〈丁壬化木〉などしません。

第一運辛丑は喜の傾向性大。第二運庚子、第三運己亥も喜の傾向性大ですが、第四運戊戌は、戊土制壬となり、忌のほうが大の運。任氏の言うように、〈火局を成し〉ではありません。これを火局半会とするのは大誤です。前四年金旺はまだよいとしても、後土旺六年の戊戌は制壬し、酉金と亥が無情であることから、用神が用をなさない大忌の傾向性ある運となるのです。

〔40〕

己　亥　　**大運**　庚午
甲　戌　　癸酉　己巳
戊　寅　　壬申　戊辰
丙　辰　　辛未

戊日戌月土旺生の「建禄格」です。天干己甲合、甲戊尅、己甲解合し化土の理なく、亥中蔵甲、寅中蔵甲する月干甲は疏土するも、土旺生にて、戊寅は殺印相生の土、時干丙火が生土し、辰にも土の根あるのです。日干は強、用神は壬、喜神水木、忌神火土、閑神金となります。

第一運癸酉、第二運壬申は、喜の傾向性。

第三運辛未、辛丙合去はしても、忌の傾向性。

第四運庚午、大忌の傾向性となるのは、寅午戌火局全くし、生土する忌であるからです。

任氏の解命は誤りです。癸酉運、酉辰合去はしても、癸水生甲木、また、壬申運、申寅冲去しても、壬水生甲の喜運となるのです。〈甲己合を宜とする〉のではありません。月干甲の根が亥と寅にあるからです。

〔41〕

己　巳　　**大運**　庚午
甲　戌　　癸酉　己巳
戊　寅　　壬申　戊辰
丙　辰　　辛未

〈一字違うのみ〉と言っておりますが、創作・捏造するのはいともたやすいことです。甲木が寅に根あって、疏土開墾するも、壬を用神と取れず、やむなく用神甲、喜忌は前造と同じです。第四運庚午、寅午戌火局となり、甲木無根、無水の大忌となります。

〔42〕

丁	**未**	**大運** 戊戌
壬	**寅**	辛丑　丁酉
甲	**子**	庚子　丙申
丙	**寅**	己亥

甲日寅月木旺の生まれで、年月干丁壬合化木して、丁は乙となり、壬は甲となり、一点も官殺なく、日支印の子ですので、「真の従旺格」となるもので、ここで挙例すべき命ではありません。後の特別格局のところで挙例すべき例です。用神は甲、喜神水木火土、忌神金となるものです。

運歳に、丙・丁・癸が巡り、丁壬解合しても用喜忌に変化なく、西方金旺運にて破格となるものです。〈壬水が丙火を尅する〉など、全く命理を知らないにもほどがあります。どうして壬が丙を尅し、それでいて丁壬干合し化木するのでしょうか。格局の分類さえ取り違えては困ります。

〔43〕

丁	**亥**	**大運** 戊戌
壬	**寅**	辛丑　丁酉
甲	**戌**	庚子　丙申
甲	**子**	己亥

これも、丁壬干合化木し、印あって、日支戌と時支子が並び、戌は湿土となって余気辛金を生じるため、真ではなく、「仮の従旺格」となります。用喜忌は前例と同様です。丁壬干合、亥寅合は天地徳合、合去しません。（丁壬の干合がなくても、日干木の場合、寅亥の合は不去とする理論があるのです。）〈丁火を用とするなれば、壬水を合去〉とはいかがなものでしょうか。〈戊土を用とするなれば、寅亥の合が戊土を尅する〉とは、こんなおかしな理はありません。もし、真実この命の人が実在したなら、〈一生成敗は一ならず〉であっても〈刑耗多端〉などという

ことはありません。つまり、虚偽の捏造例なのでしょう。こうした捏造・虚偽の例が多々ありますので、『滴天髓』を学ぶ人は混乱してしまいます。このような一文から、徐樂吾氏も、支中蔵干の合去という謬論を言い出してしまったのでしょうか。寅亥合は化木しませんので、丁壬化木し、亥中の壬水から始まると、水木から寅中丙火となり、丙火また、生戊土は、戊中戊土生辛金、水木と終わる命なのです。

暗冲暗會尤爲喜。彼冲我兮皆冲起。〔輯要・闡微〕

《暗冲と暗會は尤(もっと)も喜びとなす。彼が我を冲せば皆冲起す。》

暗冲暗會尤爲喜。我冲彼冲皆冲起。〔徵義・補註〕

原注

柱中に欠けるところのない命局は、多くは暗冲暗会を取ります。暗神を冲起し、来たって暗神に会合するのは、明冲明会よりもっと佳いものであります。子が来たって午を冲したり、寅と戌が午に会することがこれに当たります。日を我とし、提綱を彼とします。提綱を我としますと、年時が彼となります。四柱八字を我としますと、運途が彼となります。運途を我としますと、歳月が彼となるのです。我が寅で、彼が申ですと、申は寅を尅すことができるので、これを彼が我を冲すとするのです。我が子で彼が午であれば、子は午を尅すことができますから、これは我が彼を冲するものです。皆冲には変わりがありません。

任氏増注

支中沖に逢うのは本来よいことではありません。しかしながら、八字欠陥は多いもので、停均しているものは少ないものです。木火旺ずれば、金水は相対的に必ず乏しくなります。金水旺ずれば、木火は相対的に必ず乏しくなるものです。もし旺じて有り余っているものは、沖して去らしめ、衰えて不足するものは、会してこれを助けるのは美となします。四柱に沖会の神がなければ、歳運にて沖会するのが暗来するのをもっとも喜とします。つまり、病氣があるのを良薬を得て治すことができ、元氣になるのと同じことです。しかし、沖に彼と我の別があります。会にも去ると来るの理があります。彼我とは、年時を彼とし、日月を我と分かつのでもなければ、四柱を我とし、歳運を彼と分けるものでもありません。結論を言いますと、喜神が我であり、忌神が彼であるとすべきです。例えば、喜神が午だとしますと、子の沖に逢うのは、これ我を彼が沖することで、寅と戌が会するを吉とするのです。喜神が子であって午に逢うのは、これ我が彼を沖することで、寅と戌が会し凶となることを忌とします。

また、例えば喜神が子だとしますに、申があって、辰を得て会するは来たって吉となすものです。喜神が亥で、未があり、卯を歳運に得て会し去らしめるは凶となすものです。ですから、我が彼を沖去するは可ですが、彼が我を來沖するのは不可であります。我が彼を沖去するを、沖起すると謂い、彼が来たりて我を沖するは不起というのです。

水火の沖会は以上の如くで、他は類推してください。

〔44〕
庚　戌　**大運**　己丑
乙　酉　丙戌　庚寅
甲　寅　丁亥　辛卯
庚　午　戊子

これは庚が二つ年時干に透って、正に秋令に当たって、支は寅午戌の会局火局を成し、制殺功ありといえども、尅洩並見、かつ庚金の鋭氣は正に盛ん、これを制するに威をもってするより、これを化しても って徳とするがよいのです。化してもって徳とするは、日主に有益であり、これを制するに威をもってするのは、日主の氣を洩らすこととなるので、火局を喜ばず、反って火を病となすものです。ゆえに子運辰年、天下に大魁したのは、子運が火局を冲破し、午の旺神を去らしめ、庚金の性を引通して、我が日主の氣を益し、辰年は湿土、火氣をよく洩らすことができ、子水を拱して、日主の根源を培ったがためであります。

〔45〕
丁　巳　**大運**　己酉
癸　丑　壬子　戊申
丁　卯　辛亥　丁未
丙　午　庚戌

丁火季冬に生まれてはいますが、比劫重々、癸水は退氣、制劫するに無力で、用となすに不足、必ず丑中の辛金を用となすべきです。丑土に包蔵されていて、洩劫生財、土は用神を輔ける喜神であります。嫌うところのものは、卯木生劫し、奪食するを病とするのです。早年妻子を刑傷、初運壬子・辛亥、暗沖巳午の火、兩親の恩恵豊かで蔭庇有余、庚戌運、午火と暗来拱合し、刑傷破耗。己酉運では、巳酉丑金局を成し、卯木の病を去らしめて、財発十余万となりました。このように大運がその忌神を冲し、その喜神に会するには発福相当なるものですし、反対に大運がその喜神を冲し、その忌神と会するは、禍も相当重いものです。ですから、暗冲暗会の理を疎かにしてはならないのです。

〔46〕

庚　寅
辛　巳
丙　寅
辛　卯

大運
壬午　丙戌
癸未　丁亥
甲申　乙酉

丙火孟夏に生まれて、地支二寅一卯、巳火乗権、寅中の丙火を引出し、庚辛皆虚浮無根と言っても、初運壬午・癸未、無根の水は金氣を洩らすとはいえ、地支は午未南方、また旺火を助けて財の氣はことごとく尽き果ててしまいます。祖業は豊かでも、早くに刑喪に逢いました。甲運は申に臨んで本来は大患ないものですが、流年木火、また刑妻剋子、家計乏しく、一たび申運に入ると、寅木の病を暗冲し、天干の浮財が通根して、枯れた苗に水を得た如く、勃然として興り、乙酉に至る十五年間、祖業に数倍する財を自から築きました。申運は駅馬が財に逢い、出外して大利、経営して十余万の財を得たのです。丙戌運丙子年は、凶多吉少、風疾を得て起てず、比肩争財、すなわち絶地に臨んでいるゆえです。子水は剋火するに不足し、反って寅卯木を生じるゆえでもあります。

徐氏補註

前に明冲明会を言っておりまして、ここでは、暗冲暗会を説いているのです。刑冲破害は、冲をもって重しとし、三会六合、会をもって重しとします。暗冲暗会とは言っていますものの、実は合刑破害をも包括しているものです。原局の冲会を明とし、歳運の冲会を暗とするのですが、その妙をことごとく言い尽くしておりません。拱夾包承の如く、不見の形をなすも、すなわちこれ暗会であります。例えば天干相同、干支連珠、吉神暗蔵するは、その力甚だしく大であります。拱虚となるよりは拱実となるのがよく、もっとも喜となすものです。我が冲す、彼が冲す、とは、喜神を我とし、忌神を彼とする、と任氏増注にございますが、実際には必ずしも彼我を論ずる必要はなく、おおよそ冲すれば必ず動ずるもので、動じて喜となるか忌となるかであります。後述の「衰旺論」に詳しく論じてあります。

〔47〕
乙　亥　**大運**
己　卯　16才丁丑　46才甲戌
甲　申　26才丙子
乙　亥　36才乙亥

これは湖北巡閲使、蕭耀南の命造です。月令陽刃、申金七殺の制刃するを用神とします。申中庚金は卯中の乙木と暗合、正に、甲以乙妹妻庚に符節合うところです。凶を変じて吉兆となすの説で、大貴の徴です。ゆえに最も喜となすところです。乙亥運十年、雲程直上、甲運に至って、全省の文武最高の官階が一身に集まり、戌運に病没しております。

〔48〕
庚　辰　**大運**
己　卯　39才癸未
丙　申　49才甲申
戊　戌

これは、冀察政委会主席、黄郛(こうふ)の命造です。これもまた申卯暗合、かつ、申は暗冲寅、寅卯辰東方を成し、戌は暗会寅、丙火を拱し、丙申・戊戌は、中に丁酉を夾んでいます。連珠拱貴、大貴の徴であります。印をもって用神とします。運行癸未、印綬会局し、外交総長として内閣に入り、甲運東山再起して、北方政治の重心となり、申運に病没しました。『繼善篇』に、丙臨申位、長生きはでき難し、また、月が印綬に逢うは安富尊栄と月垣卯印の重要性を見るべきです。現行の申運は、合乙破印、流年丙子、会殺凶となします。丙火は申に至って病地、どうして財殺の交攻に堪えられましょうか。また子月、殺旺の時に当たっていまして、寿限終わるのも理の然からしむるところであります。

考玄解註

この「暗」ということは、色々に解されておりましたが、これを自分の都合の好いように解するのは理論的一貫性がないことになりますので、「明」の原局ではない、将来の「暗」の運歳である、と定義付けております。

私は、「暗」といった場合は、運歳のことである、と定義付けておきます。これは後に格局を論じているところで、「影響遙繫既爲虛」と言われている「暗冲格」「暗合格」などの変格・雑格が、運歳で塡実するのは凶、原局に一字が三、四あり、それと冲合するものが原局にない場合、それらの格とするという理由から作られた格局名であることから、「暗」とは原局中になく、運歳に来ることを言う、とするのが正しいことになるのです。つまり、原局中での、暗冲とか、暗合とか、暗会とかはないものである、という定義ともなるのです。

例えば原局において、寅戌の二支が並んでいるからとして、暗夾・暗合午とすることも、申辰が並んでいるからとして、暗夾・暗合子とするなどは全くの誤りです。これを不見の形とすることも屁理屈であって、ないものはないのですから、ないものをあるかのように見ることなど許される理論ではないのです。暗蔵という言い方も必要ないことで、蔵干と言うだけで済むことです。

ここの「暗冲暗會尤爲喜」とあるのは、前の「支神只以冲爲重」をさらに強調してはっきり言っている一面と、原局にて冲去、合去または局を成していて、結果的に忌となるものを、運歳において解冲、解合、解局して喜の根が生ずるならば、それは喜となるものである、とも言っているのです。つまり『滴天髓』では、解冲、解尅、解合、解局の解法がどこにもはっきりと論じられてはいないのですが、他の箇所で、有情無情の情が言われていることからして、冲の情、尅の情、合の情等の情の専不専という重要な視点の初歩的内容が、どこかに隠されているはずであると考えますと、「支神只以冲爲重」といった延長線の句としてのことで、解となって喜となることがある、とそれとなく論じていると解釈するのが『滴天髓』の真義であると考えております。

このように解することによって、次の句中の「起」の字が、去となっていたものが原局に戻ることによって「起」って、これが忌となることも、喜となることもあることを忘れてはならない、と言っているのです。「彼冲我」はあくまで相対的な座標・視点の違いでしかなく、一見、喜となるもの、一見、忌となるものが解法によって、結果として最終的に喜となることもあれば、忌となることもあるのですから、「彼我」はあくまで相対的なものなのです。これを固定的に考えますと矛盾が生じてきます。それは原局を我とすることができない理があるのは、大運は客観的時間そのものではなく、旺相死囚休の循環律であって、自変作用を生じるところのエネルギーの変動であって、原局と大運は生命エネルギーであるのですから、運歳を「彼」などとはできないのです。ですから、「我」を何とするなら、「彼」は何であるなどという、色々な解釈など全く必要ないことです。要は喜忌にあるのですから、「彼我」はあくまで相対的なもので、結果が「暗冲暗會尤爲喜」のこともあれば、「彼冲我兮皆冲起」して忌となることもある、と解するのが真義となるのです。このことから、喜と「我」、忌と「彼」とすることもできないので、原局の用喜忌は、あくまで原局のみの喜忌であって、既述のように、大運によって格局が変化し、喜忌が変化することもあるので、矛盾が生じてくるということになるのです。

原注、任氏増注、徐氏補註を熟読されて、何が何だかさっぱり解らなかった方も、この一文を、

〃原局の冲尅合局方が運歳において、解冲、解合、解局、解方する場合、喜となることも忌となることもある。〃

と解されたなら、よく理解されると思います。この「解」ということに気付かない以上、いくら試行錯誤を繰り返しても、結局は解らないことになってしまいます。

〔44〕

		大運	
庚	**戌**		己丑
乙	**酉**	丙戌	庚寅
甲	**寅**	丁亥	辛卯
庚	**午**	戊子	

甲日酉月金旺・木死令の生まれで、庚乙干合化金して乙は辛となり、寅午戌火局全くして、調候太過、日干無根となり、無印ですので、透丙はしないものの、火金尅戦。「仮の従殺格」とは取れず、「偏官格」か「正官格」となるものです。用神は癸と取りたいのですが、ありませんので、用神取るものなし、喜神水のみ、忌神火土金、閑神は木ですが、忌のほうが大となります。

第一運丙戌、寅午戌戌火局全以上となり、透丙。火金尅戦と言うより、火金激戦となり、この運中死亡もあり得る大忌・大凶の運。この運を無事に過ごせる訳がありません。

この八字、実在することさえ大変疑問あるところです。

もともとここでの任氏解命は曖昧であり、この挙例と自説を合理化しようとしたためではないか、と思われるのです。別に実在の人の命でなくても、正論であれば構わないのです。任氏の解命で、

(1)〈化してもって徳とするは、日主に有益〉

(2)〈火局を喜ばず〉

(3)〈ゆえに子運辰年、天下に大魁した〉

と言っている点からすると、まず、格局を弁別せず、用神も言わず、調候に触れず、また第一運丙戌、第二運丁亥の喜忌も言わずして、突然第三運戊子を〈子運〉として事象を言っているのです。しかも解冲・解合の法を誤り、〈子運が火局を冲破し、午の旺神を去らしめ〉〈辰年は湿土、火氣をよく洩らすことができ、子水を拱して〉、水局を成すの意、〈天下に大魁した〉と言っているのです。第三運戊子は確かに火局を解きますが、日支に寅根生じ、子水が滋木するので、この大運「偏官格」か「正官格」となって、喜神水木、忌神火土金、となるのです。〈辰年〉とは、第三運ですので、30才庚辰年となります。もうここまでくると手が着けられません。流年干のない辰年としますと、子辰水局半会と辰戌冲、辰酉合の情不専、子午の冲も情不専で、全支個有の支。ですから水局を成さない辰年となります。つまり、喜神水木、忌神火土金、の運中での大忌の流年となる理です。任氏の解命の理に一貫したところなく、すべてがご都合主義となっているのですから、言っている事象も信じられないのです。つまり、情専一、情不専ということが全く整理されていないのです。しかもこの四柱八字にして、第一運丙戌、無事に過ごせるはずがないのですから、捏造ではないかと思われます。

〔45〕

丁 巳　大運
癸 丑　4才壬子　34才己酉
丁 卯　14才辛亥　44才戊申
丙 午　24才庚戌　54才丁未

一七九八年一月、一七三八年一月に丁卯日なく、一六七八年一月十七日がこの三柱で、小寒は五日午前四時三十八分ですから、立運約4才1ヶ月。土旺の入りが十六日午後十一時二十七分ですから、丁日丑月生、土旺・水死令の透癸する「偏官格」です。調候二丙くらい欲しい厳寒の候、年支巳火、時柱丙午にて幇身ともなって調候適切です。日支卯木は月干癸水、丑の癸水からよく滋木培木され、癸水傷丁しても、卯木が生火するので、日干は強、用神癸、喜神土金水、忌神木火となります。

第一運壬子、水旺運で透壬し、壬水制火多大となるので、忌の傾向性。

第二運辛亥、水旺運ではあるものの、亥中蔵甲もするので、喜の傾向性大。

第三運庚戌、庚丙尅去するも、前金旺四年、後土旺六年共に喜運。

第四運己酉、第五運戊申、申巳合去しても、喜の傾向性。

第六運丁未、巳午未の南方全となるものの大忌とならず。

この原局と第四運までの大運支の冲合は情不専です。ただ、第五運戊申、喜が忌と共に去となり、第六運丁未、巳午未南方全となるのですが、不団結にして、巳中二丙も未中二丁も、丑の湿土に納火され、用神癸は損傷されず、忌運なるものの、前運までの後遺事象により、それほど忌となりません。つまり、「暗冲暗會」「彼冲我」の例とは言えません。ただ、「支神只以冲爲重」の例と言えないこともありません。

任氏の解命

(1)〈丁火季冬に生まれ〉はよいのですが、〈癸水は退氣、制劫するに無力〉ではありません。水源深い丑に坐していますので、傷丁はするものの、一方滋木して、卯木生火となる生尅制化の理です。ですから、〈用となすに不足〉ではありません。天透地蔵の真神得用になるものです。

(2)〈庚戌運、午火と暗來拱合し、刑傷破耗〉は誤りで、午戌半会と卯戌合の情不専で、火局を成す理はありませんので、事象は虚偽となります。

(3)〈巳酉丑金局を成し、卯木の病を去らし〉も誤りで、酉卯冲と巳酉丑金局全の情不専ですので、「以冲爲重」の喜象です。

〔46〕

		大運	
庚	**寅**		乙酉
辛	**巳**	壬午	丙戌
丙	**寅**	癸未	丁亥
辛	**卯**	甲申	

丙日巳月火旺に生まれる「建禄格」です。金死令にして、調候壬水は、水源有情なること必要であるのに一壬もなく、一庚二辛は熔金され、日干最強の火炎土焦、燥土不能生金の凶命です。用神取るものなく、一応喜神土金水、忌神木火、とはするものの、調候ない限り、喜神といえども喜の作用はないものです。

第一運壬午、火旺運にて、午寅寅火局半会以上となるものの、調候ともなれば「薬」ともなる壬水大運干にあって、金と水の喜象生ずる傾向性ある運。

第二運癸未、未卯木局半会する忌の上に、癸水では調候とはならず滋木培木して生火する忌の傾向性多大。

第三運甲申、金旺にて甲庚尅去して、調候よろしく、制木も多少は果たすやや喜の運。

第四運乙酉、金旺運なるも調候なく、酉巳金局半会、酉卯冲の情不専、「以冲爲重」とするも、二寅中の二甲を制し切れず、調候ないため財の喜象発し得られません。

第五運丙戌、戌卯合去し、丙火熔金して、忌多大。寿さえも危うくなるのは、日干旺強にして無依、調候ないためです。

〔47〕 **乙　亥**　　**大運**
　　　己　卯　　6才戊寅　　46才甲戌
　　　甲　申　　16才丁丑
　　　乙　亥　　26才丙子　　36才乙亥

一八七五年三月二十三日がこの三柱で、立運は5才10ヶ月となります。甲日卯月乙分野に生まれる「陽刃格」です。亥卯木局半会し、乙己尅、己甲合の情不専にて、死令の己土去とならず、比劫争財となります。日柱甲申は殺印相生にて、時支亥中また戊甲壬、日干最強となり、去ることのない己土をやむなくの用神とし、喜神火土金、忌神水木となります。

第一運戊寅、戊寅殺印相生、一寅二亥の妬合・寅申冲の情不専にて木局半会は解けず、「暗冲暗会尤爲喜」となる己土、戊土あって、財の喜運。

第二運丁丑、丁火生土し、己土の根は丑にあるものの、水源深い癸水が滋木して、喜忌参半の運。

第三運丙子、子申水局半会して生木する忌の傾向を丙火に洩身し、丙火が生財の通関となるので、やや喜のほうが多となる運。

第四運乙亥、亥亥卯の木局半会以上に透乙し、比劫争財の忌大の傾向性、〈雲程直上〉はあり得ません。

第五運甲戌、戊卯合にて解会し、全支個有の支となるが、甲木は忌神にて、争財の忌運となります。

乙亥刻生では徐氏の言うような事象が生ずる理なく、生時遅い子刻の丙子刻ならば、支は亥卯木局半会、申子水局半会する「仮の従旺格」はあり得ます。〈申中庚金は卯の乙木と暗合、正に、甲以乙妹妻庚に符節合うところです。凶を変じて吉兆となすの説で、大貴の徴〉は大誤です。どうして命中にない寅を卯が〈暗冲〉し、寅卯辰の東方を成すなどの理があるのでしょう。事実に合致させようと命理を歪めるなどあってはなりません。

〔48〕

		大運	
庚	**辰**		39才癸未
己	**卯**	9才庚辰	49才甲申
丙	**申**	19才辛巳	
戊	**戌**	29才壬午	

丙日卯月木旺・印旺の甲分野に生まれる「偏印格」です。日干無根にして、死令とは言っても戊己・戌土への洩身に耐えられませんし、制財も不能です。用神は甲、喜神木火、忌神土金水となるものです。


第四運癸未、未卯木局半会、月時干の忌の戊己土が制癸するので、丙困となることなく、喜大の運。

第五運甲申、殺印相生にて用神甲が透る喜運。56才の流年丙子年は、申申子辰の水局全以上、喜と見える甲が、甲尅戊土となり、戊土は制水の用を果たすことできず、結果は水局全以上の薬とはならず、水多木漂、水多火滅となって、死亡。つまり、一見喜と見えるものが結果として忌となる、「彼冲我兮冲起」でこの場合は尅甲丙、となるものです。徐氏の解命、全く生尅制化の理などではありません。

旺者冲衰衰者拔。衰神冲旺旺神發。〔輯要・闡微・徴義〕

《旺ずる者が衰える者を冲すれば、衰える者は抜け、衰神が旺ずるを冲すれば、旺神は發す。》

旺者冲衰衰者拔。衰神冲旺旺者發。〔補註〕

原　注

子が旺じ、午が衰えているなら、冲すれば午は抜かれて立つことできず、子が衰え、午が旺じているなら、冲すれば午は発して福をなすものです。他もこれに同じです。

任氏増注

十二支の相冲は、各支所蔵の干が互いに相互に冲尅し合うものです。原局にある冲を明冲となし、歳運にて冲に逢うを暗冲となすものです。令を得る者が衰えるを冲すれば抜け、失時の者が旺を冲するは無傷、冲の有力なものは、これを去らしめるもので、凶神を去らしめるは利、吉神を去らしめるは不利です。冲するに無力なるもの、冲すれば反って激しくさせるものです。凶神を激しくせしめるは禍をなし、吉神を激しくさせるのは、禍をなさないとは言っても、福を獲ることはできません。例えば、日主が午であるとか、喜神が午であるとかするところに、支中に寅・卯・巳・未・戌の類があるのに、子冲するを「衰神冲旺」と言い、無傷、日主が午、あるいは喜神午、支中に申・酉・亥・子・丑・辰の類があるのに、子冲に遇うを、「旺者冲衰」、すなわち抜かれるとするのです、他これに準ずればよいのです。しかし子午卯酉、寅申巳亥の八支を重しとし、辰戌丑未は比較的軽いものです。子午の冲の如きは、子中の癸水が午中の丁火を冲し、午が旺じ提綱で、四柱無金で木があるとしますと、午は子を冲することができるのです。卯酉冲は、酉中の辛金が卯中の乙木を冲するのですが、卯が提綱に旺じていて、四柱有火にして無土ですと、卯が酉を冲することができるのです。寅申冲は、寅中の甲木丙火は、申中の庚金壬水と相尅する。しかし寅が提綱にて旺じ、四柱に火があれば、申を冲することができる。巳亥冲は、巳中の丙火戊土、亥中の甲木壬水と相尅、しかし巳が提綱にて旺じ四柱に木があれば、巳は亥を冲することができるのです。必ずまず先にその衰旺を、四柱の解救の有無、あるいは助冲を察し、その大勢を観、その喜忌を究めれば、吉凶は自ずから確実なものとなるのです。四庫兄弟の冲となりますと、その蓄蔵のもの、その四柱干支を看、引出あるかないか、例えば四柱干支引出するところなく、司令の神でなければ、それほど切実ではなく、冲といえども無害、合して用を得るもまた喜となします。原局と歳運は皆同じくこのように論ぜられるものです。

〔49〕

		大運	
戊	**辰**		乙丑
辛	**酉**	壬戌	丙寅
丙	**午**	癸亥	丁卯
癸	**巳**	甲子	

この造、旺財当令、加えうるに年上の食神生助するに、日干は時祿に逢い、無根とはならないのが、出身富家の所以です。時干に癸水透り、巳火失勢し、酉を従えて、巳酉拱金し、五行無木。すべて午火の幇身に頼むのみであります。すなわち、癸水が病であるのは明らかで

す。一たび子運に交わりますと、癸水得祿し、子辰拱水、酉金が加勢して子は午を沖し、四柱解救の神がありません。所謂、「旺者沖衰衰者抜」となって破家亡身。もし東南木火の大運を巡るなれば、どうして名利兩全とならないことがあるしょう。

〔50〕
庚　寅　**大運**
壬　午　癸未　丙戌
丁　卯　甲申　丁亥
癸　卯　乙酉　戊子

これは財官虚露にして無根、梟比が当権して得勢、四柱を観るに貧夭の命です。前造は身財並旺し、反って破財に遭って寿は長くなく、これは財官休囚、成業、寿長いのです。前造は無木で水に逢って冲されて抜かれるし、これは水があって、火劫に遇うも有救。甲申・乙酉運、庚金得祿旺、壬癸生に逢い、また寅・卯の木を沖去して、所謂、「衰神沖旺旺神發」となって、巨万の財、驟然（しゅうぜん）として発しているのです。命好きは運好きに如かず、とは信ずべきことです。

徐氏補註

任氏増注に甚だ詳しく述べられています。旺衰は全局の氣勢をもってすると言っているのです。例えば、子午の冲としますと、原局、寅・卯・巳・未・戌の支が多いのを午旺とし子衰とし、辰・申・酉・亥・丑の支が多いと、子旺、午衰として、衰神が喜神であれば、冲してこれを去らしめ禍をなすとし、衰神が忌神であれば、冲してこれを去らしめて吉とする。旺が喜神であれば、冲し発して吉となし、旺者が忌神であれば、冲して発するので禍をなす。さらに須からく原局の喜忌を看て、忌神が吉運來冲するは吉とし、喜神が凶運来冲するのを忌となすものであります。

〔51〕

丁　巳
己　酉
庚　子
丁　亥

大運
11才丁未
21才丙午
31才乙巳
41才甲辰

朱古薇の命造です。庚金白露後一日の生まれで、巳酉結局し、丁火透出、旺金鍛冶を得て成器、官星を用神となします。子亥の傷官洩金の秀を忌としますが、幸いに支にあり、丁火を傷せず、丙午運中、冲去子水、壬午・癸未年、連登して進士となり、乙巳運、亥水を冲去、台閣に入って中外を歴訪しております。

〔52〕

辛　未
甲　午
丙　申
戊　戌

大運
36才庚寅
46才己丑
56才戊子
66才丁亥

これは、兩淮塩運使、某君の命造です。「炎上格」を成します。戊土洩秀、午戌会局して丙は申位に臨み、氣勢不足、申をもって病とします。寅運に至って、申金を冲去して寅午戌三合会局。旺神冲衰、衰者抜かれて旺者発す。一躍して塩運使となりました。これは衰神が忌神で、冲去して吉となったものです。またこの造、原局に寅を見てはいませんが、寅中の甲丙戊が全部天干に透っているのです。寅字なくして虚神が補魚用の竹篭のような妙を暗に示している、珍しい格局です。寅運申を冲して福来たり、子運午を冲して禍生ず、明暗、彼我を論ぜず、冲すれば動じ、動ずれば喜忌あらわれ、所謂、吉凶悔吝（かいりん）は動より生ずるものであります。

考玄解註

ここは何と言いましても、「旺」と「衰」がよく解っておりませんと、何が何だか全く解らないところです。命書の多く、古い命理家のほとんどすべて、この旺と強、衰と弱を分別することなく用いており、旺強と衰弱の二分類しかしていなかったのです。

しかし私は、五行の循環律として旺相死囚休があることから、干の特性、四柱組織・構造の生尅制化の有り様によって補正修正を行い、日干の強弱を五段階とか六段階に分ける、「仮数測定法」という方法論を確立したのです。しかし冲ということは共に傷付くものであるので、共に去とすべき理なのです。旺じている支が、衰絶・死令している支を冲する場合、衰絶・死令である支が「抜かれる」ということを無作用とする、なきに等しいものとする、というように解しますと、冲の定義が混乱してしまうのです。一方は無作用となり、一方は作用が残るということになるのは、原局が単純な冲とはならない気勢・局勢の場合であると解すべきです。このように解すれば、冲の定義には反しないことになるのです。つまり、一方が局勢よりして甚だしく強となるのに、一方が甚だしく弱となる原局での冲を、「旺者冲衰衰者抜」と言っているのです。つまり、一支対一支の冲のことではなく、四柱全体における、一方の支だけが無作用的になることと解すのが真義です。

原注も任氏増注も徐氏補註でさえ、このように解することができなかったのです。例えば、

〔A〕
壬申
壬子
丙午
甲午

上造〔A〕は、子月水旺で、申子水局半会し、年月干に二壬透出して団結。水勢すさまじく、子午冲で申子の水局半会が解け全支個有の支となる、と原則通り考えるのは十分な理解ではないと言いたいのです。つまり、気勢・局勢は水旺で水団結し二壬透って、壬丙尅、水旺・火死令の最弱の火となっているので、日支の午火は解冲しても実は無作用となる、あってもないのに等しい、と解すべきである、という大変高度な正理を述べているのです。

この例は最も解りやすい例として挙げたのです。

〔B〕
戊申
庚申
甲寅
壬申

上造〔B〕も、金旺・木死令であり、確かに原則論では二申一寅の冲であるから去となりません が、戊土が生庚し二申団結。さらに時支が申であり、月支と時支の申によって、日支寅中の甲木は無作用、無きに等しく、寅の根は抜かれるので、その作用あると見てはならない、というように解さなければ正しいとは言えないのです。

〔C〕
丁巳
丙午
癸酉
戊午

上造〔C〕も同様、火旺・金死令で透丙丁し、午と酉は六冲に入っていませんが、火旺の二午中蔵干丙丁が、酉中蔵干庚辛を両側から尅傷し、死令の金は、熔金され無作用となっている「旺者冲衰衰者抜」であるし、癸戊干合火旺ゆえ化火し、癸は丁、戊は丙に化し、〔C〕′の命となって、「真の化火格」となり、酉金はさらに金熔されて、夭凶の命となるのです。

この外にも、「旺者冲衰衰者抜」となる命が多々あるものです。

〔C〕′
丁巳
丙午
丁酉
丙午

この「旺者冲衰衰者拔」ということが原局のことであると解すことによって、その次の「衰神冲旺旺神發」は、生命エネルギーの中で自変作用をもたらす大運について言っていると解すのが正理となるのです。「旺神」と言うことは、旺じて、かつ、局または方を全くしている場合、大運によって子・午・卯・酉の支が冲となり、局または方が解ける場合には、単に解けるのではなく、原局の旺神が激発する、と解せばよいのです。例を挙げますと、

〔D〕
丁未
丙午
丁巳
丙午

大運
壬寅
辛丑
乙巳
庚子
甲辰
癸卯

上造〔D〕は「炎上格」ですが、第六運庚子、一子二午冲にて方を解くことできずに破格となり、「衰神冲旺」となって、この運中必死となることを「旺神發」、激発する、激怒する、というのです。子は水旺ではありますが、原局火旺の「炎上格」とは比較にならないほど弱となるので、「衰」と見てもよいのです。こうしたことは、南方・火局全、北方・水局全、東方・木局全、西方・金局全の場合も「衰神冲旺旺神發」と言うことができるのです。これもまた「支神只以冲爲重」とあることにも通じるのです。

またこの二句は、冲ということではなく、尅の理として、火多水沸、木多金缺、金多木散、水多火滅という正理にもなるし、土多木折という理ともなるのです。

「支神只以冲爲重」から始まって、私が、ここまで支について論じてきた『滴天髓』の真義を、原注、任氏増注、徐氏補註のすべてが理解できていないようです。任氏の挙例も原文を解註する例となっておりませんの

で、私の解命は全く無駄なことになるかもしれませんが、一応続けて解命はしておきます。

〔49〕

戊　辰　　**大運**

辛　酉　　壬戌　　乙丑

丙　午　　癸亥　　丙寅

癸　巳　　甲子　　丁卯

丙日酉月金旺に生まれる「偏財格」か「正財格」です。調候の丙火は不要ですが、日支午、時支巳は根として幇身し有情有力。辛丙干合して辛金は倍力となり、辰酉合は酉午蔵干の剋あるため、化金と見てはならないのです。つまり、囚令の午火の蔵干は、酉中蔵干の庚辛を剋し、さらに午巳に根ある日干丙火も剋金しています。当然のこととして、辰酉の合の情は専一とはならず、全支個有の支。倍力となった辛金は丙火を貫通して、時干癸水を生ずることできず、たとえ相令の水であっても、癸水丙困とはならないのです。つまり，日干丙火は強となり、用神は晦火晦光する辰中湿土の戊と取り、喜神土金水、忌神木火となるものです。

第一運壬戌、壬戊剋、壬丙剋の情不専で壬水去ることなく、攻身もしないものの、湿土の戌は辰戌冲、戌午火局半会の情不専にて全支個有の支。大運支戌は喜の傾向性。

第二運癸亥、水旺運で亥巳冲去し、酉金接近して、生癸水に有情となり、喜の傾向性。

第三運甲子、甲戊剋去して、子辰半会、子午冲、冲をもって重しとすることよりして喜の傾向性大。

第四運乙丑、乙辛剋にて丙辛合を解くも、湿土生金し、晦火晦光、納火もする喜の傾向性。

第五運丙寅、丙辛解合、木旺・火相令となり、寅午火局半会不成ではあるものの、丙火熔金の忌の傾向性。

第六運丁卯、丁辛剋、丁癸剋の情不専、卯酉冲去せず、忌大となります。「丙火猛烈」の特性を忘れるべきではありません。〈巳酉拱金し〉と任氏が言っているのは午火を飛び越して、巳酉金局半会としている大謬であり、日干弱としているのです。また日干年干戊土の食神とは全く無情、となっていることも見間違えてはならないのです。もちろん、「旺者冲衰衰者抜」の例にはならないのです。この「抜」という用語の真義を、どの註者も理解できなかったようです。

〔50〕

	大運	
庚寅	癸未	丙戌
壬午	甲申	丁亥
丁卯	乙酉	戊子
癸卯		

丁日午月火旺生まれの「月劫格」か「建禄格」です。寅午火局半会しても年月干庚壬、壬丁干合、丁癸剋の情不専、月干壬水調候と「薬」十分であるのに、癸水は傷丁するとともに、二卯を滋木し生火、日支の卯は、日干丁と月支の午を生火生助するので、日干強となります。丁火の特性「旺而不烈」であり、また「衰而不窮」でもあり、透甲してはいないものの、蔵甲する二卯があります。土があると、木火土金水木と「始終」あることになるのに無土、土を用神と取ることもできず、去ることのない壬を用神とし、喜神土金水、忌神木火となるものです。

第一運癸未、未午合、未卯卯半会以上の情不専、未の燥土は天干の壬癸水によって湿土となり、湿土生金、特に土旺運は五行流通して喜の傾向性。

第二運甲申、金旺、甲庚剋去し、申寅冲にて寅午火局半会を解き、「始終」よろしくなる、喜の傾向性。

第三運乙酉、乙庚干合、金旺運ゆえ化金し、乙は辛となり、水源となって生水し、一酉二卯の冲にて不去、寅午火局半会の旺火で制金もするので、金水太過とはならず、喜の傾向性。

第四運丙戌、丙壬尅、丙庚尅情不専にて不去、戌は二卯あるので火局全とならず、五行流通して忌となることなく、これまで続いた大運の喜の後遺累積あって、ほぼ喜となる傾向性。

第五運丁亥、亥寅合、亥卯卯木局半会以上の情不専、用神壬は亥に通根する、喜の傾向性。

第六運戊子、子午冲にて火局半会を解き、戊土湿土となって、五行流通の喜の傾向性。

任氏の解命は、調候の「天道有寒暖」を忘れ、寅午火局半会も言わず、「病薬」をも忘れ、「始終」も言わず、〈財官虚露にして無根、梟比が当権して得勢〉〈貧夭の命〉として、丁火の特性「旺而不烈」とある『滴天髓』で言われている干の特性をも忘却し、用喜忌をも言わず、大運干支を〈寅・卯の木を冲去して、所謂、「衰神冲旺旺神發」となって、巨万の財〉と言っているのです。任氏の言っていることから見ますと、大運支の申も酉も衰神としているようですが、甲申、乙酉は金旺、しかも原局は火旺であって、木は休令であり、旺でもなければそれほどの強とも言えないのです。申金と寅木と比較すると、やや申金のほうが寅木よりは強いことともなるのを、どうして金を衰とし、木を旺とできるのでしょうか。

事実に合致させるための解命であって、しかもその解命は『滴天髓』の言をすべて忘却して、誤解した『滴天髓』によって自分の誤解に都合の好い解命をしているのです。さらに、解命を誤って日干弱とした前造と比較し、前造も本造も大運において、「旺者冲衰衰者拔。衰神冲旺旺神發。」とさえしているのはいかがなものでしょうか。つまり、「旺者冲衰衰者拔」は原局での、旺強と衰弱の甚だしく違う力量・質量関係の構造を言っており、「衰神冲旺旺神發」とは、原局が旺強の甚だしくなっている子・午・卯・酉の支を大運の一支にて冲するなら、旺じているものの凶象を激発させる、と解することによって、『滴天髓』の作者が卓越した理論を展開していることの、その真義が理解できるのです。

また、〈命好不如運好〉命が好くて運が悪いものよりは、命が悪くても運が好いほうが宜しいものですが、この好い悪いにも無限とさえ言える段階差があって、単純に二分類などできないのです。好で言うなら、命好運好が一番よいことになり、命悪運悪が一番好くないことになるのです。しかし、命運には無限の相違があるのですから、単純に四分類などできないのです。

〔51〕

		大運	
丁	**巳**		31才乙巳
己	**酉**	1才戊申	41才甲辰
庚	**子**	11才丁未	
丁	**亥**	21才丙午	

庚日酉月金旺の庚分野に生まれる「建禄格」です。巳酉金局半会して、巳中丙火調候は化して二庚となり、月干己土は生金します。二丁透るも調候とならず、用神は亥中の甲と取り、喜神水木となるが、調候ない限り、喜の作用ほとんどなく、忌神土金、閑神火となります。

第一運戊申、申巳合、申子水局半会にて情不専、金旺にて忌の傾向性。

第二運丁未、未に根ある二丁が煅庚しますが調候なく、それほどの喜は期し得られません。流年12才己巳、13才庚午、19才丙子は調候あることになって、喜の傾向性。

第三運丙午、火旺の調候運、午酉蔵干の尅、午子冲の情不専、大運支午は個有の支にて、丙・午火は調候となって、煅金の美。相当な発栄期し得られる、大喜の傾向性。

第四運乙巳、火旺運で調候あって、乙木生丙丁、また佳の傾向性。

第五運甲辰、辰酉合、辰子水局半会の情不専にて、巳酉金局半会のままですが、庚金劈甲引丁、丁火煅金の美運となるものです。

〔52〕

		大運	
辛	未		36才庚寅
甲	午	6才癸巳	46才己丑
丙	申	16才壬辰	56才戊子
戊	戌	26才辛卯	66才丁亥

丙日午月火旺の丁分野に生まれる「陽刃格」です。未午合去し、接近します。調候壬水の水源有情なることが必要で、日支に申あって調候適切となり、接近により甲申は殺印相生にて、甲木助丙火し、接近する戌土を疏土もし、戌土は湿となって、生申金、未午合去はしても、五行流通して、日干強となります。丙火猛烈であり、用神庚、喜神土金、忌神木火、閑神水となるものです。

第一運癸巳、癸戊干合、巳の火旺運ですから化火し、戊は丙、癸は丁となり、かつ巳午未の南方全、申中一壬では「薬」不及、日干旺強に過ぎて、病弱多疾の忌の傾向性。

第二運壬辰、辰戌冲去し、やや健となるも、喜忌参半の傾向性。

第三運辛卯、卯未木局半会、卯戌合の情不専で、未午合去のまま。あまり喜とならず、喜忌参半の傾向性。

第四運庚寅、用神庚が透出するも、未午合去のまま。やや喜の傾向性。

第五運己丑、前水旺四年、己甲合去し、丑未冲にて未午解合して全支個有の支、丑の湿土は晦火晦光・納火し、生申金の喜の傾向性。後土旺六年、己甲干合化土して、甲は戊となるが喜運。

第六運戊子、戊甲尅去して、未午合去のままの水旺子運、湿土生金、洩身にも耐えられず、この運は日干弱となって、木火が喜神となる芳しくない運となります。

徐氏の解命には誤りが多々あり、〈「炎上格」を成します〉は大誤です。「炎上格」の条件は、南方または火局を全くして、官殺の水がないことです。調候の申を飛び越して、〈午戌会局〉する理はありません。〈申をもって病と〉するものではなく、用神庚とするものです。さらに、〈寅運に至って、申金を冲去して寅午戌三合会局。旺神冲衰、衰者抜かれて旺者発す。一躍して塩運使となりました。〉も事実に合致させるための誤った解命です。つまり、庚寅運、寅申の沖にて、寅午戌火局全不成で未午合去のままの運。一運十年を統管する庚寅運での庚が申金に根あって、庚丙尅、庚甲尅にて、強の日干丙火は財を制するため、それだけ減力する。用神透出する運であって、寅申の冲あることにより、木旺ではあるものの、それほどの助火とはならず喜運となるのです。ですから『滴天髓』で言う「旺者冲衰衰者抜」となるものではないし、「旺者」と言っていて「旺神」とは言っていないのです。これらはすべて、冲尅合局方の正理も知らず、月時支の午戌を火局半会とした誤りによって、また「炎上格」の条件も理解できず、さらに調候も忘れて、格局を間違えたことからの苦し紛れの解命にしか過ぎないのです。何が一体〈妙を暗に示している〉のかお解りになりますか。寅申は申だけを冲去して、寅午戌の火局を全くする、こんなおかしな理はないのです。さらに、今度は〈子運午を冲して禍生ず………〉とあり、申子水局半会の情など全く無視しております。

このように、任氏の挙例を順々に読んでおりますと、『滴天髓』は、初学の人の書にあらず。複雑難解にして、理解するのに誠に困難、と言われることは当然なのです。ですから、挙例は『滴天髓』の全文をよくよく理解した上で、二回目か三回目に読み返す時に挙例を見てください、と何度となく申し上げているのです。

以上で公理から方法論へと論をすすめ、四柱八字を構成するところの十干の特性を陰陽と五行の視点から述べ、支の冲尅合から方局までの生尅制化について、原局、運歳の間でどのようになるかを述べてきたのです。しかし、この間の「基礎理論」についても不足するところの定義は補足もしてきました。この地支を論ずる間にどうしても係わってくる方局は誤りやすい点が多々あることから、方局の一層の正しい理解をしなければなりません。

方是方兮局是局。方要得方莫混局。〔輯要・闡微・徴義・補註〕

《方はこれ方にして、局はこれ局なり。方は方を得るを要し、局を混んずることなし。》

原　注

寅卯辰は東方で、一亥があると、卯あるいは未と会局するので、太過となるから、局を混じえてはならない。

任氏増注

寅卯辰は東方、巳午未は南方、申酉戌は西方、亥子丑は北方、とするものですが、三字揃いませんと、成方とはなりません。寅卯辰全きは、その力量が亥卯未の木局より勝っており、戊日寅月で、成方するは、共に殺をもって論じ、卯月、三字を見るは、共に官をもって論じ、己日の場合は、反対となります。辰月に生まれる場合は、寅卯の勢いを見て、その軽量を比較して、官殺に分けるもので、他もこれと同様です。もし二字しかありませんでしたなら、方とはいたしません。方局混ずることなかれ、の理は、私はそうは考えないのです。例えば、木方に亥字を見るは、生旺の神となし、未字を見るは、我が尅する財となし、また、木の盤根の地で、どうして不可である理がありましょう。すなわち、三合木局を用として、何を損ぜしめる累がありましょう。用を作すに至っては、局の用は多にして、方の用は狭く、方を論じるに、別に生穿鑿（せんさく）〔こじつけて解釈すること〕をもってするのではありません。

〔53〕

	大運	
甲寅		辛未
丁卯	戊辰	壬申
戊辰	己巳	癸酉
己未	庚午	

これは木方全くして、かつ一未が入って混となすものです。しかし、未字がなければ、日主は虚脱し、かつ天干に甲木が透出して七殺を作し、正官を作しません。必ず未字があって日主の氣が貫くを要するものです。身殺両停し、名利双輝にて、鼎甲（ていこう）〔大臣・宰相〕となり、仕は極品に至っています。方に局が混じて無害であるを知るべきです。

〔54〕

	大運	
丙辰		甲午
庚寅	辛卯	乙未
乙卯	壬辰	丙申
丁亥	癸巳	丁酉

これも東方を成し、火明木秀、最も丙火が庚金の濁を緊貼して尅しているを喜び、春初は木嫩、必ず亥時の生助があれば、人となり風流瀟灑（しょうさい）、学問深遠、丁亥生木助火、出世早く、巳運南宮に奉（つか）え、名は翰苑に高く、午運拱寅合卯、鄧林（とうりん）の棟梁となるが、ただ哲学の師、文学学術に没頭するのみ、酉運に至り乙木無根、金得地、東方の秀氣を沖

破して、事件を起こし落職しました。もし亥水が酉を化せしめなければ、どうして大凶を免れ得たでしょうか。

徐氏補註

この篇の詞意は混を含んでいますが、任氏増注のように混ずるのが悪いことではないと言っているのは宜しいと思います。ただ原文は字句簡単で、意は十分に表現されておりません。「方要得方」とは、まだ方局を成さざることに対して言われていることです。ですから、「要得」と言っているのです。方の全きを要して、局をもって代えてはならない、と言い、局の全きを得れば、方をもって代えてはならないと言っているのです。相混する如きは、局は局を成さず、方は方を成さない、形象の全きものではないのです。

〔55〕

辛巳
辛丑
庚申
辛巳

李國杰の命造です。巳丑金局、しかして申宮の西方があって混とするものです。

〔56〕

癸巳
壬戌
乙巳
戊寅

公路局長、朱某の造です。寅戌半局、しかして巳宮の南方が混じっています。李造も本造も、方も局も成さないものです。

ですから、「方是方。局是局。不可相混也。」と言っているのであります。

方は、寅卯辰が東方、巳午未が南方、申酉戌が西方、亥子丑が北方で、局は、亥卯未が木局、寅午戌が火局、巳酉丑が金局、申子辰が水局であることは任氏増注に詳しく言われており、これ以上言うことはありません。

考玄解註

方とは、寅卯辰東方、巳午未南方、申酉戌西方、亥子丑北方のことで、これらの三支が揃って、旺支の子午卯酉が冲をなさない場合を言います。旺支の冲さえなければ、他の冲合があっても、また、月令の如何を問わず、方を成します。三支揃わなければ、方は成さないのです。また子・午・卯・酉の冲がある場合は、冲去せず方も成さず、全支個有の支として見る理となるのです。これは、方を成す場合は、三支団結している形となっており、これを譬えで言いますと、三軍で、右翼、中央、左翼の形となっていますので、右翼や左翼が冲合されても中央軍が冲されない以上、散り散りになることはない、ということになるのです。

さらに、原局において、東方、もしくは西方を成す場合、運歳に、酉、あるいは卯が来ましても前者は、卯酉冲、酉辰合の情不専、後者は、卯酉冲、卯戌合の情不専となって、いずれの方も破れることはない、という理となります。しかし、南方と北方は、子、午が来ますといずれも旺支との冲の情が専一となるので、解方する理となります。さらに、冲をもって重し、とするということから、東方や西方の場合、情不専となっても、卯酉冲を無視してはならないのです。

局

亥卯未が揃うと、蔵干が三甲三乙に変化する

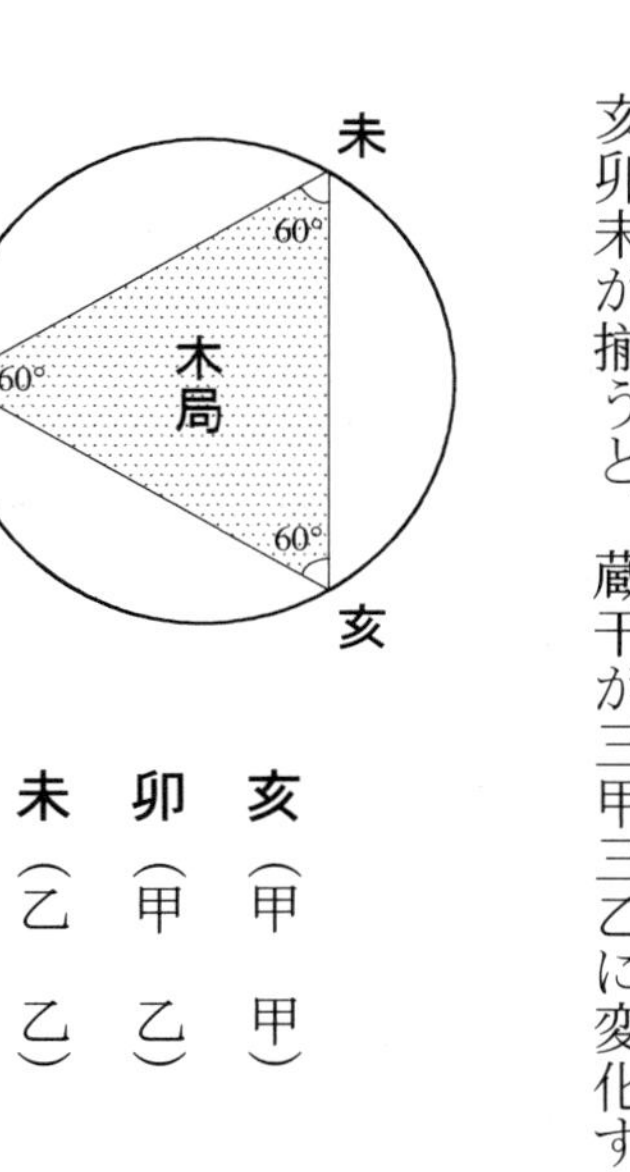

巳酉丑が揃うと、蔵干が三庚三辛に変化する

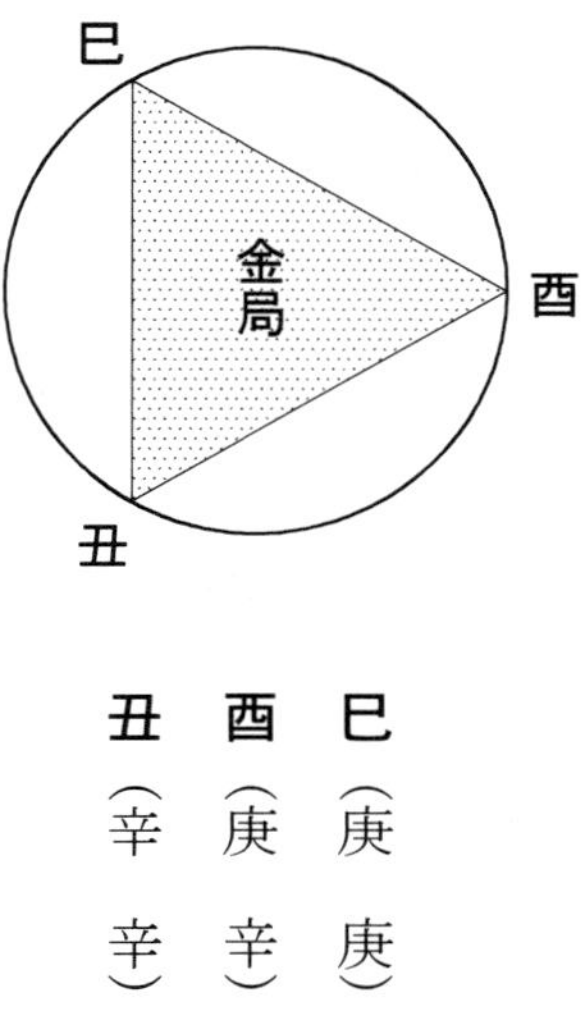

寅午戌が揃うと、蔵干が三丙三丁に変化する。

申子辰が揃うと、蔵干が三壬三癸に変化する

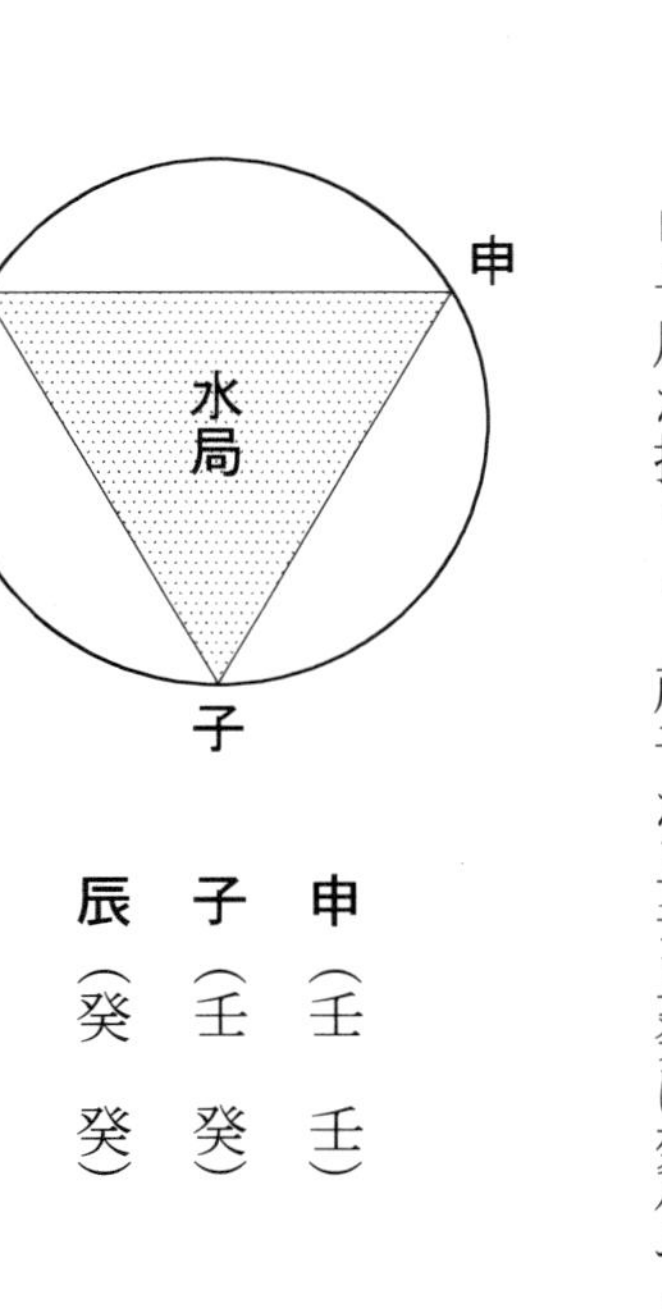

方

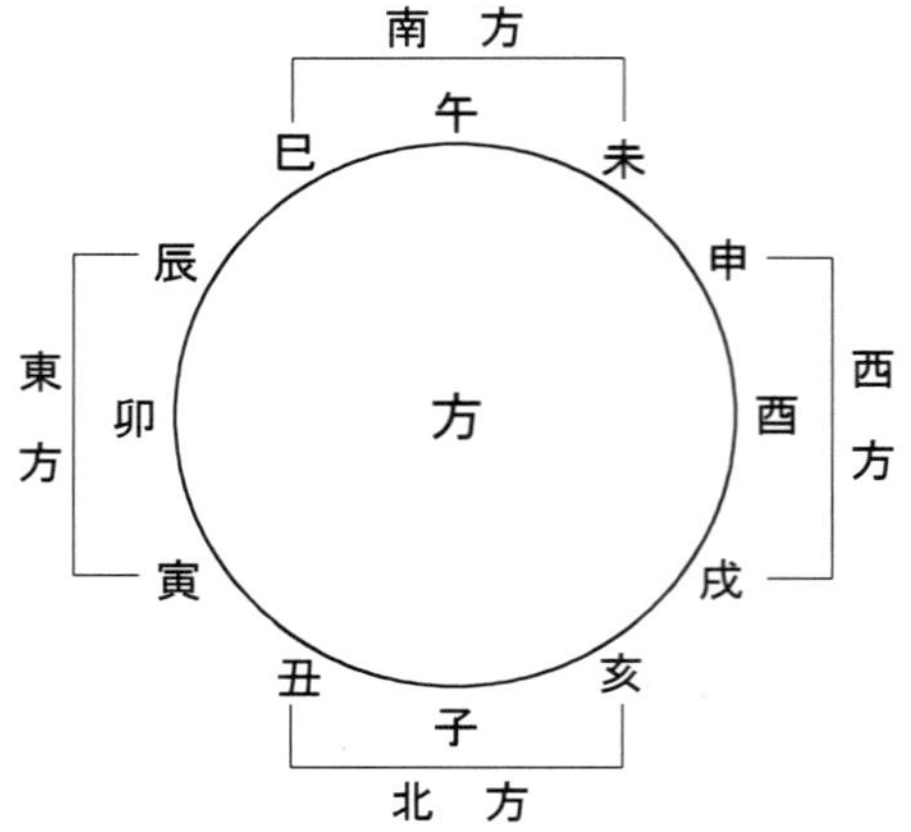

〈東方〉
寅（甲 甲）
卯（甲 乙）
辰（乙 乙）

〈西方〉
申（庚 庚）
酉（庚 辛）
戌（辛 辛）

〈南方〉
巳（丙 丙）
午（丙 丁）
未（丁 丁）

〈北方〉
亥（壬 壬）
子（壬 癸）
丑（癸 癸）

冲

子（壬 癸）剋↔ ↔剋 午（丙 丁）

卯（甲 乙）剋↔ ↔剋 酉（庚 辛）

丑（癸辛己）剋↔ ↔剋 未（丁乙己）

辰（乙癸戊）剋↔ ↔剋 戌（辛丁戊）

寅（戊 丙甲）剋↔ ↔剋 申（己戊壬庚）

巳（戊庚丙）剋↔ ↔剋 亥（戊甲壬）

支合

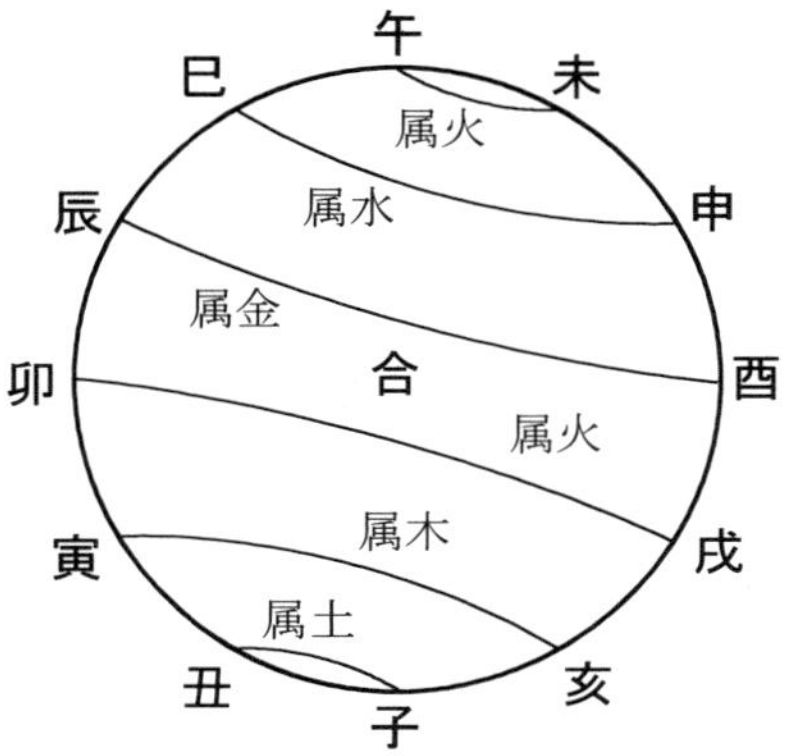

午・未・申・酉・戌・亥・子・丑・寅・卯・辰・巳

午未 属火／巳申 属水／辰酉 属金／卯戌 属火／寅亥 属木／丑子 属土（合）

○午未合は、属火
○巳申合は、属水
○辰酉合は、属金
○卯戌合は、属火
○寅亥合は、属木
○子丑合は、属土

〔合して化する条件〕

(1)合する二支の天干二つが、化して属する五行と同一五行となる場合。
(2)合する二支の天干のうち、一つは化して属する五行と同一五行で、もう一つは化して属する五行を生じる五行となる場合。
※ただし、午未の合においては(1)の場合のみ化す。

属土
戊子（戊戊）　己丑（己己）
丙子（戊戊）　己丑（己己）
戊子（戊戊）　丁丑（己己）

属木
甲寅（甲甲）　乙亥（乙乙）
壬寅（甲甲）　乙亥（乙乙）
甲寅（甲甲）　癸亥（乙乙）

属火
丁卯（丁丁）　丙戌（丙丙）
乙卯（丁丁）　丙戌（丙丙）
丁卯（丁丁）　甲戌（丙丙）

属金
庚辰（庚庚）　辛酉（辛辛）
戊辰（庚庚）　辛酉（辛辛）
庚辰（庚庚）　己酉（辛辛）

属水
壬申（壬壬）　癸巳（癸癸）
庚申（壬壬）　癸巳（癸癸）
壬申（壬壬）　辛巳（癸癸）

属火
丙午（丙丙）　丁未（丁丁）

（局、方、冲、支合について、詳しくは『四柱推命学詳義　巻二』第二章　第八節「支と支の相関関係」の項をご参照ください。）

会（半会）と局（三合）とは、子午卯酉の一支と局を成す一支が並んでいる場合、それが情専一であれば半会、つまり会であり、また、三合の局の情専一であるなら、これを局全きものとする、ことが局の定義です。

このように見てきますと、方を成すことの条件はかなり厳しく、半会のように半方ということもないのですから、蔵干は方も局もその五行の陰陽に変化するものの、方のほうが局全くするより強い、というように理解しなければならないのです。

原局は四支しかないのですから、方を全くしたなら、半会はありませんし、半会の情があっても半会と見ず、個有の支と見なければならないし、局を全くしたなら四支しかないのですから、方は成さないものである、ということを、「方是方」で半会はない、「局是局」で半方はない、と言っているのです。ですから、方を全くしていて一支の半会するものがあっても、方全くするものは半会と見てはならないし、局を全くするのに半方があるとしてはならないとして、

「方要得方莫混局。」

と「莫」、なし、と厳重に注意しているのです。

これは原局のことですから、運歳の一支もしくは二支によって方局斉来となることがあるのです。原局には四支しかないのですから、方局斉来はないということです。これらの理論は、「蔵干理論」と密接不可分な関係にあるもので、子の蔵干を癸のみとしたり、卯の蔵干を乙のみ、午の蔵干を己丁、酉の蔵干を辛のみとしたりするようでは、方、局、の蔵干変化の理が解っていないことになるので、任氏増注、徐氏補註のように明確さ

に欠けることになるのです。

さらに、土には局も方もありませんが、辰戌未丑四庫が揃う、また土旺にて原局四支中土性支が三支揃うのを、仮に便宜上土局と言っても誤りではありませんが、土性支が四支揃うと、半会となることはないのです。この仮に土局と言ったのは、後述する「稼穡格」に繋がるところもあるからです。

方または局を全くするということは、蔵干が変化するということから、任氏増注のように、〈戊日寅月で、成方するのは、共に殺をもって論じ〉るのではないのです。〈卯月、三字を見るは、共に殺をもって論じ〉るものでもないのです。三偏官、三正官あって、単純に偏官のみ、正官のみとすることは大謬です。忌となって、官殺混雑するは偏官的作用大、という意で、すべて偏官的作用となると言うのなら、それはそれとして一片の理はありますが、そうではない表現となっております。さらに、辰月に至っては、どのように〈寅卯の勢いを見て、その軽重を比較〉することができるのでしょうか。

〔53〕

	大運		
甲寅	辛未		
丁卯	戊辰	壬申	
戊辰	己巳	癸酉	
己未	庚午		

戊日卯月木旺・土死令に生まれる「偏官格」か「正官格」です。寅卯辰東方団結して、年干に透甲し、官殺最強。つまり、寅中甲甲、卯中甲乙、辰中乙乙の三甲三乙となるが、卯月生は調候不要であり、月干丁の化殺生身をもって用神とするもので、喜神火土、忌神金水。丁火が去とならない限り、木は閑神となるものです。この丁が辛うじて

「薬」の効をも果たしているのです。

第一運戊辰、戊甲尅去して、寅卯辰辰東方全以上となるも、用神丁にて忌とならず、
第二運己巳、己甲合去する火旺の用神運にて、喜の傾向性。

第三運庚午、庚甲尅去して、また午火、用神運の喜の傾向性。

第四運辛未、辛丁尅去し、未は個有の支となる前火旺四年、後土旺六年ですので、木多土崩とまではならないので、忌少の傾向性。

第五運壬申、壬戊尅、壬丁合にて、丁火去らず、金水忌ではあるものの、金旺にて木旺の寅を冲して、方は方ではあるが、忌が忌を制して、それほどの忌とはなりません。

後述の、「旺相死囚休」による各五行の力量の計算方法（三三一頁）を参照の上、次の解説についてお読みください。

本造は、木は単純仮数36⅔、土は単純仮数３⅓であって、任氏が言っているような〈身殺兩停〉ではないのです。辰は東方を成すので、二乙となるので、本気戊土ではなくなります。東方を成すと言うことは、蔵干がすべて木となるという理なのです。

ところが、任氏の解命では東方を全くしても蔵干は変化しないように解しているのです。しかも、〈一未が入って混となすもの〉と言っており、さらに、〈日主の氣が貫くを要す〉ということは、一体何のことか解りません。捏造例とさえ言える例です。

〔54〕

丙 辰　　大運
庚 寅　辛卯　甲午
乙 卯　壬辰　乙未
丁 亥　癸巳　丙申
　　　　　　丁酉

乙日寅月木旺に生まれ、寅卯辰の東方全くし、卯亥は木局半会ではなく亥は個有の支、丙庚尅、庚乙合の情不専ですが、丙火尅庚して、殺が殺としての作用を果たせませんが、庚金の殺あることには変わりがありませんので、「仮の曲直格」とするものです。用神は甲、喜神水木火土、忌神金となるのみです。しかし、壬が来ますと、壬丙尅の情にて、庚金の忌象発することになります。金旺運は「月劫格」となり、喜神火土金、忌神水木と変化することになります。第五運乙未は方局斉来の喜の傾向性となります。

任氏解命は、格局を取り違えて、用喜忌も言わず、壬辰運を無視して、〈巳運に南宮に奏（つか）え、名は翰苑に高く〉〈午運拱寅〉、つまり、寅午火局半会を成す、と言い、さらに、〈酉運に至り乙木無根〉で、命理を相当知っている人をも混乱に陥れています。酉卯冲と酉辰合の情不専で、東方が解ける訳はないし、卯は去らないのですから、〈乙木無根〉になる理などないのです。さらに、第六運丙申、金旺殺旺運ですので、格局変化して「月劫格」となり、喜忌変化して、喜は火土金、忌は水木となることさえも知らず、事象のみを述べているのです。

〔55〕

辛 巳　　大運
辛 丑　5才庚子　35才丁酉
庚 申　15才己亥　45才丙申
辛 巳　25才戊戌　55才乙未

旺支の酉なくて、〈巳丑金局〉となる理はなく、また〈申宮の西方があって混とする〉は大誤です。申巳合去し、巳丑接近して、調候適切。本造は李国杰の命で、光緒七年、太陽暦一八八二年一月二十一日、丑月土旺生の「印綬格」。用神丙、喜神水木火、忌神土金、立運約5才3ヶ月となります。第六運乙未、57才己卯年暗殺。庚辛金重々は事故体質、印の土旺、庚金を強化し、事故死することになったのです。

〔56〕

癸　巳
壬　戌
乙　巳
戊　寅

〈寅戌半局〉の理はなく、また〈巳宮の南方が混じっています。〉でもありません。全支個有の支で方も局も云々できないのです。しかもその後に〈李造も本造も、局も方も成さないものです。〉と言われては、一体何を言っているのか分からなくなります。

局混方兮有純疵。行運喜南或喜北。〔輯要・闡微〕

《局が方に混じるに純疵(じゅんし)あって、行運は南を喜び、あるいは北を喜ぶ。》

局混方兮有純疵。行運喜南還喜北。〔徴義・補註〕

原　注

亥卯未木局するに、一寅辰が混じるは太強となって、行運南北、純疵あって、倶に利することはできないものである。

任氏増注

地支三合は、局を成すもので、木火金水局は皆その生旺墓となって、一氣始終となるものです。柱中に三支が合となった勢いは、吉凶の力は比較的大であります。また二支を取るものもありますが、しかし旺支をもって主とするもので、亥卯、あるいは卯未、皆取ることができます。亥未はこれに次ぎます。おおよそ会は冲を忌むもので、例えば、亥卯未木局するに、一酉字がその中に雑り卯と緊貼していますと、破局となります。冲字がその中に雑って卯と貼せず、あるいは冲字が木局の外にあっても、会局と損局を兼論することとなります。二支会局の場合相貼するが宜しく、冲に逢うは破局、他の字がその間を隔てるは無力、ただ天干が領出しているなら用としても可です。この項文は、前の文と相似しており、その理を究めて考えてみますと、害するところはないものであります。寅字を見るは同氣ですし、辰字は余氣で東方の湿土にして木神を生助します。何をもって損累とするのでしょうか。行運南北と言っているのは、須らく局中の意向を看て決まるものであります。例えば、木局して日主が甲乙、四柱純木、別字を雑えなければ、運行南方は、所謂、秀氣流行するので、純であり、運行北方、強神を生助するのですから、無疵です。あるいは、干支に火の吐秀があれば、運行南方、名利裕如、運行北方は凶災を立ち所に見るものであります。木をもって論じましたが、他は推究して知ることができると存じます。

〔57〕

		大運	
甲	**寅**		己卯
乙	**亥**	丙子	庚辰
乙	**卯**	丁丑	辛巳
癸	**未**	戊寅	壬午

これは木局全くして、一寅字が混じり、四柱無金、その勢いは従強となります。一方の秀氣を深く得ているものといわれるものです。少年にして科甲及第しましたが、庚辰・辛巳運、癸水の化がありましても、刑喪起倒を免れませんし、仕路もよろめくものです。六旬外に至

って、壬午・癸未運を巡り、県令を経て司馬に栄転し、宮廷に入り、観察に昇格、順風満帆、誰もこれを止めることはできません。このように観ますと、従強の木局、東南北運は皆利とし、ただ西方金運の尅破を忌むのみであります。

〔58〕

甲　寅　　**大運**
丁　卯　　戊辰　　辛未
乙　未　　己巳　　壬申
丁　亥　　庚午　　癸酉

これもまた木局全くして、一寅字が混じって、丁火食神の秀氣を取ります。前造と同様の従強の論ではありません。巳運、丁火臨官、登科発甲。庚午・辛未運、南方金の敗地、体用を傷付けず、仕途は平坦でしたが、壬申運、木火皆傷付き、破局して、軍中にて死亡しました。

前造は従強で南北皆利、この命は木火、西北運は有害なのです。このように兩造を観ましても、局に方が混じるのは無害であるのが解ります。

徐氏補註

「得方而混以局」と「得局而混以方」と比較しますと、同じではありません。例えば、甲乙木春三月に生まれて、方の全きを得れば、亥未が混じりましても、毫も妨げとはならないのです。もし、未月とか亥月に生まれて、局の全きを得て、寅辰が混じますと、純疵あり、となるのです。しかし、方に混局しても純疵ありとは言わないのです。純疵の別は、行運の取用にあるのです。「喜南還喜北」と言われているのは、例えば、木局亥月に生まれ、寅辰が混じりますと、木氣収斂して、南方食傷の旺氣を洩らす地を喜びますし、木局で未月に生まれ、寅辰が混じりますと、木は枯燥となりますので、北方印綬の地、その強神を助けるを喜ぶものです。こうした点から、南を喜び、あるいは北を喜ぶの別がある所以であります。

考玄解註

方と局の定義よりしまして、「方要得方」を全くしたなら、「莫混局」、つまり、半会とは見ないが、三合会局して、一支局と同一五行となるものがあると、格局、用喜忌が不安定となることもあるので、大運が順旋するのがよい場合もあれば、逆旋が忌となることも、喜となることもあるものである、と言っているのが「局混方兮有純疵。行運喜南或喜北。」です。当然八字ですので、四天干の配合にもよるものですので、そう簡単には言えないのです。

仮に、亥卯未木局の情専一で冲合がなく、木局全くするとしても、亥月水旺、卯月木旺、未月火旺と土旺で随分違いますし、寅支があったとしても、何が旺ずるかでも、また日干が乙・丁・己・辛・癸でも違ってくるのです。団結、不団結かでも違います。また寅支があって、亥と合となると、木局半会となることも、木局半会も不成となることさえ生じるのです。

寅午戌の火局、巳酉丑の金局、申子辰の水局も同じことでありますし、調候という視点が重要ともなってきます。さらにこれが普通格局となる場合もあれば、日干弱にして無印で他に従する「従児格」「従財格」「従殺格」「従勢格」もあれば、「従旺格」「一行得気格」を成すこともあれば、真従でなく、仮従ともなるものもあります。大運は喜用運を巡るがよく、忌神運を巡るのは宜しくない、とは一般論として言えるので、「喜南或喜北」と言っているのです。

混乱を招きますので、「方」と言った場合は、方を全くする場合のみで、一字、二字の支のみで、「方」と言ってはならないのです。

〔57〕

甲　寅　**大運**
乙　亥　丙子　己卯
乙　卯　丁丑　庚辰
癸　未　戊寅　辛巳
　　　　壬午

甲　寅（甲　甲）
乙　亥（乙　乙）
乙　卯（甲　乙）
癸　未（乙　乙）

乙日亥月水旺、印旺令に生まれ、寅亥合、卯未木局半会して透癸する「印綬格」となるもので、寅亥合は天干甲乙ですので、化木し、全支木となり、蔵干は次のようになり、印の水が旺じておりますので、「印綬格」にするしかありません。これを木旺の「曲直格」とも「従旺格」ともすることはできないのです。用神取るものなく、喜神火土、忌神水木、閑神金となり、原局忌神ばかりで、一点の喜もないのです。こういう命は生まれてはこないか、生まれてもその年中に死亡するか、翌年、翌々年死亡する、夭凶の命なのです。「従旺格」「一行得気格」は日干月令を得ている、ということが必須条件です。〈従強の木局〉と言っておりますが、「従強格」とする条件に反し、印が月令を得ているのを「従旺格」とした任氏の挙例のため、徐氏も他の命家もこれに追従する大誤を招いているのです。従・不従の重要な条件は印にあるものです。

○棄命従格は印があっては成立しない。

○「従旺格」は印が月令を得ていては成立しない。

○「従旺格」は日干月令を得て、比劫重々、必ず印が日干に近貼し、官殺を見ない。ただし、印が天干に透出しなくても、支中にあり「従旺格」とする場合もありますが、比劫より太過しないことです。仮に、生時庚辰としますと、乙庚干合庚金倍力となり、寅卯辰東方全くする「印綬格」。用神倍力となる庚で、喜神土金、忌神水木、閑神丙火となるものです。

〔A〕
甲　寅
乙　亥
乙　卯
庚　辰

後の「従得眞者只論從。從神又有吉和凶。」のところで、任氏が言っている「従強格」の条件に「四柱印綬重重。比劫重重。日主又當令。絕無一毫財星官煞之氣。」と日主また当令、月令を得ると言っているのです。この格局については、大変重要ですから、そこで述べることにします。ここで知るべきは、本造は印が月令を得て、日主当令していない、ということです。また「印綬重重」でもありません。この重要な条件に反しているのです。本造も揑造か誤りかです。

〔58〕
甲　寅　　**大運**
丁　卯　　辛未
乙　未　　戊辰　壬申
丁　亥　　己巳　癸酉
　　　　　　庚午

乙日卯月木旺に生まれ、亥卯未木局全くして、二丁透出し、無印ではあるものの、「曲直格」となるものです。用神甲、喜神水木火土、忌神金となります。大運は一路喜用運を巡り、第五運壬申金旺運は申寅冲去するので、「曲直格」破格とはなりませんが、第六運癸酉、酉卯冲して、「衰神冲旺旺神發」、必死の大運であります。第五運壬申であっても、申寅解冲する流年は破格の大忌となります。なお、本造第一運の戊辰運が次に言われれている方局斉来となるのです。

若然方局一齊來。須是干頭無反覆。〔輯要・闡微・徴義・補註〕

《もし方と局が一齊に來たるが如きであれば、須らく干頭に反覆なかるべし。》

原　注

木局木方全きものは、須らくが天干が序を得、順を全くする必要があります。行運これに背くことなければ好しとします。

任氏増注

方局斉來とは、前述の「方混局」と「局混方」の言い方を受けて言っているのです。例えば、寅卯辰に亥未、亥卯未に寅辰、巳午未に寅戌、寅午戌に巳未、申酉戌に巳丑、巳酉丑に申戌、亥子丑に申辰、申子辰に丑亥を兼ねているの類です。「干頭無反覆」とは、方局斉來しまして、その氣旺盛であるから、天干はその氣勢に順ずるを要し、妙となすものである、と言うことです。例えば地支が寅卯辰で、日主が木、亥の生や、未の庫を見るような場合、あるいは地支が亥卯未で、日主木、寅の祿に、辰の余氣に、逢うのは旺の極であります。金が尅し切れるところではなく、必ず天干に火があって、その精英を洩らして、金水の干が透出反覆していないことが必要です。

そして土運に行きましたならば、すなわち、すべて順にして序を得ていて悖らないものです。例えば、天干に無火有水でしたなら従強となりますから、水運に行くは、その旺神に順ずるのですから、最も美で、金運に行くは、金生水、水はまた生木しますので、凶に逢うとも解神があることになるのです。しかし有火にして水を見るとか、あるいは無火にして金を見るのは、これを干頭反覆すると言うのです。運程安頓を得れば、土に遇えば水に逆らって止めることができるし、火に遇えば、その微金を去らしめることができまして、吉となるを失わないのみです。例えば、日干が土としますと、別に干に火がありますと、相生の誼があって、反覆とはならないのです。

金を見ますと、寡をもって衆に敵すこととなり、水を見るは、強神を生助することとなって、反覆となるものです。これを制するに、盛んなるものをもってすることより、徳をもって化せしむるほうが良いのであります。その流行すべて順となるのです。他もこれより類推してください。

〔59〕

		大運	
甲	**寅**		辛未
丁	**卯**	戊辰	壬申
乙	**亥**	己巳	癸酉
癸	**未**	庚午	

これが方局斉来で、月干に一丁が透出して、その精鋭を発英し、何たる妙でしょうか。惜しむらくは、時干に癸水が透露し、亥に通根して丁火の秀氣を近くにあって傷付けていますので、「干頭反覆」と言われるものです。ですから、少しは学があっても博くはなく、貧乏にして無子、癸水を一火土に換えましたなら、名利皆遂げることとなったでしょう。

〔60〕

丁　卯　　**大運**
甲　辰　　癸卯　庚子
甲　寅　　壬寅　己亥
乙　亥　　辛丑　戊戌

これもまた方局斉来です。干頭無水、丁火の秀氣流行し、行運も甚だしくは反悖せず、中郷に榜し、州牧となりました。子多財旺じ、品性仁慈にして、品行方正、寿八旬を越し、夫婦共に長寿、所謂、木は仁で、仁は寿です。格は「曲直仁寿格」と言うものです。このように両造を観ますと、干頭が「全順得序」するものと、反覆するものとは、天地の隔たりがあるのが分かります。

徐氏補註

方局斉来とは、天干甲乙、支に寅卯辰全く、亥未を配する、あるいは、亥卯未木局全くして、寅辰を配する、等を言うもので、氣勢純粋、形象を成すものであります。須らく、天干に一順相生し、その氣勢に順じ、その旺氣を洩らすを美となすものであって、天干にその旺氣に逆らうものがあるを、反覆するものとなすのです。

考玄解註

方を全くするのに運歳で局も全くして、方局斉来となるもの、あるいは局を全くするのに運歳で方をも全くして、方局斉来となるものがあるのです。「齊來」の「來」とは、運歳に巡ってきて、方も局も全くするということで、原局のみで「來」と言うことはあり得ないのです。

つまり、亥寅卯辰未の五支で木の方局斉来となるのです。必ずしも、寅卯辰と亥卯未の五支が揃わなければならない、ということではないのです。そのような場合、すべての天干は喜となるものがよろしいことで、忌となる干があることは、喜が忌となることがあるので、忌となる干があってはならない、と言っているのです。時には喜と喜が尅去したり、合去したり、喜が喜を制したりすることもありますが、喜用の損傷が大したことがないならば、喜を損じないものです。

丙丁日干、火旺の生まれで寅午戌全くするのに、大運巳が来ても、方局斉来とはなりません。流年で未が来ると、方局斉来、しかし調候壬水なく、金の有情な水源ない以上、あまり良好とは言えない、「炎上格」です。

同様に丙丁日で、火旺にして、巳午未があり、また寅支か戌支があるのに、大運に戌支、寅支が巡れば、寅巳午未戌の方局斉来となりますが、調候がない「炎上格」ですので、あまり良好とは言えません。

庚辛日で、金旺にして、巳酉丑金局全くし、申支が原局にあり、大運に戌が来ると巳申酉戌丑の方局斉来となりますが、これも調候丙火のない「従革格」となるので、あまり良好でないのは、金寒水冷となるからです。

庚辛日で、申酉戌西方全くして原局巳があって、大運に丑が来ますと、方局斉来となりますが、巳火は金に化すので、調候がないと美とはなりません。

壬癸日干で、申子辰水局全で、丑があるとか亥があるとかして大運丑とか亥で、申亥子丑辰の方局斉来となりますが、調候丙火のない「潤下格」ですから、良好とは言えません。

壬癸日干で、亥子丑の北方全に辰あるとか申があるとかして、大運に辰や申が来て方局斉来となっても、調候丙火がない限り良好とは言えないのです。

しかし、戊己日には方局斉来はありません。

以上が「一行得気格」を成す場合のことです。このことは、日干弱となって無印で従格を成す場合でも、方局斉来となることもあります。

しかし、調候を忘れてはならないのです。干が反覆していないので特別格局を成しているのです。

〔59〕

		大運	
甲	**寅**		辛未
丁	**卯**	戊辰	壬申
乙	**亥**	己巳	癸酉
癸	**未**	庚午	

乙日卯月生、亥卯未木局全。これは日干乙であるために「局是局」である亥卯未木局全となるもので、天干に透甲し、月干丁の洩と、時干癸水の印は傷丁することのない印で、「曲直格」の印が日干に近貼する佳造です。用神は旺神甲、喜神水木火土であり、透癸しているので金はそれほどの忌とはならないものの、西方運はその干支の有り様を観るべきです。

第一運戊辰、寅卯辰と亥卯未の方局斉来、大運干戊土は喜神で「無反覆」となるのです。

後運すべて喜ですが、第六運癸酉が「衰神冲旺旺神發」と言われる、木局の旺強の卯を弱い大運支酉が旺じても、酉卯冲で、必死の運となるものではありません。第五運壬申は確かにこれも「衰神冲旺」のようにも思われるかも知れませんが、申寅冲去。木局を解く酉卯の冲とはその「旺」の意味の有り様が違うのです。

「一行得気格」の条件は、日干月令を得て、月令を得る一行が方または局を全くして、官殺を一点も見ないことで、印の有無は問わないのです。「従旺格」の条件は、日干月令を得て、比劫重々とあり、必ず日干に近貼する印があって、官殺を見ない、ということですので、本造は、単なる「一行得気格」でなく、「従旺格」的でもあると言えます。

任氏は、この原局を方局斉来などと言って、「方是方兮局是局。」以下の文と矛盾しております。〈惜しむらくは、時干に癸水が透露し、亥に通根して丁火の秀氣を近くにあって傷付けています〉と言っているということは、木局を全くしても蔵干は個有の根とするということなら、木局を成すことがない、という単純な矛盾にさえ気付いていないのです。局や方を成す、と言うことは当然それだけ強となることの理ですから、その五行の蔵干に変化すると考えるべきが当然の理なのです。しかも、癸と丁は乙木を夾んでいるので、尅傷の関係とはならないことも全く初歩的正理なのです。もし生年月日が正確にして、任氏の言う事象が本当であったなら、生時が違う、と断定すべきです。挙例の八字にして、〈貧乏〉ということは絶対にあり得ないことです。しかし〈無子〉という点については、男が一人で子を生める訳がなく、妻あって子が生めることですから、妻が受胎不能なれば子はできる訳はないものです。しかし、本造は財が喜神であり、配偶支亥が喜神であり、子女の時柱干支もまた喜神ですので、九十五パーセント以上、子女がないことはあり得ないと言えるのです。この癸水が忌であり、配偶支亥中壬水の忌として、〈無子〉としているのです。

また、戊辰運を方局斉来と言っていることは正しいのですが、〈干頭反覆〉としていることは大誤です。水木火土が喜神であるということが全く解ってはいないのです。しかも、任氏は今までの例でも見てきたように大運を干五年、支五年と分断しているのですから、戊運は方局斉来ではなく、辰運は方局斉来ではあるが〈干頭〉の運は過ぎているので、〈干頭〉はない、という理となるのです。大運前後分断論が大誤であることに気付かずして、こうした場合のみは特別であるとし、〈干頭反覆〉と言っているのでしょうか。

さらにまた、〈癸水を一火土に換えましたなら〉と言ってもおりますが、ある人の四柱に、〃もし〃とか〃仮に〃とかということはないのです。理解の便として、そのようなことが言われることもありますが、では時柱に、火土の生時を当てはめて見てください。火土の柱は、丁丑刻、丙戌刻しかありません。丁丑刻生でも丙戌刻生でも、〈名利皆遂げる〉となるのでしょうか。いずれの刻も「月劫格」か「建禄格」になって、「曲直格」ともならず、方局斉来ともならず、いずれの刻でも同様に〈名利皆遂げる〉とはならないのです。

〔60〕

		大運	
丁	**卯**		35才庚子
甲	**辰**	5才癸卯	45才己亥
甲	**寅**	15才壬寅	55才戊戌
乙	**亥**	25才辛丑	

一七四七年（乾隆十二年）四月二十一日の土旺生、木囚令にて、立運約5才。寅卯辰の東方を全くしますが、日干は月令を得ておりませんので、「偏財格」となります。用神やむなく丁、喜神火土金、忌神水木となる夭凶命です。つまり、日干月令を得て、同一五行の方または局を成す、ということから、一行が得気していることで、「一行得気格」という格局があるのです。もし土旺に「曲直格」があるとするなら、未月土旺でも、戌月土旺でも「曲直格」があり、さらには、火旺なら木休令ですから、なおさら「曲直格」となるという理となるのです。それでは滅茶苦茶の理となります。前の挙例で、印旺令であるのに、「従旺

格」とした大誤と全く同様な誤謬です。木旺生であるなら、「曲直格」の「真」なるものであります。

第一運癸卯は、寅卯卯辰の東方全以上で、方局斉来ではありません。方局斉来の大運はなく、流年支未にて方局斉来となるものです。第一運癸卯こそ、癸水傷丁どころではなく、癸丁尅去、さらに第二運壬寅、壬丁干合化木し、かつ寅寅卯辰の東方全以上となります。

任氏解命では、「干頭無反覆」とは原局の干のみを言うことにしておりますが、これは論理的におかしなことです。一たび運歳で方局を全くすることがあるなら、徐氏の言っていることからして、来るところの干が反した局を覆したりする忌があってはならない、と言っていることと理解すべきなのです。

東方を全くしても「曲直格」不成ということを、よく記憶しておいてください。土旺生であるなら、日干戊己土で、土重々とある四支土性支にして、官殺がなければ「稼穡格」とするものです。

成方干透一元神。生地庫地皆非福。〔輯要・闡微・徴義〕

《方を成して干に一元神が透るは、生地も庫地も皆福にあらず。》

成方干透一元神。生地庫地皆爲福。〔補註〕

原　注

寅卯辰全くして、日主甲乙は、成方と同一五行の神である一元神が透っていることになり、また、亥の生や未の庫に遇うのは、決して発福しないもので、ただ、火運がほぼ良好とはなるものです。

任氏増注

「成方干透一元神」とは、日主が方の氣と同一五行であることを言っているのです。例えば、木方なれば日主木、火方なれば日主火であることを元神透出としているのです。「生地庫地皆非福」とは身旺なるに、さらに再び助けるは宜しくない、とは言っても、必ずその氣勢を看るべきであって、一例で推すべきではありません。「成方干透一元神」の旺たるや大変なものです。もとより生地庫地に巡り方を助けるのは宜しくありません。もし、年月時干、財官を交えず、また劫印あるなら従強となりますので、生地庫地は発福し得ますし、純一の火運に逢うは、真の秀氣流行と言い、名利皆遂げるものです。年月時干、財官無氣である場合、再び生地庫地に巡り行くのは、ただ発福できないのみか、刑耗多端となるのです。これは常に命を推して、実証確かなことです。

〔61〕

		大運	
戊	**寅**		戊午
甲	**寅**	乙卯	己未
甲	**辰**	丙辰	庚申
丁	**卯**	丁巳	

これは、方を成し、天干に元神が透出して、四柱金水を雑えず、時干丁火に吐秀し、純粋なるものです。初中運火土、中郷に榜し、名区に出宰しましたが、惜しむらくは、木多火熾、丁火に洩らすに不足します。庚申運は、禍を免れない所以です。この造、生時丙寅でしたなら、もっと出世していたでしょう。たとえ庚申運でも丙火よく庚申に敵対することができ、大凶を致さないものです。

〔62〕

癸　卯　　大運
丙　辰　　7才乙卯　　37才壬子
甲　辰　　17才甲寅　　47才辛亥
丙　寅　　27才癸丑　　57才庚戌

この造は、財旺提綱、丙食生助、当に、財をもって用となすものです。丙火を喜とし、癸水を忌となすのです。身旺用財、遺業十余万ありましたが、初年水木運、一敗灰の如く、辛亥運に至って、火絶木生、水臨旺、凍餓して死亡しました。この命から観ても、成方成局を論じるものではなく、必ず財官の勢いを察し、もし財旺提綱であれば、財をもって用神となすか、あるいは官あって財の助けを得るなら、官をもって用神とすべきです。また、財が月支に通ぜずして、官が旺財の生がなければ、必ずその寡を捨ててその衆に従うべきであります。他もこれより類推してください。

徐氏補註

〔任氏増注を要約するのみです。〕

考玄解註

ここで言われていることは、東方一気、南方一気、西方一気、北方一気の方を全くして、同一五行が日干である場合で、「一行得気格」を成さない場合のことを言っているのです。つまり、「一行得気格」を成さない条件となるのは、

(1)　日干が月令を得ない場合

(2)　官殺を見る場合

いずれも普通格局として見なければならないので、印・比劫が忌となる訳ですから、運歳で「生地庫地皆非福」と言っているのです。東方全くするのは、たとえ金旺・木死令であっても、残る三干と一支しかないので、日干強となるからです。これは、よほど命理に通暁していない限り、一回目に本書を読まれる際には、任氏と徐氏の挙例を読まないようお断りしてあるので、読まれていない方もあると思いますが、挙例を読んでこられた方には、前例〔60〕の土旺生で「曲直格」を成さない場合のことを言っているのです。

さらに任氏増注中、〈財官〉があっては他の条件が揃っても、「一行得気格」を成さないように言っておりますが、大誤です。財があっても、官殺がなければ、「一行得気格」となるのです。

〔61〕

	大運	
戊寅		戊午
甲寅	乙卯	己未
甲辰	丙辰	庚申
丁卯	丁巳	

甲日寅月木旺に生まれ、戊甲剋去するものの、寅寅卯辰の東方全以上の「成方干透一元神」の「曲直格」の「真」なるものです。、用神甲、喜神水木火土、忌神金となるもので、大運は一路喜用運を巡り、第六運庚申、破格大凶となります。

任氏解命、〈惜しむらくは、木多火熾、丁火に洩らすに不足〉と言っておりますが、充分とか不足とかを『滴天髄』では一言も論じてはいないのです。火が喜であり、木が忌であって木多であれば、木多火熄、ということはありますが、木火が喜である以上、木多火熄、という理はありません。

任氏は、木多火熄と誤解して、〈不足〉と言っているのでしょう。火が不足しているので〈禍を免れない〉と言っているのですが、第六運庚申「曲直格」の破格によって凶禍生ずるのです。さらに〈生時丙寅でしたなら、もっと出世していたでしょう。………大凶を致さない〉とも言っておりますが、丙寅刻生ですと、「建禄格」となり、用神丙、喜神火土、忌神水木、閑神金となって、「曲直格」の水木火土を喜神とするものより劣ることになります。第一運乙卯木旺、寅寅寅卯辰の東方全以上の大忌にて、それこそ、木多火熄の大忌となり、第四運戊午に至っては、寅寅寅午の火局半会以上で日干無根となって、洩身太過の大忌となり、流年によっては死亡さえあるものです。木火炎上、「虎馬犬郷。甲來焚滅。」と『滴天髓』で言っていることさえ忘れています。これは「成方干頭一元神。生地庫地皆非福。」を理解するための例ではありません。

〔62〕

	大運	
癸卯		37才壬子
丙辰	7才乙卯	47才辛亥
甲辰	17才甲寅	
丙寅	27才癸丑	

一七八三年（乾隆四十八年）四月十四日はこの三柱で木旺であり、一七二三年（雍正元年）四月二十九日はこの三柱で土旺ですが、〈財旺提綱〉と言っておりますので、土旺の生まれ、清明は壬午日、立運は約7才となります。寅卯辰辰の東方全以上となる癸水透出する「印綬格」、用神丙、喜神火土、忌神水

木、閑神金となるのは二丙透出するからです。

第一運乙卯も第二運甲寅も木旺にして、東方全以上となり、癸水滋木し、木多火熄の大忌となります。さらに、第三運癸丑も、生木の大忌、第四運壬子も、水旺運にて、滅火して生木の大忌の大忌となるものです。

成局干透一官星。左邊右邊空碌碌。〔輯要・闡微・徴義・補註〕

《局を成して一官星が透るは、左邊右邊は空にして碌碌（ろくろく）たり。》

原　注

甲乙日亥卯未が全くするに、庚辛は木の官殺となります。また、左に辰を見、右に寅を見るのも、名利無成、詳しい例は自分で見てください。甲乙日が単に庚辛に遇うも、また無成です。

任氏増注

甲乙日主で亥卯未木局全くして、庚の七殺、辛の正官が出干するは、虚脱無氣で、他の干に土があっても、土も休囚していて、生金に難があり、須らく、地支に一申酉丑字があれば美となします。もし、申酉丑がなく、寅辰字があれば、木勢愈々盛んとなり、金勢は愈々衰えます。ゆえに、一生大したこともできず、平庸に終わるものです。しかし、歳運がその官殺を去らしめれば、発達することもできるのです。それにはまず原局に食傷を見、然る後官殺の根を去浄せしめれば、名利を遂げることができるのです。木局はかくの如くですが、他の局も同様に論じ得られます。

〔63〕
辛未　**大運**　丁亥
辛卯　庚寅　丙戌
乙未　己丑　乙酉
丁亥　戊子

これ、乙木帰垣（きえん）〔あるべきところ〕、亥卯未全く、木勢は旺じ盛んで、金氣虚脱、最も喜ぶのは丁火が時に透って制殺を用となすことです。ゆえに初運土金の郷、懸命に努力するも機会に恵まれませんでした。しかし、第四運丁亥、生木制殺、軍功を立て、県佐となり、第五運丙戌、丁の尅辛するを帮けて、県令に昇格しました。これは、所謂、「強衆敵寡」、勢い、その寡を去らすにあるもので、殺旺にあらざれば制するが宜し、とする意とは違うのです。酉運、殺は祿旺に逢い、木局を冲破して、死亡しました。

〔64〕
辛未　**大運**　丁亥
辛卯　庚寅　丙戌
乙未　己丑　乙酉
戊寅　戊子

これも、乙木帰垣、三合はしていませんが、寅時は亥の力量の数倍勝るものです。局中三土二金あって、財生殺旺に似る、と言うのは、卯が提綱にあって旺じるを知らぬ者の言うことです。支中皆木の根旺じ、金の生地でありません。初運土金の運、家業豊かでしたが、一たび丁亥運に交わるや、制殺会局、刑妻尅子、破耗異常で、事件を起こし、憂鬱となって死亡しました。

〔65〕

庚寅　**大運**
己卯　庚辰　癸未
乙亥　辛巳　甲申
癸未　壬午　乙酉

この造は、正に原文の「成局干透官星」に合致します。左右皆空にして、四柱一つも情を致すところがありません。用財は財は劫局に会し、用官臨絶、用神の落着するところなく、意志は強固ならず、氣移り多くして、家業を破耗させました。学問するも身につかず、医学を学ぶもついて行けず、地理学を学ぶも、自らは仲景〔漢方の医聖〕の再來と称しても、ついに人は信ぜず、また、巫、易、命、学ぶところ多きも、深奥に達せられず、一つに落ち着くことなく、財を散じ、人また離れ、削髪して僧となりました。

徐氏補註

右辺左辺とは、方も局も皆四正を中心とし、例えば東方の場合、卯を中心とし、寅と辰を左右とし、木局も卯を中心とし、亥と未を左右とすることを言います。

〔66〕

己亥　**大運**
丁卯　17才乙丑　47才壬戌
乙未　27才甲子
己卯　37才癸亥

乙木日元で、亥卯未成局して、木の元神透出、さらに透丁するを喜び、引いて生己土、木火土一順相生するものです。これ干頭反覆なきものです。比劫運に行きましても、争財を致さず、生地庫地、木神太旺、丁火あって木を洩らし、秀氣流動して、誠に得天独厚、宜しく、前途は量り知れません。

これは名法律家、呉經熊の命造であります。

〔67〕辛亥　大運
庚寅　11才戊子
乙未　21才丁亥
己卯　31才丙戌

乙日寅月生にて、支は亥卯未成局し、方局斉来。形象は既に成り、干には庚辛透出しております。これ反覆をなし、やむを得ず、亥中の壬水をもって庚辛を引化するを用となすものです。運程ただ印綬・化殺の地を行くを可とし、生地庫地、皆非福です。これは、明の崇禎皇帝の造です。子運戊辰年に即位、丙運甲申年殉国し、在位十七年でした。

前述の如く、独象は化地に行くを喜び、化神昌んなるを要す、とあり、成方・成局は皆独象です。食神、印綬は引化の神で、干頭の反覆の有無によって、格局の高低を論じ、行運の休咎を論ずるものではないのです。然るに格局、配置適宜であれば、行運左右の源に逢い、配置が当を失するは、行運到るところ荊棘の道であります。運を論じるのではないが、運程の休咎はまた見るべきで、本篇は運をも兼ねて言っているのです。

考玄解註

前の句の「成方干透一元神」とある、方を局としましても同理であれば、この句の「成局干透一官星」とある、局を方と換えても全く同理です。ですから、この両句を併せて、

〝日干が月令を得て、その方もしくは局を全くしても、官殺が天干に透出しますと、「一行得気格」にはなら

ないし、月令を得ずして方または局を成しても、「一行得気格」にならないこととなる。ゆえに「一行得気格」を成さないなら、印・比劫は忌となるものである。〟

と言っていると理解すればよいのです。ですから、「生地庫地皆非福」とあることも、また「左邊右邊空碌碌」とあることも文字に拘らず、喜忌のことと解してよいことになるのです。文字通り逐条的にのみ解すことは、『滴天髄』の真義が理解できていないことになるのです。

〔63〕

		大運		
辛	**未**		丁亥	
辛	**卯**	庚寅	丙戌	
乙	**未**	己丑	乙酉	
丁	**亥**	戊子		

乙日卯月木旺に生まれ、全支亥卯未未の木局全以上となるものの、年月干二辛透出しているので、「曲直格」不成の「月劫格」か「建禄格」となるものです。用神は無力でやむなくの丁、喜神火土金、忌神水木となります。これは木旺・金囚で、木多金缺の様相ですが、かといって「仮の曲直格」とできないのは、辛尅乙となっているからです。


第一運庚寅、一庚では制木の「病」に対する「薬」として不及で、金の忌象さえ生じ得るのです。

第二運己丑、湿土生辛しても、辛金の干の特性として、「薬」不及。

第三運戊子、水旺生木、湿土生辛はしても、干の特性から制木の「薬」不及。

第四運丁亥、亥亥卯未未の木局全以上となり、丁火尅辛の大忌の傾向性。

このような命にして〈県令〉となり得るものではないのです。

任氏は、〈最も喜ぶのは丁火が時に透って制殺を用となす〉と言っておりますが、用神の真神は干の特性として庚金で、「薬」となるものが欲しいところです。しかし命中にありませんので、やむなくの用神丁なのです。〈丁亥運、生木制殺〉とありますが、生木などせず、亥亥卯未未木局全以上となり、「左邊右邊空碌碌」となる「右邊」です。「空碌碌」、つまり、大忌の運であるのに、〈県佐となり〉とは、『滴天髓』の原文が誤りであると言っていることになるのです。

第五運丙戌は、戊卯合にて全支個有の支となり、丙火二辛を制するも、亥中壬水あって戊土湿生辛ともなり、「始終」は木火土金水木となって、喜が相当強化される喜の傾向性ある運となるのです。〈所謂、「强衆敵寡」、勢い、その寡を去らすにある〉と言っていることの真意は、仮従となる場合のことです。日干月令を得て強となる「月劫格」や「建禄格」のことではないのです。どんな場合でも、「强衆敵寡」、寡を去らすがよし、ということではないのです。とんでもない大誤です。

〔64〕

		大運	
辛	**未**		丁亥
辛	**卯**	庚寅	丙戌
乙	**未**	己丑	乙酉
戊	**寅**	戊子	

乙日卯月木旺に生まれ、卯未未木局半会以上となる「月劫格」か「建禄格」です。これは、〝旺強なるもの洩らすがよろし〟の寅中丙を用神とし、喜神火土金、忌神水木となるものです。

第一運庚寅、戊土生庚するので、「薬」となり喜の傾向性。

第二運己丑、己土は制丑中癸水するとともに、生二辛する喜の傾向性。

第三運戊子、戊土制子水、湿土生二辛、やや喜の傾向性。

第四運丁亥、丁辛剋は、喜神同士の剋となり、亥は水旺運にて生木する忌の傾向性。

第五運丙戌、戌卯合にて木局半会以上は解会し、全支個有の支となります。

任氏解命によりますと、〈一たび丁亥運に交わるや、制殺会局、刑妻剋子、………死亡しました。〉と言っておりますが、丁亥水旺運、亥寅合、亥卯未未木局全以上の情不専であり、用神丙で、たとえ丁火剋辛となっても、丁火は寅中丙火の根あり、また亥中甲あって生丁し、丁火は生戊して寅中丙用神不傷ですので、任氏が言っているようなことは発生しないものです。しかしながらこの丁亥運中に、甲辰年がありますと、甲戊剋去、亥卯未未、寅卯辰の方局斉来し、用神丙を失い急死することはあります。

〔65〕

		大運	
庚	**寅**		癸未
己	**卯**	庚辰	甲申
乙	**亥**	辛巳	乙酉
癸	**未**	壬午	

乙日卯月木旺に生まれ、亥卯未木局全くするも、年干庚金あるため、「曲直格」不成の「月劫格」か「建禄格」となります。用神は去ることのない己土、喜神火土金、忌神水木、となるものです。

第一運庚辰、方局斉来ですが、二庚が「薬」となり、喜の傾向性。

第二運辛巳、巳亥冲して木局不成、火土金と流通の喜の傾向性。

第三運壬午、忌の壬水が喜の火旺の午火を制し、去とはならないものの、喜少の傾向性。

第四運癸未、亥卯未未の木局全以上となるが、忌の癸水大運干にあって庚金より生癸され、滋木培木する大忌の傾向性ある運となります。

任氏解命の誤りは次の通りです。

(1)〈用神の落着するところなく〉は、去ることのない卑湿の己土あって、「薬」の庚を生金する。

(2)〈意志は強固ならず〉は、亥の性情、寅の性情、「病」に対する有力な「薬」あって、大運庚辰・辛巳と喜の傾向性ある運が続きます。

(3) それ以降の喜忌によれば、言われているような事象はあり得ません。

(4) このような嘘の事象、いかなる大運期なのかを示していない。

(5) もし任氏が言っていることが事実であるなら、木局不成の生時でなければならないのです。

例えば、生時庚辰刻生であれば、次のような解命となります。

〔65〕′

庚　寅
己　卯
乙　亥
庚　辰

乙日卯月木旺生の「月劫格」か「建禄格」です。天干乙己尅、乙庚合の情不専にて、日干乙木は時干庚金から尅され、また月干己土を尅さなければならず、さらに月干己土から生助された年干庚金が寅卯木を尅することとなります。日干月令を得て、寅卯辰の東方全くして、亥水に座して印生身とはなるものの、日干乙はやや弱となります。用神は、化官生身する滋木培木の癸水と取りたいものの、命中になく、やむなく壬と取り、喜神水木、忌神火土金となります。大運は南方火旺、西方金旺の一路忌神運を巡るという生時です。

〔66〕

		大運	
己	亥	7才丙寅	37才癸亥
丁	卯	17才乙丑	47才壬戌
乙	未	27才甲子	57才辛酉
己	卯		

乙日卯月木旺に生まれ、全支亥卯卯未の木局全以上を成す「真の曲直格」です。用神は甲、喜神水木火土、忌神金となります。第五運壬戌までは一路喜の傾向性ある大運を巡るものの、第六運辛酉、「衰神冲旺旺神發」となって忌の破格となります。

徐氏解命の誤りは、次の通りです。

(1) 原文の「成方干透一官星」の例ではなく、この前の原文の例です。

(2) 「曲直格」は、専旺の神、甲をもって用神とするのが定理です。水木火土を喜神とするもので、単純に丁のみを喜ぶものでも、また、丁火生己土を喜とするものでもありません。

(3) 金旺の辛酉運、破格となる大忌の大忌を言わず、つまり、「衰神冲旺旺神發」を忘れているのです。いや、その真義を理解していなかったのでしょうか。

〔67〕

		大運	
辛	亥	1才己丑	31才丙戌
庚	寅	11才戊子	
乙	未	21才丁亥	
己	卯		

これは明の崇禎（思宗）の命で、生年の辛亥年は一六一一年となり、『日本暦日原典』では立春節入は二月七日の丙申日、六日乙未日はその前日となり、挙例の四柱八字はあり得ないことになります。ですから、立運年数の計算も、解命もしようがな

いのですが、仮にこの八字があり得るものとして、解命することにします。

乙日寅月木旺に生まれ、庚乙合、乙己尅の情不専、日干乙木ゆえ亥寅合去せず、個有の支、未卯木局半会する「月劫格」です。月干庚金は、亥中壬水に洩らし、寅中甲木と日支未中二乙の病に対する薬となります。さらに寅中余気の戊土も亥中余気の戊土も湿土となって、天干の庚辛金を生じ、強化された月干庚金が日干乙木を攻身するのに充分です。日干乙は木旺の寅と木局半会の旺強の木に通根するものの、庚金の攻身と己土の財にも任じなければならないので、かろうじて日干強となる程度です。用神は寅中の丙、喜神は火土金、忌神水木となります。

第一運己丑、丑未冲にて木局半会を解会、己土が湿土生金して、やや喜の傾向性ある運。

第二運戊子、水旺の子運を戊土で制するように見えるものの、湿土となった戊土が生庚辛金し、水源となるので忌の傾向性ある運。

第三運丁亥、丁辛尅去し、亥亥寅は個有の支、庚金の「薬」不及、忌の傾向性ある運。

第四運丙戌、丙火尅金し、戌卯合にて未卯木局半会は解会、未も戌も燥土となって不能生金、やや喜の傾向性ある運。

徐氏が〈方局斉來〉と言っているのは誤りでもあれば、原局で〈反覆〉と言っていることも正しいとは言えません。また、〈獨象は化地に行くを喜び、化神昌んなるを要す〉は『滴天髓』で言われていることで、「格局論」のところで触れますが、その意味するところはやや違う点があります。

以上で、冲尅合方局が運歳をも含めて、おおよそ理解されたことになりますので、用喜忌を分別するためには、日干、その他の四柱八字中での強弱を知るための方法論を知らなければならないのです。そのためには、蔵干理論が厳然たる理論として理解・納得されなければならないのです。これが、

「月令乃提綱之府。譬之宅也。人元爲用事之神。宅之定向地。不可以不卜。」
「生時歸宿之地。譬之墓也。人元爲用事之神。墓之穴方也。不可以不辨。」

とあることの中で、年月時支となるところの支中蔵干の理論を知らなければならないことを言っているのです。これを単に月時支のみと解することは、『滴天髓』の真義を理解していないことになります。月時支を言いながら、年日支をも含めて言っているのですから、これを二句に分断して、文字のみを逐条的に追って解釈するのみに止まってはならないのです。

しかし『闡微』も『徵義』も分けて注がされておりますので、本書でも一応はそれに従うことにしますが、実は本質的に分けるべきでもないし、単に月時支のみではなく、年日支をも包括されていることを十二分に理解しなければなりません。

〈月令・中和論〉

月令乃提綱之府。譬之宅也。人元爲用事之神。宅之定向也。不可以不卜。〔闡微・徵義〕

《月令はすなわち提綱の府なり。これを譬(たと)えるに宅なり。人元用事の神をなし、宅の向きを定めるなり。もってトさざるべからず。》

月令提綱。譬之宅也。人元用事之神。宅之向也。不可以不卜。〔輯要〕

月令提綱之府。譬之宅也。人元用事之神。宅之定向也。不可以不卜。〔補註〕

原　注

令星は三命の至要なるものであります。氣象の令を得るものは吉でありますし、喜神令を得るものは吉でありますから、令を疎かにしてはなりません。月令はちょうど人が住む家のようなものであります。支中の三元は、その家から道路に出て行く方向を定めるようなものでして(「定宅中之向道」―原文)、よくよくその良し悪しを判断しなければなりません。例えば、寅月に生まれた人でも、立春後の七日間の生まれならば、皆戊土用事ですし、八日から十四日までの間の生まれは、丙火用事ですし、十五日以後は、甲木用事で、これを知ってこそ、格を取ることもできるのですし、用〔用神―考玄註〕を取ることもできるのです。

任氏増注

月令は四柱八字の命造の中で、一番重要なものであります。氣象・格局・用神は皆提綱の司令に属するものです。天干にまた引助の神がありますと譬えて言うに広大な家屋敷が揺るぎない姿であるのと同じ様、と言えるのであります。人元用事とは、その月その日の司令の神であります。宅中の向道の如きもので、よくよく判別しなければならないのです。『地理元機』という書に、

《宇宙には大関会があり、氣運を主となします。山川に真の性情があり、氣勢を先となします。天の氣が上において動けば、人元これに応じ、地勢が下において動けば、天の氣これに従う所以であります。》

と、このように人元司令、格を助け、用を輔けるの首領ではあるとはいえ、天地相応を要するを妙となすものであります。ですから地支人元を知って、必ず天干引助を得るべく、天干用をなすに、必ず地支司令を要するものなのです。総じて言いますと、人元は必ず司令すべく、司令しておりましたなら、吉を引いて凶を制すことができるものです。司令は必ず出現すべきでありまして、司令出現しておりましたなら、よく格を助け用を輔くることができます。寅月の戊土、巳月の庚金の如きは、司令出現しておりませんでしたなら、置いて、論ずべきではありません。例えば、寅月生まれの人で、戊土が司令するは、甲木不及の時といえど、戊土司令して天干に火土が透らず、水木が透っているようであれば、「地衰門旺」と言い、天干に水木が透らず、火土が透っているようであれば、「門旺地衰」と言い、皆吉凶参半するものです。丙火司令する如きは、四柱無水、寒木は火を得て繁華、相〔相令の意〕の火が木を得て生助されるは、「門地両旺」と言いまして、福力は非常なものであります。戊土司令して、木透干し、支に水を蔵しているような場合は、「門地同衰」と言いまして、禍を生

じること測れざるものがあります。他の月も同様に論ずることができます。

〔68〕
甲　戌　**大運**　庚午
丙　寅　丁卯　辛未
戊　寅　戊辰　壬申
丙　辰　己巳

戊寅が日元で、立春後十五日目に生まれていますので、正に甲木司令に当たっており、地支兩寅は、辰戌の土を緊尅し、天干の甲木は日干戊土を制して、殺旺身弱に似て、日元の氣を洩らす金がないことを喜とするのです。さらによいことには無水で、丙火の印は壊されることなく、もっとも羨ましいことには、丙火透って貼身し、化殺生身していることです。ですから官吏試験に合格し青綬〔官職を示し、青色の組紐〕を懸け、副官を従える黄堂〔宮廷の太守、地方長官〕となり、名利双収となったのです。

〔69〕
甲　戌　**大運**　庚午
丙　寅　丁卯　辛未
戊　辰　戊辰　壬申
庚　申　己巳

戊辰が日元で、立春後六日目に生まれていますので、正に戊土司令、月干丙火透り、生化有情、日支は辰に坐し、通根し身旺、また食神が制殺しております。俗論で前造と比較しますと本造のほうが勝っている、とするのですが、そうした俗論は、嫩木寒土は皆火を喜ぶ、ということを知らないからそのように論じるのです。まして殺は既に化しているのですから、再び殺を制するのは宜しくありません。嫌うところのものは、申時、ただに日主の洩氣であるのみならず、かつ丙火臨絶、学問も遂げ難く、一生起倒あって安らかではなく、半世の刑喪を免れません。

徐氏補註

命造中の体用精神は、何に従ってこれを決めるかと言いますと、月令生時に従って決めるものであります。看命の方法は、年を本とし、日を主となし、月令生時は、経るところの路であり、到達するところの地であります。ですから、月令を名付けて提綱というのです。綱とは、綱領であります。配合を四柱に統看するとはいえ、日主の用神の旺衰、当令するや否やに係っているのです。その最初の目の着け所、解明の糸口は月時にあるのです。月は年の序であり、時は日の序であります。人元用事の神とは、支中所蔵の神であります。天干にそれが透出するとか、あるいは支神が会局するとかするのは、全局の原動力をなすもので、宅墓の向きを定めるのと同様であります。その他の干支、等しくその趣向をよく見極めて良し悪しを定めなければなりません。ですから、もって弁ぜざるべからず、といっているのです。人元用事分野は、相伝されること甚だ古く、いつの時代から始まったのか明らかではありません。各書にその日数が記載はされていますが、必ずしも各書同一とは言えず、多少異なっています。(恐らくは、京房易に始まり、卦氣に従って推算して出されたものでしょうが、その根拠は分かりませんので、敢えて妄測は致しません)。一年三百六十日とし、五行各旺ずるを七十二日に配分し、次の如くです。

丙火長生、戊は火に寄せて長生。すなわち、丙火生時であり、戊土も生時であります。土は四隅に寄せ、既に四季月専旺しているもので、寅申巳亥は寄生寄旺の地です。ですから、金水木火の領域に再び分占せず、同生同旺として論ずるのです。

寅月
丙戊共十二日。
甲木十八日。

卯月
甲木六日。
乙木二十四日。

辰月
乙木九日。 癸水三日。
戊土十八日。

巳月
庚金十二日。
丙戊共十八日。

午月
丙火六日。
丁己共二十四日。

未月
丁火九日。 乙木三日。
己土十八日。

申月
壬水十二日。 戊土共生。氣歛で用は弱。
庚金十八日。

酉月
庚金六日。
辛金二十四日。

戌月
辛金九日。 丁火三日。
戊土十八日。

亥月
甲木十二日。
壬水十八日。 戊土同旺。氣寒で用は蔵。

子月
壬水六日。
癸水二十四日。

丑月
癸水九日。 辛金三日。
己土十八日。

大体以上のような分配です。命理の用、必ずしもかくの如くではありません。要は五行天地の間を流行するに間断なきことを知ることで、特に氣に生旺休囚の分かれがあり、用に進退行蔵の別があるもので、前表はその大概なところを挙げたに過ぎないのです。例えば、寅月の如く、三陽開泰し、陽氣発動していますので、丙戊均しくまさに長生となす用の氣とすべきであります。これだけのことで、某日某時は丙火司令、某日某時は戊土司令、ということに拘ることは、丙があれば戊がないことになり、戊があれば丙がないことになり、絶対この理は通用しません。さらに一刻の中に、初刻は何神が用事、二刻三刻は何神が用事とすることは、とても不可能なことであります。ただ節氣交脱の際のみには、あるいは上下兩時の間、司令の神重きをなします。けだし、氣候逐漸転移するものであるからです。原來の支辰の所蔵人元に拘るべきではありません。次のような例です。

〔70〕

壬	**子**	**大運**	
癸	**卯**		甲辰
辛	**亥**		
甲	**午**		

民国元年二月十八日午時の生まれで、この日午初三刻十二分、清明節に交わります。上半時生なら、二月節とし、下半時生なら甲辰月とします。しかし二月三月を論ぜず、乙木司令となることは一です。氣候は遂漸転移するもので、突然改変する理はありません。清明後十日内は乙木乗令しており、月垣所蔵の何物があるかに拘るべきではありません。この造は、金水木順序相生をもって用とし、三神が象を成すのです。

〔71〕

		大運	
癸	**巳**	10才乙卯	40才壬子
丙	**辰**	20才甲寅	
壬	**寅**	30才癸丑	
丙	**午**		

光緒十九年三月二十日午時生で、この日、申刻が立夏交節ですから、午時は三月となります。月垣辰宮は水庫、必ず財旺身弱となすべきでして、癸水幇身を用とします。時まさに立夏であり、土が旺じていることを知るべきです。火氣巳に進み、墓庫溝渠の水、余光返照の氣、火土乾燥するも、「従財格」とは取れないし、癸水の他に用神を取ることできません。年に癸水を見るのに、幼少期に両親を失い、叔父の家で養育され、叔父の家は富貴有余の家で、そのお蔭で、乙卯・甲寅運、楽しく生活し、学校も卒業して、教育界に服務し、その地位も大変清高でしたが、その環境に心満たされず、常に野心満々でした。そして一たび癸運に交わるや家を捨て、外国に行き、十余年流離顛沛、その終わるところ知らず、となりました。この造、辰宮水庫に拘って、節氣進退に従って推命しなければ、必ず、財旺身弱となし、癸丑運の後は、順風に乗って大富翁となると推すこととなるのです。

考玄解註

前にお断りをし、注意すべきこととして述べましたように、「月令乃提綱之府」「生時乃歸宿之地」について私が述べていることの中に、年柱日柱をも含めての十二支の蔵干について、その秩序整然たる蔵干理論を熟知しなければならないと言っているところです。特に月支は旺令であること、この月支の月律分野の理が、格局を定め、四柱八字中で、日干その他の五行の強弱の有り様を分別できる重要な拠り所となって、用神、喜神、忌神を定め、大運を知り、調候の何が必要であるかをも知り得る、ということを強調したのです。

任氏は多くの挙例を挙げておりますが、命理学の初歩的箇所であり、最重要なる蔵干の理を秩序立てて整然と述べるべきであったのですが、その理論は全くなく、基本となる蔵干を曖昧にしたまま命理を展開しているのは、基礎がないところに建造物を構築するようなものです。

徐樂吾氏も同様でありましたし、今までこの「蔵干理論」を完成させた書も人もいなかったのです。科学としての命理学である以上、「欲識三元萬法宗」とある「天地人」の三元中の、人元の理、すなわち「人元用事之神」が整然と理論付けられなければならないのです。

天文学上、一回帰年は三百六十五日五時間四十八分四十六秒ですから、この端数となるものを一応度外視して、一年三百六十日として計算すればよいのです。つまり、各五行の旺令となる日数は均等でなければならないのです。つまり、360 日÷5＝72日となります。

古来より、四立十八天前を土旺とされてきたことも、土旺は、立春、立夏、立秋、立冬の四立があるのですから、18 日×4＝72日

となって五行均等であるべき、72日間となっているのです。

これを、次図の辰月・未月・戌月・丑月としますと、辰月の前、寅月卯月はそれぞれ30日ですから、

30 日×2ヶ月＋12日＝72日

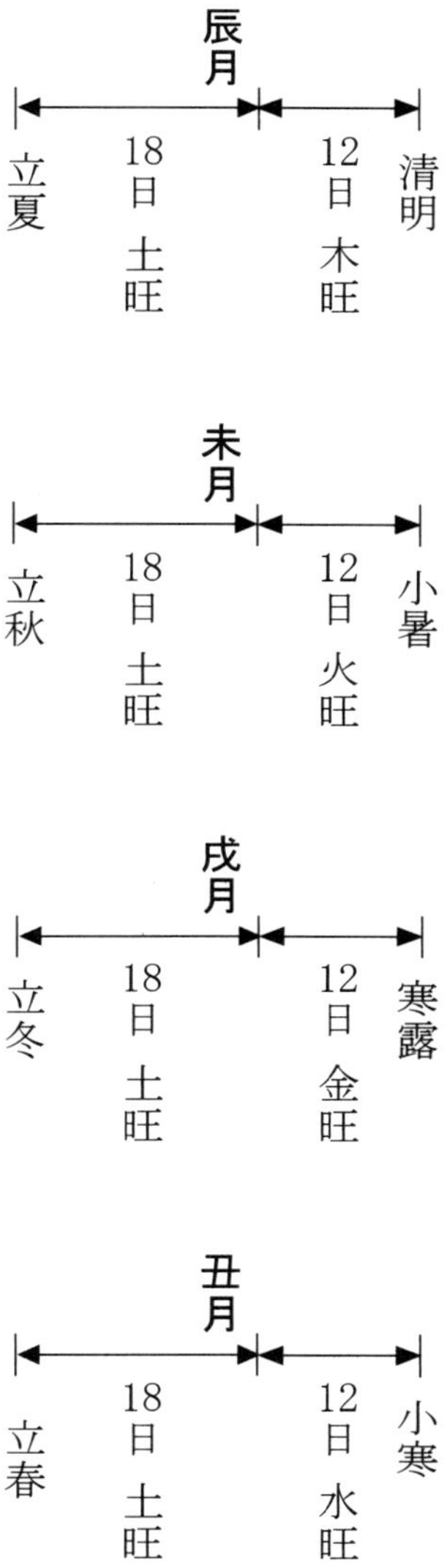

辰月

立夏	18日 土旺	12日 木旺	清明

未月

立秋	18日 土旺	12日 火旺	小暑

戌月

立冬	18日 土旺	12日 金旺	寒露

丑月

立春	18日 土旺	12日 水旺	小寒

となるので、木旺は72日間旺じることになり、同様に、火旺も巳・午月、金旺も申・酉月、水旺も亥・子月、各々30日間ですので、それぞれ72日間旺じ、各五行均等となるのです。

　木旺ですから、甲乙木の陰陽が均等でなければならない、ということ。さらに、寅月は寅午戌の火局を成すものですから、蔵火されなければならないし、一方、戌月も蔵火されなければならない。この寅中の火も、戌中の火も陰陽の火であって、これもほぼ均等であるべきです。時間の経過というものは、常に維持しているものですから、立春・立夏・立秋・立冬の節入後は前月本気の土が引き続いているべきである。辰は水庫ですので蔵干水がなければならず、未月は木庫ですから、蔵木されなければならない、戌は火庫ですから、蔵火されなければならない、丑月は金庫ですから、蔵金されなければならない、生旺墓絶よりして、亥・寅・巳・申の長生する蔵干は陽干であるべきであり、辰・未・戌・丑中の水木火金は陰干であるべき、ということからして、

月支蔵干分野表

月支	寅月			卯月		辰月			巳月			午月		未月		
気	余気	中気	本気	余気	本気	余気	中気	本気	余気	中気	本気	余気	本気	余気	中気	本気
蔵干分野	戊土	丙火	甲木	甲木	乙木	乙木	癸水	戊土	戊土	庚金	丙火	丙火	丁火	丁火	乙木	己土
旺令・日数	木旺・30日			木旺・30日		木旺・12日		土旺・18日	火旺・30日			火旺・30日		火旺・12日		土旺・18日
合計日数（旺）	72日（木）							18日（土）	72日（火）							18日（土）

<table>
<tr><th colspan="3">丑月</th><th colspan="2">子月</th><th colspan="3">亥月</th><th colspan="3">戌月</th><th colspan="2">酉月</th><th colspan="4">申月</th></tr>
<tr><td>本気</td><td>中気</td><td>余気</td><td>本気</td><td>余気</td><td>本気</td><td>中気</td><td>余気</td><td>本気</td><td>中気</td><td>余気</td><td>本気</td><td>余気</td><td>本気</td><td>中気</td><td colspan="2">余気</td></tr>
<tr><td>己土</td><td>辛金</td><td>癸水</td><td>癸水</td><td>壬水</td><td>壬水</td><td>甲木</td><td>戊土</td><td>戊土</td><td>丁火</td><td>辛金</td><td>辛金</td><td>庚金</td><td>庚金</td><td>壬水</td><td>戊土</td><td>己土</td></tr>
<tr><td>土旺・18日</td><td colspan="2">水旺・12日</td><td colspan="2">水旺・30日</td><td colspan="3">水旺・30日</td><td>土旺・18日</td><td colspan="2">金旺・12日</td><td colspan="2">金旺・30日</td><td colspan="4">金旺・30日</td></tr>
<tr><td>18日（土）</td><td colspan="7">72日（水）</td><td>18日（土）</td><td colspan="8">72日（金）</td></tr>
</table>

となって、各月の本気の干はすべて必ず翌月の余気の干へと引き続いて、中断されることはなく、各五行はそれぞれ72日間旺じて均等になるのです。

この日数をどう解きほぐしていけばよいかと言いますと、木を例に採りますと、木を蔵する支は、寅、卯、辰の他に亥、未があり、この五支の木の分野日数の総計が七十二日とならなければならないのです。木旺であり、木のみ蔵する卯月の三十日間は絶対的なものですから、残りの四十二日が、寅、辰、亥、未中に占められるように考えなければならないのです。

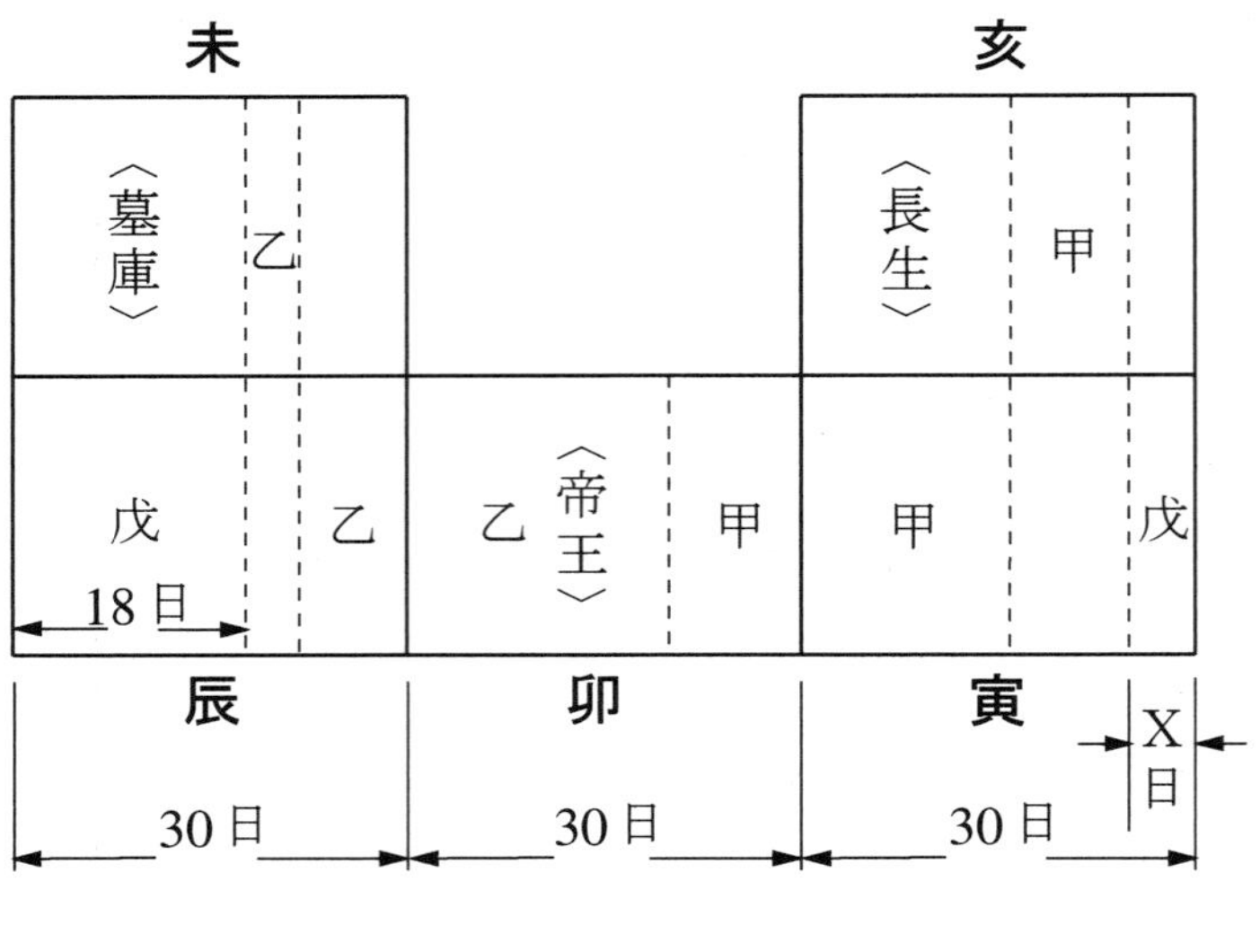

その前に、ここで分野日数の補正をしなければならない点があるのです。と言うのは、土が旺じた後、翌月に必ず土の余気が続きますので、土以外は、土の余気の日数分だけ一行が一年に占める日数が少なくなります。ですから、その余気の日数をXとしますと、その占める日数は、72日－X日となります。以上を木を例に図示しますと、上図のようになります。また、局を成す場合、長生と帝旺の半会のほうが帝旺と墓の半会より強くなるべきですから、

○墓の支の中気の日数は、長生の支の中気の日数より少なくなければならない。

と言えますし、中気、余気の意味するところからして、
○長生の中気の日数と、墓の余気の日数はほとんど同じでなければならない。
○長生の中気の日数は、長生の余気の土の日数Xより多くなくてはならない。
○長生の余気の土の日数Xは、墓の中気の日数よりやや多くなくてはならない。
○長生の余気に土が来るため、土の分野日数が多くなることが、五行均等にならない原因となっているので、
　余気の土の日数Xは少なく抑える必要がある。

といった点があり、古来より伝承されている分野日数を勘案しつつ、以上のことから、相互の関係を究めて行きますと、次のような結論に到達するのです。つまり、
○長生の支の、余気は5日、中気は9日、本気は16日。
○墓庫の支の、余気は9日、中気は3日、本気は18日。

となります。子、午、卯、酉の旺支の分野日数を、大約、余気を十日、本気を二十日としますと、前頁図のように甲木の分野日数は、卯中余気甲、寅中本気甲、亥中中気甲を加えて三十五日、乙の分野日数は、卯中本気乙、辰中余気乙、未中中気乙を加えて三十二日となります。

ただ寅月は三陽開泰である陽ですから、丑月の陰の己土ではない陽の戊土とすべきであり、申月は陰陽交替の月でもあるので、陰陽の己戊土が余気となるのです。

　以上は一年を三百六十日間としたものですから、天文学上の一回帰年との差を五行に均等に配すればよいことになります。

　以上により、蔵干分野を太陽暦によって示しますと、次頁のようになります。

月	余気	中気	本気
寅	戊　5日間	丙　9日間	甲　14または15日間
卯	甲　10日間	—	乙　21日間
辰	乙　9日間	癸　3日間（不足）	戊　18日間
巳	戊　5日間	庚　9日間	丙　17日間
午	丙　10日間	—	丁　21日間
未	丁　9日間	乙　3日間余	己　18日間6時間
申	己3日間　戊2日間	壬　9日間	庚　17日間
酉	庚　10日間	—	辛　20日間
戌	辛　9日間	丁　3日間余	戊　18日6時間
亥	戊　5日間	甲　9日間	壬　16日間
子	壬　10日間	—	癸　21日間
丑	癸　9日間	辛　3日間余	己　18日6時間

つまり、既往の命書や命家に言われてきた、午中の己土は理論的にはあり得ないことになります。このことは冲の理論よりしても、矛盾するものではありません。

以上は「蔵干理論」を最も簡単に要約したものです。これは偶然ではありますが、『星平會海』中の表と近似しております。

支中所藏五行定局之圖

<table>
<tr><th colspan="4">支中所藏五行定局之圖</th></tr>
<tr><td>仲呂四月
庚金九日三分。
巳
戊土五日一分七。
丙火十六日五分三。</td><td>蕤賓五月
丙火十日三分三。
午
己土九日三分。
丁火十一日三分三。</td><td>林鍾六月
丁火九日三分。
未
乙木三日一分。
己土十八日六分。</td><td>夷則七月
巳上七日二分三。
申
戊土三日一分。
壬水三日一分。
庚金十七日五分七。</td></tr>
<tr><td>姑洗三月
乙木九日三分。
辰
癸水三日一分。
戊土十八日六分。</td><td colspan="2" rowspan="2">天地
造化</td><td>南呂八月
庚金十日三分三。
酉
丁己長生。
辛金二十日六分七。</td></tr>
<tr><td>夾鍾二月
甲木十日三分三。
卯
癸水長生。
乙木二十日六分七。</td><td>無射九月
辛金九日三分。
戌
丁火三日一分。
戊土十八日六分。</td></tr>
<tr><td>太簇正月
戊土七日二分三。
寅
丙火七日二分三。
甲木十六日五分四。</td><td>太呂十二月
癸水九日三分。
丑
辛金三日一分。
己土十八日六分。</td><td>黄鍾十一月
壬水十日三分三。
子
辛金長生。
癸水二十日六分七。</td><td>應鍾十月
戊土七日二分三。
亥
甲木五日一分七。
壬水十八日六分。</td></tr>
</table>

出典：『星平會海』

前頁図中、大簇、夾鐘、姑洗等とあるのは、古時の月称です。この分野図が残存するものの中では一番古いものと思われます。この図から、あるいはこの図を転記した人の筆写の誤り、筆写した人の意図的改ざん等によって転々と変わり一定するところがなくなったのは、理論の伝承がなく、表のみの伝承であったためです。

表中三分とか一分七とかの分数が示されているのは一ケ月30日間で占める分数であるのを、優れた命家である陳素庵氏は一日二十四時間の分数と誤解し、一年三百六十日が三百六十五日以上となるので、蔵干にこだわる必要なし、と言ったことからますます紛糾して一定することがなくなったのです。右表中、午中に己土がありますが、これは生旺墓絶を土を火に寄せたことから生じた結果です。火＝土ではないのですから、土には生旺墓絶なし、とする理でもあるので、午中己土あっては不合理極まりなし、ということになるのです。

この蔵干分野ということは、生まれた月の日の数に該当するのですから、按分すれば、何日に生まれたならどの分野に属するかが分かることになり、さらに年支の分野も、日支の分野も時支の分野も、月律蔵干を基準にして按分すればよいことになるのです。

この、月律分野の該当分野によって後述する格局選定の拠り所となるのです。さらに年月日時支の蔵干該当分野を知ることによって、日干をも含めての五行の強弱の単純力量数値を算出できることにもなるのです。

それはあくまで仮設数値であって質が無視されており、この質は十干の特性によるものですから、十干の特性を軽視したり、無視したりしての、〃エネルギー質量〃の仮数は設定できないことになるのです。ですから、『滴天髄』では、「基礎理論」の一番初めに、十干が論じられているのです。

五行は、木火土金水、火土金水木と循環してやまない循環律があるもので、「旺」という思考も、木が旺じたなら、次に火が旺じ、次いで土が旺じ、土が旺じた後に次に金が旺じ、その後は水が旺じ、水旺じたなら次は木が旺ずるという不変の循環律があるのですから、これを、

旺 ↓ 相 ↓ 死 ↓ 囚 ↓ 休

という五つの段階を仮に設定しますと、五行の循環律と合致することになるのです。

つまり、次の表のようになるのです。

五行＼四季	春	夏	秋	冬	土旺
木	旺	休	死	相	囚
火	相	旺	囚	死	休
土	死	相	休	囚	旺
金	囚	死	旺	休	相
水	休	囚	相	旺	死

令＼四季	春	夏	秋	冬	土旺
旺	木	火	金	水	土
相	火	土	水	木	金
死	土	金	木	火	水
囚	金	水	火	土	木
休	水	木	土	金	火

この旺相死囚休に、仮数を配し、**旺5、相4、死1、囚2、休3**

とする1から5までの数も五行と一致することになります。

天干を1としますと、地支は、人元と地元ですから、2ということになり、地支の2を、

余気⅓、中気⅓、本気1⅓、合計2

となることを基準として、その該当分野により、

余気分野に該当する年月日時支蔵干を1とすれば、中気は⅓、本気は⅔、合計2

中気分野に該当すれば、余気⅓、中気1、本気⅔、合計2

本気分野に該当すれば、余気⅓、中気⅓、本気1⅓、合計2

となって、旺相死囚休の仮数を乗ずれば、五行の単純仮数測定値がぞれぞれ合計されるのです。もちろん、冲剋合局方の定義よって、原局の生命エネルギー数値を算出するのです。しかし、これは八字中バラバラになっているものを五行のそれぞれに一まとめにしたものですから、四柱八字の組織構造の有り様、干の特性、また、その位置による生剋制化によって補正修正することにより、五行の強弱の順位が最少でも五段階に分別できることになるのです。これも仮設として、最強・次強・平・次弱・最弱、という分別も、または最強を1として、次が2となり、3、4、5というように分別できます。場合によりましては1が最強があって、2、3がなく、4、5とすることも、1がなく、2が二つあって、3、4がなく、5とするものが三つとなるというような様々な相違も生じることがあります。四柱八字の構造の中で、一行のみでこれが60となるのが最大の強数値で、六十干支の60となるものです。

では強と言っても差し支えない仮数ということになりますと、60の数の五分の一の12以上と考えてよいと言えます。

このように、日干の、他の四行の強弱の真の有り様を測る、秤のような重要なものが月支であるので、古書では、〝提綱の秤の棒の目盛りあるもの〟と言っているのであって、それが本気の旺の干として、「人元用事之神」となっているのです。譬えはあくまで譬えであって、宅、家、その人のみの家であって、家は必ず出入の道があるものです。この道は既に決定されている、旺相死囚休の循環律である大運の〝生命エネルギーの自変作用〟であるゆえに、よくよくその喜忌を正確に分別しなければならないことから、「不可以不卜」と言っているのです。

〔68〕

	大運	
甲戌		35才庚午
丙寅	5才丁卯	45才辛未
戊寅	15才戊辰	55才壬申
丙辰	25才己巳	65才癸酉

戊日寅月、木旺・火相・土死・金囚・水休となり、〈立春後十五日目〉とあるので、甲分野生の「偏官格」となり、立運約5才となります。

雨水後の生まれであっても生地の如何によっては、調候丙火が必要となります。助身の丙火月時干に透出して近貼し、かつ、戊寅は殺印相生し、年干に透甲しますが、攻身には至りません。年支戌は日干に無情であるし、時支湿土の晦火晦光の辰が幇身の根となって有情ではあるものの、日干は不強不弱のやや弱であり、用神丙、喜神火土、忌神金水、閑神木となるものです。

しかし、忌神水とはするものの、用神丙は去らず滅火されず、制財するためにそれほどの力を減ずるわけでもなく、五行流通しての結果も、忌が強くもならないのです。

子が来ても、子辰水局半会も水多火滅ともなりません。ただちょっと嫌なのが午が来ますと、寅寅午戌火局全以上の印太過となることですが、これとて、日支寅の二丙と午の丙丁火は、時支の湿土辰で晦光されるので、やや印の忌象となるくらいです。

第一運丁卯、寅寅卯辰の東方全以上となって有情な根はなくなりはしますが、二丙あるので、それほどの忌とはなりません。

第二運戊辰、戊甲尅去、辰戌冲去しますが、これも忌となるほどではありません。

第三運己巳、己甲合去し、二丙一戊は年のほうへ接近して、無情であった戊が有情ともなれば、火旺の巳火が生土して喜の傾向性。

第四運庚午、寅寅午戌火局全以上となるも、辰湿土の晦火晦光の「薬」あり、むしろやや喜のほうが多いのは、熔金される庚が湿土生庚もされて、五行流通するからです。

第五運辛未、火旺土旺共に喜の傾向性。

第六運壬申、金旺運、五行流通して反って喜の傾向性大なる運。

第七運癸酉、酉辰合去するもそれほどの忌とならず、これまでの喜の後遺累積もあります。

〈天干の甲木は日干戊土を制し〉はしませんが、事象は当然のことです。

任氏解命の誤りは、〈甲木は日干戊土を制す〉と言っている点、さらに、〈官吏試験に合格〉したのは、原局のみのことではなく、運歳によるものですが、その運歳を言っておりません。

〔69〕

甲戌
丙寅
戊辰
庚申

大運 丁卯　戊辰　己巳　庚午　辛未　壬申

〈立春後六日目に生まれ〉とあるので、丙分野の生で透丙して近貼する「偏印格」です。時柱庚申の囚令の金に洩らすので、日支辰あっても、日干は弱となって用神丙、この丙火は調候であり化殺生身の印、喜神火土、忌神金水、閑神木となります。前造より日干弱となるので、壬水は忌、子は申子辰水局全の忌となります。


第一運丁卯、寅卯辰東方全の忌に庚申が「薬」ともなれば、丙丁が「薬」の化殺生身ともなるので、忌とまではなりません。

第二運戊辰、戊甲尅去、辰戌冲去し、日干弱のままですので、忌の傾向性ある運。

第三運己巳、己甲合去、巳申合去して、湿土生金の忌の傾向性。

第四運庚午、寅午戌火局全、湿土生金もするし、印最強ともなる忌の傾向性。

第五運辛未、辛丙合去、接近し、甲尅戊、洩身の忌、つまり、尅洩交加の忌大の傾向性となるものです。

用語として〈戊土司令〉というのは誤解です。司令とは令を司るのですから、甲木司令する戊土分野と言うべきです。しかし、正しくは甲木司令の丙火分野なのです。

前造と本造の、補正修正した日干の仮数は前造の戊土日干は多くて9、少なくとも8くらい。本造の戊土日干は多くて3、少なくても2くらいの違いとなります。

〔70〕

		大運	
壬	子		丁未
癸	卯	甲辰	戊申
辛	亥	乙巳	己酉
甲	午	丙午	庚戌

〈民国元年二月十八日午時の生まれ〉とあるので、一九一二年、日本の元号では明治四十五年です。民国ではこの年から太陽暦を採用すること、と公布されているのですが、徐氏は太陰太陽暦で月日を示しております。太陽暦に換算しますと、四月五日が辛亥日となりますが、清明が四月五日の中国時午前十一時四十八分ですので、午前十一時四十八分以前の真正生時となるなら、四月節入り前の癸卯月、それ以降の真正生時であれば甲辰月木旺となるのです。これも、経度差と均時差をその生地によってプラス・マイナスしなければならないのです。〈上半時〉か〈下半時〉の問題ではありませんし、さらに〈二月三月を論ぜず、乙木司令となることは一であります〉としてしまうことは、科学的見地からして許されないことです。

〔70〕′

壬　子

甲　辰

辛　亥

甲　午

つまり、真正生時が、午前十一時四十八分以降であるなら、上記の甲辰月となって、乙木司令ではあるものの、子辰水局半会となり、午・丑で子辰水局半会が解けて湿土生辛となるので、大運により格局が変化し、喜忌も変化する「仮の従食傷生財格」となるのです。癸卯月となると、卯亥木局半会する「真の従食傷生財格」となって、真仮の違いが生じるのです。〈月垣所蔵の何物があるかに拘るべきではありません。〉ということも非科学的であり、非論理的でもあります。卯月生であろうが、辰月生であろうが、乙分野であるから同じとするなら、同じ戊土分野であるから、辰月でも巳月でも同じ、とすることにも繋がってしまいます。

所蔵するものによって、冲や局や方が生じるのですから、どちらでもよいことではありません。さらに〈金水木順序相生もって用とするものです。三神が象を成す。〉とある、用神の〈用〉ではなく、格局に用いる、〈用〉としても、〈三神成象〉というものはなく、普通格局か、特別格局の真仮いずれかとして言うべきです。『滴天髄』に「三神成象」などは言われていないのです。

〔71〕

癸　巳　　**大運**　　40才壬子
丙　辰　　10才乙卯
壬　寅　　20才甲寅
丙　午　　30才癸丑

〈光緒十九年三月二十日午時生〉とあるので、一八九三年五月五日で、立夏節入は五日十六時三十五分ですので、丙辰月の土旺となり、立運約10才となります。

寅午火局半会して二丙月時干に透出し、年支巳火あって、土旺・水死令です。死令の癸水辰中にあり、年干に透発するも無情・無力です。巳中庚も全く無情・無力ですので、「仮の従財格」となるものです。用神は丙、喜神木火土、忌神金水となります。これも格局選定の誤りです。ですから、30才までの乙卯・甲寅二運、喜大の傾向性となっているのであって、これを「偏官格」、用神癸などとしますと、乙卯・甲寅二運、大忌大凶となるのです。父母は父母なりの命運にて死亡したものであって、それが7才庚子年、8才辛丑年、9才壬寅年であったかも知れませんが、10才癸卯年、叔父に引き取られた、という事象までは不明ですが、万事喜大の環境に向上したことは分かるものです。これが「偏官格」の用神癸とするなれば、とんでもない凶となるのです。

しかし、癸丑運以降は「偏官格」となり、喜神金水となるのですが、33才丙寅年、34才丁卯年、35才戊辰年、三年連続して大凶の年が続いて〈家を捨て、外国に行き〉ということはあり得ます。これが、「假從亦發其身」不発のものもあり、「休咎係乎運。尤係乎歳。」であるために、流年の喜忌をよくよく観なければならない、と言ってもいるのです。大運は自変作用をもたらす生命エネルギーで、事象は必ず万人共通の客観的時間の大単位の流年干支の喜忌で事象化されていくものです。用神癸としているのですから、癸丑年は用神運であることと、徐氏の言っている事象が喜となっていない大矛盾は、用神癸ではないということになるのです。

生時歸宿之地。譬之墓也。人元爲用事之神。墓之穴方也。不可以不辨。〔徴義・補註〕

《生時は歸宿〔最後に落ち着く所。転じて、死ぬこと〕の地なり。これを譬えるに墓なり。人元の用事の神をなすは、墓の穴に方るなり。もって辨ぜざるべからず。》

生時歸宿。譬之墓也。人元用事之神。墓之穴也。不可以不辨。〔輯要〕

生時乃歸宿之地。譬之墓也。人元爲用事之神。墓之穴方也。不可以不辨。〔闡微〕

原　注

子時生まれの人、前の三刻三分は壬水用事、後の四刻七分が、癸水用事となるわけです。他の時刻もこのように、前後の用事があるものです。寅月生まれの人を推すに、戊土用事はどうであるか、丙火用事はどうであるか、甲木用事はどうであるか、局中所用の神と、壬水用事であればどうであるか、癸水用事であればどうであるか、その生時の深浅を窮めるということは、墳墓の穴道を定めるようなもので、かくて人の禍福を断ずべきものであります。同年月日であるなら、特に時の前後を究めるべきです。また山川の違い、世徳の別を論ずるなら、十中九は確実なものです。その不適であるのは、一は官あり、一は子が多い、一は多財であり、一は妻美、というように、小異でしかありません。山川の違いと言いましても、ただ単に東西南北のみではなく、迴って（めぐって）いて同じではありませんから、よくその辺を考えなければなりません。つまり、一村でも、一家でも、風習・習慣はそれぞれ違うもので、一律にすることはできません。また、世徳の別にしましても、ただ単に富貴貧賤のみではなく、絶対に同じ家庭はないのですから、この辺もよくよく弁（わきま）えなければなりません。すなわち、同じようなものでも、善悪正邪は少しずつ違っているのです。ですから、命理を学ぶ者は、この間のことをよく弁えて、その興替を知るべきであります。

任氏増注

子時、前三刻三分は壬水用事であるのは、亥中の壬水の余氣であって、所謂夜子時であります。大雪後十日間が壬水用事と同じようなことであります。余の時刻も前後の用事がありまして、何が司令しているかをもって推すべきであります。生時の用事と月令人元用事とは互いに相係わり合うものでして、日主の喜とするところのものが月時用事であるなら、倍の興隆があるし、日主の忌とするところのものが月時用事であるなら、必ず凶禍を増加させるものです。生時の良し悪しは、墳墓の穴道にも譬えられますし、生時の人元用事は墳墓の向きにも譬えられますので、よくよく弁え知らなければならないのです。ですから、穴吉向凶は必ず吉を減じ、穴凶向吉は必ず凶を減じるものであります。例えば、丙日亥時、亥中の壬水は丙の七殺、甲木用事であるなれば、穴凶向吉とするものですし、辛日未時、未中の己土は辛金の印で、丁火用事であるようでしたなら、穴吉向凶と言えるのです。しかし、理は確かにこの通りなのですが、生時不正確である者は十人中四、五人ですので、生時不正確であるなら、どうしてその制尅を弁別することができ得ましょうか。ただ、そのおおよそを断ずることは不可能ではありません。例えば、天然の龍穴には必ず天然の向があり、天然の水があるものだからです。時が間違いなければ、吉凶は正確なものです。その生時の人元用事は生月のそれとは比較できないくらい軽いものです。山川の異、世徳の殊は、発福に厚薄あり、禍を見るに重軽あり、また人品の正邪は禍福を転移さえせしむるもので、これらも命の得るところではなくして係わってくるものですので、よくこの辺のことも考えなければならないのです。

徐氏補註

〔既述〕

考玄解註

ここで、年日柱を言わず、「月令乃提綱之府」に続いて、「生時歸宿之地」として述べていることの真義に、早い子刻と遅い子刻があるとしても一日は十二刻あるものですから、一刻違っても、格局さえ変わることもあれば、用喜忌が全く正反対になることもあれば、喜忌が同じようでも、冲尅合局方に違いがおきたり、その喜忌の作用の大小の違いさえも生じてくるものですから、生時は真正確実でなければならない、ということを厳重要点として言っているのです。二として、その種々なる違いは「人元爲用事之神」、「蔵干理論」による蔵干とその該当分野をも知るべきであるとの二点について言い、さらに含めて、年柱と日柱とを言外に含めて言っているのです。

すなわち、正確な四柱八字が組織配合されてこそ、正しい「蔵干理論」によって、各支の該当分野により、正確な五行の強弱を知り、格局が正しく選定されてこその用喜忌が判るものである、と言いながら、次の「衰旺之眞機」に繋がっていくのです。該当分野と月令を混同してはなりません。この点、任氏増注は混乱しております。月令とは五行旺令に当たることで、該当分野は該当分野であって、令を得ることではありません。支の力を2としたなら、該当分野は旺相死囚休の関係の中で、1となる、という仮数測定法となるのです。格局を選定することの第一視点が、該当分野にあり、その五行が、天干に透出するか否かによって、まず第一の格局選定法となるのです。月令を得る本気のみで格局が定まるものではないのです。

さらに、月柱と時柱を論じ、なぜ年柱と日柱を論じていないかと言いますと、日干を生命エネルギーの中心核としている、その日干に有情な位置にあるものを重く見るということによる、上下・左右・前後・遠近の理によるからであります。

中心核に原則として無情な年柱は「遠」であるから、月時を言うことで、年も類推すべきである、ということを暗に言っていると解すべきなのです。

任氏は、吉凶と言っておりますが、原局の用喜忌閑神はあっても、それが即、吉凶の事象とはならないのです。時の経過、つまり旺相死囚休の循環律である大運の経過の過程で、現れる事象が、吉と言えるか、凶と言えるかの違いなのです。極端な言い方をしますと、生まれた瞬間の一秒後から吉凶が生じるのですから、この点を明確に分別しておかなくてはなりません。

ですから、この句を、「譬之墓也」とあり、「墓之穴方也」ともあるからとして、単純に字句通り、墓の大小美醜を論じているものと解し、宅と墓の関係などと浅薄な解釈をしている限り、『滴天髓』の真義は到底理解できないのです。

能知衰旺之眞機。其於三命之奧。思過半父矣。〔徴義・補註〕

《衰旺の眞機を知るに能うれば、それ三命の奥において、思い半(なか)ばを過ぐるなり。》

能知衰旺之眞機。其於立命之奧。思過半矣。〔輯要〕

能知衰旺之眞機。其于三命之奧。思過半矣。〔闡微〕

原　注

旺ずる時は、洩らし、傷尅することが宜く、衰える時は、生じ、助けるのが宜しい、ということは、中和を旨とする子平の理であります。しかしながら、旺中の衰えるものあるなれば、これを存在せしめて、損傷すべきではありません。衰中に旺ずるものあるなれば、これを存在せしめても、益してはいけません。旺の極まれるものは、損傷すべきではなく、損をもってその中にあらしむべきです。衰の極まれるものは益すべきではなく、益をもってその中にあらしむべきです。損ずべきものが、十分充実しているのに、さらに損ずるは、反って凶となりますし、益すべきものが十分充実しているのに、さらに益するは、反って害となります。真機に比すべきことを十二分に知ることができたなら、三命の奥義を詳察するのに何の困難もないものであります。

任氏増注

時を得るなれば旺ずるとし、令を失するなれば衰とする、これは至理ではありますが、それだけでは死法です。そもそも五行の氣は、四時を流れ行っているもので、日干が専令していても、その専令の中に並存するものがあるのです。例えば、春木司令、甲乙旺とはいえ、この時休囚の戊己土も天地の間にあって全く絶滅して終わっているのではないのです。また、冬水司令、壬癸が旺じていましても、休囚の丙丁も天地の間にあって全く絶滅して終わってはいないのです。時は序々に進み、物は退くもので、この進退に狂いはないものです。そして、絶滅したものではないとしても、春土は万物を生ぜしめることはできませんし、冬であっても、日は万国を照らすものであります。まして、四柱八字、月令を重しとはしますものの、旺相休囚、年日時中にあって、損益の如何に係わるのです。ですから、生月が日干の時を得ていなくとも、年日時をよく見極めて論ずべきであります。例えば、春木は強とはいえ、金が大変重ければ木は危うい ことと なり、干に庚辛、支に申酉があって、火が制金しなければ、富みませんし、また、土が生金するなら必ず夭折するものです。これは時を得ても、旺とならないものです。また秋木は弱とはいえ、木の根深くあれば木もまた強、干に甲乙、支に寅卯あって、官の金が透出してもよく官に耐え、水の生に逢って太過するは、失時にして不弱であります。それゆえ、日干は月令の休囚を論ぜず、ただ四柱に根があるなら、財官食神をも享受できますし、傷官七殺にも当たることができるのです。

長生祿旺は、根の重いものでり、墓庫余氣は根の軽いものです。天干に一比肩を得るよりは、地支に一余氣や墓庫を得るほうが力強いのです。墓は、甲乙が未に逢う、丙丁が戌に逢う、庚辛が丑に逢う、壬癸が辰に逢うことです。余氣は、丙丁が未、甲乙が辰、庚辛が戌、壬癸が丑に逢うことであります。天干に二比肩があるよりは、支に一長生祿旺に逢うほうが力強いものであります。例えば、甲乙が亥寅卯に逢うが如きであります。比肩は朋友の相扶ける如きものであり、通根するは、家庭に恵まれているようなもので、干が多いよりは、根が重いほうが宜しいのは当然のことです。今の命理を云々する人、この理を知らず、春土、夏水、秋木、冬火を見ますと、有根無根を問わず、直ぐ様弱としてしまい、春木、秋木、冬水を見ますと、尅の重軽を問わず、直ぐ様旺としてしまうのです。さらに、壬癸が辰に逢い、丙丁が戌に逢い、甲乙が未に逢い、庚辛が丑に逢うを、通根身庫とせず、甚だしきは、刑冲をもって墓庫を開くが宜しとし、刑冲は我が元となる根の氣を傷付けるということを考えないのです。この種の謬論は一切掃除すべきです。そして、衰旺を論ずるに正理と変理がありますし、顛倒の理があるものです。その理は十ありまして、

一　1．木太旺で金に似ているものは、火の煉を喜ぶ。（火尅金）（木洩火）

　　2．木旺じて極まり火に似るは、水の尅を喜ぶ。（水尅火）（水生木）

　　3．火太旺で水に似ているものは、土の止を喜ぶ。（土尅水）（火洩土）

二　4．火旺じて極まり土に似るは、木の尅を喜ぶ。（木尅土）（木生火）

三　5. 土太旺で木に似ているものは、金の尅を喜ぶ。(金尅木)(土洩金)
　　6. 土旺じて極まり金に似るは、火の煉を喜ぶ。(火尅金)(火生土)

四　7. 金太旺で火に似ているものは、水の済を喜ぶ。(水尅火)(金洩水)
　　8. 金旺じて極まり水に似るは、土の止を喜ぶ。(土尅水)(土生金)

五　9. 水太旺で土に似ているものは、木の制を喜ぶ。(木尅土)(水洩木)
　　10. 水旺じて極まり木に似るは、金の尅を喜ぶ。(金尅木)(金生水)

六　11. 木太衰で水に似ているものは、金の生を喜ぶ。(金生水)(金尅木)
　　12. 木衰えて極まり土に似るは、火の生を喜ぶ。(火生土)(木洩火)

七　13. 火太衰で木に似ているものは、水の生を喜ぶ。(水生木)(水尅火)
　　14. 火衰えて極まり金に似るは、土の生を喜ぶ。(土生火)(火洩土)

八　15. 土太衰で火に似ているものは、木の生を喜ぶ。(木生火)(木尅土)
　　16. 土衰えて極まり水に似るは、金の生を喜ぶ。(金生水)(土洩金)

九　17. 金太衰で土に似ているものは、火の生を喜ぶ。(火生土)(火尅金)
　　18. 金衰えて極まり木に似るは、水の生を喜ぶ。(水生木)(金洩水)

十　19. 水太衰で金に似ているものは、土の生を喜ぶ。(土生金)(土尅水)
　　20. 水衰えて極まり火に似るは、木の生を喜ぶ。(木生火)(水洩木)

これが五行顛倒の真機であります。学ぶ者は宜しく元元〔おおもと、根本〕の妙を細詳すべきであります。

〔72〕

甲辰　　大運　　辛未
丁卯　　戊辰　　壬申
甲子　　己巳　　癸酉
戊辰　　庚午

甲子日卯月に生まれ、地支に二つの辰があって、木の余氣があります。また辰卯東方、子辰半会の水局、木太旺で金に似るものです。丁火をもって用神とし、巳運、丁火旺じ、名は宮中に列し、庚辛兩運は、南方截脚の金ですから、刑耗はありましたものの大患はなく、未運子水を剋去し、財入大変なものでした。午運子水を冲剋、宮仕えに失意ごとがありました。壬申運、金水斉来して刑妻剋子、破耗多端となって、癸運に死亡しています。

〔73〕

癸卯　　大運　　辛亥
乙卯　　甲寅　　庚戌
甲寅　　癸丑　　己酉
乙亥　　壬子

四支皆木で、また水の生に逢う七木二水で、別に他氣はありません。木旺極、火に似るものです。出身祖業はもともと豊かでしたが、ただ丑運に刑傷、壬子運、水勢乗旺、辛亥運には、金は通根せずして、支は旺水、この二十年の経営、数万の利益を獲得。一たび庚戌運に交わるや、土金並旺となり、破財して死亡しました。

〔74〕

乙丑　　大運　　庚辰
甲申　　癸未　　己卯
甲申　　壬午　　戊寅
辛未　　辛巳

地支土金で、木の盤根なく、時干辛金、元神発透、木太衰して、水に似るものです。初運癸未・壬午運は生木生金、刑喪を早く見、祖蔭受けること難。辛巳・庚辰運では、金は生地に逢い、裸一貫から発財数万、己卯運には、土無根、木が地を得て、火災に遭い、破財万余。寅運にて死亡しております。

〔75〕

己巳
己巳
乙酉
丙戌

大運
戊辰　甲子
丁卯　癸亥
丙寅

乙丑

地支は皆尅洩となるもので、天干また火土透り、全く水氣なく、木衰極、土に似るものです。戊辰・丁運では祖父の庇蔭豊かで、誠に恵まれていましたが、卯運、両親共に死亡しました。丙運、事業を経営して、獲利万金、寅運には尅妻破財、また火災に遭い、乙丑運、金局全くして、火土両洩、家業耗散、甲子の北方水地で死亡しました。

〔76〕

乙丑
壬午
丙戌
甲午

大運
戊寅
辛巳　丁丑
庚辰　丙子
己卯

丙戌日元で、月時が午の陽刃、壬水は無根で木の洩、火太旺にして水に似るものであります。初運辛巳・庚辰、金は生地に逢い、輔助する人なく、己卯運、チャンスを得、戊寅運、寅午戌火局、および丁丑運の二十年、発財四、五万、子運に至って死亡しました。

〔77〕

戊寅
丁巳
丙寅
甲午

大運
辛酉
戊午　壬戌
己未　癸亥
庚申

丙火、孟夏の生で、地支に二長生、そして祿旺、火旺極のもの土に似るものです。初運木に逢わざるも、南方火地を喜ぶ。遺業は豊満、読書も一読して暗誦。一度庚運に交わるや、勉学を忘れて、遊興に走り、湯水のように浪費し、申運家を破り、身亡ぶ。この造、木運に逢っていたなら、名利双全となるものです。

〔78〕

辛巳　丁酉　丁酉　辛丑

大運　丙申　乙未　甲午　癸巳　壬辰　辛卯

丁火酉月に生まれ、秋金乗令、また金局を全くし、火太衰して、木に似るものです。初運乙未・甲午、火木並旺、両親全く浮雲の如くでしたが、一たび、癸巳運に交わるや、天干に水が透り、支は金局、大きなチャンスを得て、壬辰運中、発財十余万。

〔79〕

辛亥　壬辰　丙申　己亥

大運　辛卯　庚寅　己丑　戊子　丁亥　丙戌

これは、財生殺、殺は攻身、丙は申に臨み、申辰拱水、火衰極まって、金に似るものです。初運辛卯・庚寅、東方木地、両親共に失い、遺産なく、己丑運、事業を始め、とんとん拍子に発展し、さらに戊子運と続く二十年、順風万帆にて、必ずその福を得るものです。

〔80〕

戊辰　戊午　戊申　己未

大運　己未　庚申　辛酉　壬戌　癸亥　甲子

重々の厚土、夏令に生まれ、土太旺なるもの、木に似るであります。その用神は金にあり、庚申運、早くして世に出て、辛酉運辛丑年、雲程直上し、壬戌運、刑喪挫折して、丙午年死亡しました。

〔81〕

戊戌　丙辰　己巳　己巳

大運　丁巳　戊午　己未　庚申　辛酉　壬戌

四柱火土で、全く尅洩なく、土の旺強のもの、金に似るです。初運南方、遺業は豊満、午運に出仕しています。己未運、試験に合格せず、一たび庚申運に交わるや、家業思わしくなく、辛酉運、さらに悪化し、壬運に死亡しています。

〔82〕

壬辰
辛亥
戊子
癸丑

大運
壬子　乙卯
癸丑　丙辰
甲寅　丁巳

支は北方を成し、水勢汪洋、天干また金水が透り、土太衰のもの、火に似るものです。甲寅・乙卯運に巡って干支は皆木、名を成し、利を得ましたが、一たび丙辰に交わるや、刑妻剋子、破耗多端、丁丑〔丁巳の誤植〕運、歳運火土、暗に体用を傷付け、死亡しました。

〔83〕

癸酉
甲子
戊子
壬子

大運
癸亥　庚申
壬戌　己未
辛酉　戊午

四柱皆水で金の生を得て、土衰極のもの、水に似るものです。初め癸亥、平穏無風、壬戌、水は無根、土得地、刑喪破耗し、家業は消亡しました。辛酉・庚申運の二十年、大変チャンスに恵まれ、白手発財十余万。己未運、数万を損失し、寿命も未運中に止まるものです。

〔84〕

壬申
己酉
庚子
庚辰

大運
庚戌　癸丑
辛亥　甲寅
壬子　乙卯

秋金乗令して木火全くなく、金太旺、火に似るものです。亥運壬水坐祿、早く学問の道に進み、壬子運、用神臨旺にて、どんどん出世し、癸丑運、壬水旺地を合去して、金銭に困窮するに至りましたが、甲寅・乙卯運、制土衛水の功あり、仕路清高、恵まれることとなります。

〔85〕

庚申
乙酉
庚戌
庚辰

大運
丙戌　己丑
丁亥　庚寅
戊子　辛卯

支西方を全くし、また厚土に逢い、金旺極、水に似るものです。初運火、祖業安定せず、戊子に至り、厚利を得、献上ものをして出仕し、己丑・庚運に、名利皆遂げました。一たび寅に交わるや、失策を犯して落職、財利を大破。卯運に至って死亡しております。

〔86〕

己卯　大運　丙寅
庚午　己巳　乙丑
辛卯　戊辰　甲子
甲午　丁卯

辛金盛夏に生まれ、地支皆財殺に逢う、金太衰、土に似るものです。初運己巳・戊辰、晦火生金、名を求むるも滞り、作事少成、一たび丁卯運に交わるや、木火並旺、枯れた苗が雨を得る如く、飄然（ひょうぜん）として興り、家業豊裕となるも、丑運に交わるや、生金洩火し、死亡しました。

〔87〕

己亥　大運　癸亥
丁卯　丙寅　壬戌
庚寅　乙丑　辛酉
丙子　甲子

木旺乗権、また水の生を得、四面皆財殺、金衰極、木に似るものです。乙丑運中、土金暗に旺じて家業は破尽しましたが、甲子運、北方水旺、財源通じて豊かとなり、癸亥運に出仕して名利両全。壬戌運、水絶地して職を罷めて帰る。

〔88〕

壬寅　大運　乙卯
辛亥　壬子　丙辰
壬子　癸丑　丁巳
辛丑　甲寅

壬水孟冬に生まれ、支北方を全くし、干皆金水、水太旺、土に似るものです。寅木の吐秀を喜び、甲寅運、早くして青運の志を遂げ、よくその文才、知能を発揮し、乙卯運も、官途順遂。しかし、丙運に交わり死亡しました。

〔89〕

癸亥　大運　己未
癸亥　壬戌　戊午
壬子　辛酉　丁巳
庚子　庚申

四柱皆水、一つも尅洩なく、その勢い冲奔となり、はばむこと不可。初運壬戌、支は旺土に逢い、早く刑衰を見、辛酉・庚申運、干支皆金、実に順利順遂で、満帆の勢いでした。しかし、己未運、妻子は皆傷付き、家業破尽、戊午運、貧乏の底、悶々の中に死亡しております。

〔90〕

丙辰
乙未
壬午
癸卯

大運
丙申　庚子
丁酉　辛丑
戊戌

己亥

火土当権、また木の助に逢い、五行無金にて、水太衰、金に似るものです。初交丙申・丁酉運、蓋頭が火で申・酉をして生水せしめず、財並旺を喜ぶ。戊戌運中、家業よく発展しました。己亥運、土無根、還って木局を成すを喜び、破耗あるとも大患なく、一交、庚子運、家破ぶれ、死亡しました。

〔91〕

癸卯
戊午
壬寅
丙午

大運
甲寅
丁巳　癸丑
丙辰　壬子
乙卯

丙火当権して、戊癸従化、水衰極、火に似るものです。初運、火に逢い、その火旺に従い、衣食は誠に恵まれ、乙卯・甲寅運、名利双全でしたが、癸丑運、争官奪財、破耗し、死亡しました。

以上の二十造、五行は極旺極衰して中和の氣を得ず、原注に言われているように、「旺中有衰者存。衰中有旺者存。」であります。この兩句は、すなわち、太旺太衰です。「旺之極者不可損。衰之極者不可益。」であり、この兩句、すなわち極旺極衰です。特にその適例となる命造を選んで証明とした次第です。

徐氏補註

時を得れば旺ずるとし、時を失するは衰えるとする、これは五行の正理ではあります。太旺なるは洩らすが宜しく、旺極は生ずるが宜しく、太衰は尅するが宜しく、衰極は洩らすが宜し、とするのは氣勢が一方に偏って旺じているものですから、その氣勢に順ずるが宜いという、五行の変であります。この間のことは、任氏増注に精微にわたって詳しく説明されているところです。しかしながら、これを細かく考えてみますに、太旺は洩らすが宜し、ということは、「獨象宜行化地也。」であります。旺極は生ずるが宜し、というのは、方局斉來、その旺神の強勢に従うことであります。太衰なるは尅するが宜し、ということは、従官殺であります。衰極は洩が宜し、ということは、従財従児であります。衰旺の機は五行の正・変で、よく概括できるところではございません。

例えば、木が春に生まれるは、祿旺の時にあって、尅制してはいけないように似てはいますゆえ、そして春木は生氣勃発し始めているので、庚辛の研伐を見るを畏れ、春木用金、決して上格ではないのです。木が休囚の秋に生まれるは、生扶するが宜しく、秋に生氣は下斂、残枝枯葉、剪裁を喜ぶゆえに、秋木は金を恐れず、金旺にて火の制あるは、必然大貴となります。夏木は緑葉陰濃く、反って印綬の生扶が宜しいのです。冬木は枝枯葉も瘁、反って食傷洩氣が宜しいのです。これは調候の作用でして、別に論ずべきことであります。金が秋に生まれるは、火を見て成器となすを喜ぶものです。冬に生まれるは、丙火の温暖が宜しく、春夏に生まれるは、壬水の淘洗を喜びます。五行の性質は、各々同じではないのです。これが衰旺の真機で、よくよくこれを知り尽くさなければなりません。詳しくは『窮通寶鑑』を参照してください。

十干の性情は各々異なり、干支の配合によって、各々その宜忌があります。須らく、節氣の進退を察し、衰旺の真機を知るべきで、一例の論をもってすべきではありません。

〔92〕
己　亥　　**大運**
丙　子　16才甲戌　46才辛未
丁　卯　26才癸酉
庚　子　36才壬申

丙丁は同一の火ではありますが、性情は異なっております。丙は太陽の火とし、水尅を恐れず、既済するを美とします。丁は爐冶の火でありまして、必ず甲木にて附麗すべきであり、所謂、丁は嫡母あるが如きは秋よし冬よし、と言われるもので、甲あれば、一年中宜しとするものです。この造は、丁火、冬至後三日に生まれ、普通は、卯の印をもって用神とするのですが、冬至前後によって異なることを知らなくてはいけないのです。地凍天寒、水は堅氷となっておりますので、木も必ず枯槁してしまいます。亥卯は相合、湿木どうして生火することができ得ましょうか。用とするところなきものです。丁火無炎、丙火冬日無温、助くることできず、水の氣旺、ただ、よくその旺勢に従うべきであります。その氣勢に順ずるを用となします。陰干は勢いに従いやすいことの理は当然のことであります。戌運困苦、初交癸運、流年木火土連環、発展はし得ませんでしたが、一たび酉運に至りますと、一路順風満帆、続く壬申運も、向かうところ皆利となりました。将来、未運、亥卯未木局を成し、氣勢南方に転じますので、反ってその氣勢に逆するをもって、忌となすものです。

また次に、陽干従氣、陰干従勢ということですが、右の造は、日元陰干の丁火ですので、水の旺勢に従うのです。もし日元を丙火に換えますと、従格とはなりません。

〔93〕

丁　卯　　大運
癸　丑　　壬子　戊申
丙　申　　辛亥　丁未
戊　子　　庚戌　丙午

上造は、中央研究院長蔡孑民の命です。この命造は身弱で、印劫をもって用となすものです。五旬前はわずかに戊運を美とする程度です。晩運、丁未・丙午運、党の重望を負うも、理由なきことではありません。丁火は必ず、甲木に附麗すべきである、とは言いましても、しかし冬月にありましては生火できません。

〔94〕

甲　辰
丁　丑
癸　亥
癸　酉

大寒に生まれ、水凍木枯、丁火無焔、解凍することはできません。反って金水運に行くを美とします。

これらは皆理外の理で、須らく、氣の進退をもって推すべきであります。常理をもって論じることはできません。

〔95〕

丙　申　　大運
乙　未　　6才丙申　36才己亥
癸　酉　　16才丁酉　46才庚子
癸　亥　　26才戊戌　56才辛丑

癸水、大暑前三日の生まれです。癸水至弱、金水進氣、金水が八字中の五を占めていますが、旺論をなさず、扶身をもって本とします。用神は辛金印綬です。申・酉両運は極めて美。大運戊戌十年、火土得地して困難をなめ、己亥運、湿土生金、水祿旺に逢い、続く庚子・辛丑運、一路順風でした。

この造は普通必ず、身旺、用食神生財とするものですが、氣の進退を知らず、干に特性あるを知らないと、このように普通の考え方をしてしまうのです。癸水を壬水に換えますと、食神生財を用とするものです。しかし、日干癸ではそうは言えないのです。大暑の後に生まれたのでしたなら、金水は進氣となり、癸水は身旺となすべきであります。

〔96〕
丙午
乙未
壬午
辛亥

前運と違い、用財官とするものです。すなわち、立秋前三日に生まれているからです。

考玄解註

この句は、実は次の「既識中和之正理。而於五行之妙。有能全焉。」とある句と分けて別々に論ずべきものではなく、両句を一文として註すべきところです。それは「月令乃提綱之府」からの延長にあるもの、つまり、旺相死囚休の四柱構造の有り様よりして、五行の強弱の種々様々な段階差を正確に分別でき、これをよく知ったなら、格局を正しく分類することができるし、格局が正しく分類できたなら、後述の「天道有寒暖」「地道有燥湿」の調候をも知って、かつ「中和之正理」の、命中にある緊要なる一神の「道有体用」「人有精神」の用神を正しく弁別できることになれば、正に命理のすべてをおおよそ識ったことになる、と言っているのです。

この『滴天髓』の構成・理論展開の真も解らず、全体がどう関連しているかも解らず、表面的字句のみを追っているのみの註であり、後述されている従格の論をここで持ち出し、これが真義であるかのように延々と註をし、しかもその挙例二十の解命も正理ではないのです。「衰旺之眞機」とは何なのか、挙例での説明のため、読者をますます理解できなくしているのです。〈顛倒の理〉とか、〈変理、変則論〉などは全くないもので、すべては、理論的秩序ある体系として認識すべきことなのです。

徐註に言われている、〈太旺なるは洩らすが宜しく、旺極は生ずるが宜しく〉は、従旺、であります。〈太衰は尅するが宜しく、衰極は洩らすが宜し〉とは、従財官、従児です。その〈太旺〉と〈極旺〉、〈太衰〉と〈衰極〉は何をもってどのように分別するかを、命理の解る人であれば誰にでも解ることであり、同じ結論となる「方法論」を納得のいく註をすべき箇所であったのです。しかもここでは、何が宜し、という用喜忌などは論じるべき箇所ではなく、後述の『滴天髓』のその論のところで言及すべきことなのです。

「衰旺之眞機」とは、「月令乃提綱之府」のところで述べました、旺相死囚休による仮数測定法である、と言うことになるのです。つまり、「衰旺」、五行の中で何が旺じ、何が衰えているかによって、「眞機」の力量を正確に分別すべきであると、『滴天髓』が言っているのです。それには、『滴天髓』がここまで言ってきたこと、また、今後述べることにもなる点も含めて、その五行十干の強弱を分別すべきなのです。つまり、

(1) 十干の特性
(2) 調候の適不適
(3) 冲尅合局方、化不化と去不去、その解法

(4) 上下・左右・前後・遠近の生尅制化

等によって、原局の最終的強弱の段階差を識別すべきなのです。この具体的方法によれば、命理を正しく知る人であれば、同一の結論に到達し得ることになります。最強となっても60以上にはならないのです。

以上が「衰旺之眞機」を正確に認識できることになるのです。

初学の人は、補正修正が正しくできないかも知れませんが、ある程度命理学の基礎理論が解ってきますと、誰でも同じ結論となるものです。ここまでを正しく知り得れば、「於三命之奥、思過半矣。」、命理の半ば以上は解ったことになるのです。

さらに次に格局を誤りなく選定し、用神を定めていく、「中和之正理」まで識ることができたなら、そこにはさらに複雑な理論がありはするものの、「於五行之妙」のすべてを正しく識別できれば、それが「有能全焉」である、と言っているのです。

ですから、任氏が、顚倒の理は十あり、として挙げていることは全く有害無益で、誤謬さえ招きかねないものである、と申し添えておきます。つまり、

〈一、1．木太旺で金に似ている〉

ということなどあり得ないのです。木はいくら太旺となっても木であって、他の五行に似るという理論的根拠など全くないのです。しかも〈太旺〉とはどういうことか、〈旺極〉との違いは一体どこにあるのかの分別の「方法論」も言われていないのです。金に似る、と言いましても、庚金であるのか辛金であるのか、庚金と辛

金は『滴天髓』で言われているように、全く干の特性が違うものです。これを分別しないということは『滴天髓』の干の特性を無視することであり、ひいては『滴天髓』そのものを否定することになるのです。また同様に火を喜ぶ、と言っていますが、喜ぶ火は丙火であるか丁火であるのかも明確にすべきなのです。

〃木から見なければならない以上、火は木の洩身となり、何も金に似ると考える必要は毛頭ないものです。〃

ということになるのですから、むしろ有害なことでさえあります。次の、

〈2．木旺じて極まり火に似るは、水の尅を喜ぶ。〉

とありますが、この旺じて極まるということと、前の〈一、1〉の、〈木太旺〉との相違点は一体どういう点にあるのか、の分別の視点も具体的ではありません。これ以降、〈20〉まで、〈顛倒の理〉と言っているすべては、あまりにも抽象的です。命理の正理で具体的分別ができ得るのですから、排除、無視すべき空論です。

しつこいようですが、ここで『滴天髓』は、「衰旺之眞機」、つまり衰と旺との分別と、強弱の段階差を識別すべきである、と言っているのです。ですから、任氏の挙例は、初読の際は、飛ばし無視して先へ進まれるのがよろしいでしょう。

〔72〕

甲辰　**大運**　辛未
丁卯　戊辰　壬申
甲子　己巳　癸酉
戊辰　庚午

甲日卯月木旺に生まれる「建禄格」か「陽刃格」です。子辰水局半会し、蔵干一壬三癸となる休令の水で、旺木の甲が制戊しているので、制水の「薬」とはならないものの、卯中甲乙の旺木はよく子中壬癸水が滋木培木し、辰中の二癸もよく日干を滋木培木します。しかし、年

干の甲は日干に無情であり、年支辰中乙も癸水も無情、月支の卯は辰中癸水で強化されるので、たとえ一丁に洩らしても、丁火の特性よりしてあまり有力な洩とはならないので、仮数測定より補正修正すると、日干は最強となり、用神は弱い陰の丁を取るよりも、戊土財を取るべきなのです。つまり丁火は辛金が来ると、辛丁尅去してその作用を失うどころか、年干の甲も年支の辰も日干に有情となるのです。戊土は日干甲との尅で去ることのない財であって、子辰水局半会が午・丑で解けますと、財はやや強となって財利につながり、丙丁が来ますと、火生戊土となって、食傷生財の財利につながるのです。喜神は火土金、忌神水木となるのですから、喜神、食傷・財・官殺であるなら、原則として、財の陽干をもって用神と取るものですし、喜神の干が尅・合去となるものは原則として、避けるべきなのです。この構造で一番嫌なのが申であって、申が来ますと、申子辰辰の水局全以上となり、水多土流、水多火滅となって、日干旺強の極、依る辺なし、つまり、日干を弱め中和させるものがないのです。

任氏の解命、〈辰卯東方〉は誤りですし、〈金に似る〉のはどういう理によるのでしょうか。〈丁火をもって用神〉は干の特性を考えず、また辛金と尅去ということも全然考えの中にありません。つまり、第四運辛未、辛丁尅去する上に、さらに未卯木局半会の忌の傾向性大となる運です。どうして〈未運子水を尅去〉するのでしょう。未卯木局半会しないというのが命理でしょうか。日干は年干に有情となってさらに強となり、ささやかにも洩身していた丁火が去となって、未卯木局半会して、一甲三乙となって、比劫の忌である奪財さえするのに、〈財入大変なもの〉ということが本当にあったのでしょうか。未運の後にどうしてまた〈午運〉に戻るのでしょうか。また、〈壬申運、金水斉来〉するのでしょうか。申子辰辰の水局全以上での透壬となって金はないのではないでしょうか。〈癸運に死亡〉は流年干支が何であり、如何なる疾病か、事故か、命理家の責任としてはっきりと述べるべきなのです。大運で死亡することはなく、すべては流年に事象が現れるものです。

正理に背反している点が何点あるのでしょうか、数えてみてください。これをも含めて、〈顛倒の理〉であると言っているのでしょうか。

〔73〕

癸　卯　**大運**　辛亥
乙　卯　甲寅　庚戌
甲　寅　癸丑　己酉
乙　亥　壬子
（甲　子）

甲日卯月木旺の生まれで、支は二卯一寅一亥、寅亥合は天干甲乙ですので化木し、蔵干二甲二乙となり、印の癸水年干に透出しており、官殺一点もないのですが、印が日干に近貼していませんので、「従旺格」とならず、「建禄格」か「陽刃格」です。用神取るものなく、夭凶の命であり、生時明らかに疑問です。仮に甲子刻であれば「真の従旺格」となって、用神甲、喜神水木火土、忌神金となります。

一応甲子刻として、大運を観ていきますと、大運第四運辛亥まで、一路喜用の運を巡り発展向上しますが、第五運庚戌、湿土生庚し、日干を攻身する忌の破格となり、それまでの佳美の後遺累積はあるものの、凶象が続発し、この運中の大忌の流年に死亡もあり得るものですし、喜の流年が続くようであれば、次運の第六運己酉にて必死の可能性大となるものです。

任氏解命で〈火に似るもの〉と言っており、格局を明確にしていませんが〈木旺極〉ですので、「真の従旺格」です。〈丑運に刑傷〉とありますが、大運干癸水の印は喜神で、大運支丑は丑子合去するので、刑傷などあり得ません。もし父母いずれか死亡したとか、兄弟が死亡したとしても、それらは個々の命運によるものです。本造は甲子刻であれば、印の子水が日干に有情な位置にありますし、日干月令を得て比劫重々、官殺の庚・申酉金を一点も見ませんので、「真の従旺格」とするのに何の問題もありません。

また、一つ前の〔72〕の命造ですが、日干月令を得て、官殺を見ませんが、比劫重々とは言えないのです。任氏が言い出した「従強格」という格局につきましては、後で詳しく述べますが（私は不用としています）、財があるから、「従旺格」とも「従強格」にもならないというのは誤りです。条件として、比劫重々とは言えない点にあるのです。ではどれくらいをもって比劫重々とするか、という点ですが、〔72〕の命造の場合、年干に比劫の甲木が透出し、天干は日干をも含めて比劫が二点しかありませんから、支の本気に比劫が三点以上あることが必須となります。しかし、年支辰中の乙木、月支卯木と二点しかありません。また、天干に日干を含めて比劫が三点および四点とかあるなら、支に比劫が二以上あることが「従旺格」のおよその基準としてよろしいのです。つまり、「旺衰」の旺の程度を知ることが「眞機」に繋がるものなのです。ですから、〈顛倒の理〉とか、〈金に似る〉〈火に似る〉等々の曖昧性など一切不要ということになります。しかも、〈火に似るは、水の尅を喜ぶ〉は大誤大謬で、喜ぶのは水木火土であり、その関鍵である用神は、旺の陽干甲と言うべきなのです。格局の分類を誤ったことから、〈丑運に刑傷〉とせざるを得なくなったのでしょう。

〔74〕

乙　丑　**大運**　庚辰

甲　申　癸未　己卯

甲　申　壬午　戊寅

辛　未　辛巳

甲日申月金旺・木死令に生まれ、壬分野生でも己戊分野生でも庚分野生でも「偏官格」となります。甲申は殺印相生、年支丑中癸印の生身は、日干には全く無情です。しかし、月干の幇は有情であり、この月干に対してのみ、癸水が有力な滋木培木に有情となるので、見方によっては、月干の比肩が滋木培木、有情・有力を邪魔をしていることになるのです。つまり、癸水の化殺生身とはなっていない組織構造なのです。さらに、未中乙の劫財あっても、有情ではあるものの、陽干甲よりは、はるかに無力である乙木の特性を忘れてはならないのです。時干辛金は干の特性として尅木・劈甲引丁の弁証法的発展性のない干です。この辛金が透出しているために日干弱となるのではなく、辛金を無視しての組織構造からして日干弱となるのです。日干は寅卯の根が有情な位置に全くないため、ちょっと水が強くなると、甲木は過湿・漂泛の木となる危険性があるのですが、その危険を承知の上で、干の特性として、用神は無情である丑中癸とせざるを得ないのです。喜神は水木、忌神は火土金となります。ここで忘れてはならないのは、寒気進み始めていますので、調候丙火が必要である、という重要なことですが、この調候がないため生気に欠けることになります。寒気始まる頃ですので、亥・子・丑月に調候丙なく、金寒水冷、池塘氷結、寒凍の木となるほどではありませんが、生気に欠ける、ということも実は「衰旺之眞機」に入る一重要視点の「天道」なのです。

第一運癸未、未丑冲去し、大運干癸水は滋木培木しますが、調候がないため、喜と言っても、その作用減じる傾向性ある運。

第二運壬午、調候運でありながら、午未合去して調候を失い喜は少、しかし、前運より多少よいのは未支が去ることによって年支丑が接近して、有情な癸水となるからです。

第三運辛巳、火旺調候運、辛乙剋去して、日干は年支丑に接近して有情となり、喜の傾向性あるものの、日干無根であるため、安定性に欠ける傾向性ある運。

第四運庚辰、湿土生庚し、攻身もすれば、調候もなく、忌が続発する傾向性。

第五運己卯、木旺にして、卯未木局半会し、木旺の根が有力となり、財利生じても、調候がないため、また食傷生財ともならないため、それほどの財利は期し得られません。

第六運戊寅、寅中丙火調候となって生気を与えつつ、木旺運にて日干の根となり、食傷生財の喜となる反面、二申の旺金と一寅の旺木の剋にて、流年によって、その起伏大となるものです。

〔75〕

		大運	
己	**巳**		乙丑
己	**巳**	戊辰	甲子
乙	**酉**	丁卯	癸亥
丙	**戌**	丙寅	

乙日巳月火旺に生まれ、調候とも助身ともなる癸水印一点もなく、寅卯の根もなく、火旺・土相・金死・水囚・木休令し、巳酉金局半会の情はあるものの、金局半会不成となるのは、火旺であり、年月干二己土燥で二巳団結し、時柱丙戌の戌も燥土にて、死令の酉金が生金不能となるためであり、旺火丙が透出する「真の従児格」となるものです。一応、用神丙、喜神火土金、忌神水、閑神木とはなるものですが、調候ないため、たとえ喜運であっても、

喜は相当減ずるし、壬癸・亥子丑は調候となるものの、忌でもあります。

第一運戊辰、辰酉合、辰戌冲の情不専で不去、辰は湿土にて、火土金と順生し、金生水はするとしても、大運干戊土にて制癸して忌なく、この運は誠に良好を得られます。

第二運丁卯、本来なれば、破格の木旺運ではあるものの、卯酉冲、卯戌合にて冲を重しとし、透丁の運で丙火助丁もし、丁火生二己土となって「従児格」の破格とはならず、財利向上はします。しかし、燥土不能生金ですので、社会的地位、世間での尊敬が得られない傾向性多大です。つまり、金の義を失し重んぜず、燥土ゆえ信にも欠けるからです。それらは水智に欠けることが大きな因となり、火の礼さえも見せ掛けとなるのです。

第三運丙寅、この運も「従児格」の破格とならず、丁卯運の延長です。

第四運乙丑、この丑は原局の解説のように、すでに金局不成となっているので、酉とのみ丑酉金局半会となり、丑が化金することで、「従児格」の破格とはなりません。しかし、調候のない運である上に、二巳中の二丙旺じて、丑酉金局半会の一庚三辛を尅傷し、社会的地位は悪化します。

第五運甲子、水旺の調候運なれど印が助身し、「真の従児格」の破格の大忌となり、この運中必死となります。

任氏増注の誤りは次の通りです。

(1)〈木衰極、土に似るもの〉と言い、

(2) 調候を言わず、

(3) 燥土不能生金を言わず、

(4) 格局を言わず、

(5) 用喜忌を言わず、
(6) 大運干支は前後五年ずつの分断論であり、立運何才かも示していません。
(7) 〈乙丑運、金局全く〉は、丑酉金局半会のみです。
(8) 〈火土両洩〉、火は尅金、土は不能生金、喜が喜を制しても、財損の理はありません。
(9) 〈火災〉〈死亡〉の流年を言うのは命家の責任です。

〔76〕

		大運	
乙	**丑**		33才戊寅
壬	**午**	3才辛巳	43才丁丑
丙	**戌**	13才庚辰	53才丙子
甲	**午**	23才己卯	63才乙亥

丙日午月火旺生、一七四五年、乙丑年の六月壬午月、十四日が丙戌日で、この三柱、芒種戊寅ですから、芒種まで八日となり、立運約2才8ケ月、「建禄格」となります。調候壬水月干に透り、年支丑に有気で水源もあって、調候がほぼ適切であるとともに、午午戌の火局半会以上の「病」に対する「薬」ともなり、輔映湖海の象をなしています。これを攻身と見るのは誤りです。時干甲木は「虎馬犬郷。甲來焚滅。」となるほどではないのは、有力な調候・薬の壬水あるためで、日干強となり、用神は去ることのない壬、喜神土金、忌神木火、閑神水となるのは、甲印が日干に近貼しているからです。

第一運辛巳、火旺運ですが、原局に壬・丑あってそれほどの忌とはならず、やや忌の傾向性。

第二運庚辰、辰戌冲にて火局半会以上を解き、湿土生庚して、財利向上、壬水あって水智も発達すれば、食傷の喜もあり、環境良化する喜多大の傾向性。

第三運己卯、卯戌合で火局半会以上を解きますが、木旺運にて、印・比劫の忌象が生じ、己土濁壬生木が忌ともなる、忌の傾向性。

第四運戊寅、寅午午戌火局全以上となって、ないところの財を、比劫争財、甲剋戊にて破財、財の忌と比劫の忌が続発し、忌大の傾向性。

第五運丁丑、二丑が晦火晦光して生財し、水智発し食傷生財、財生官殺の喜が漸増していく喜の傾向性。

第六運丙子、壬水の根旺じる用神運で、大運丙火は原局の木から生火される丙ではあるものの、水旺・火死令の丙火であって、かつ原局の湿土の丑に晦火されるので、それほどの忌象なく、この壬・丑・子のどれ一つも去となることはなく、塞水となる流年もないのです。〈子運に至って死亡〉は絶対にあり得ないことです。

つまり丙子運は52才8ヶ月からで、満齢53才流年戊午年からということになります。53才戊午年から、54才己未、55才庚申、56才辛酉、57才壬戌、58才癸亥、59才甲子、60才乙丑、61才丙寅となり、喜用の運が続いての累積後遺あっての丙寅年、寅午午戌の火局全以上とはなりましても、水旺運の子中壬癸水で制火もすれば、丑が晦火晦光し、癸水生甲して甲木生火しても、壬・丑・子旺水の喜が無力になることはないのです。続いて、60才乙丑、61才丙寅、62才丁卯と巡り、62才8ヶ月から大運乙亥に変わり、63才戊辰年となるので、一体いかなる干支の流年で、いかなる原因で、死亡したのかを言うべき義務があるのです。原局において丑に水源深い根ある月干の壬水が調候と「薬」の両用を果たしているのですから、「衰神冲旺旺神發」の理は全く通用しないのです。

絶対死亡することがないとするのは、木旺運で火相である〈戊寅、寅午戌火局、および丁丑運の二十年〉病気をするどころか〈発財四、五万〉とさえ言っているのです。この戊寅運中、32才丁酉年から、33才戊戌・34才己亥・35才庚子・36才辛丑・37才壬寅・38才癸卯・39才甲辰・40才乙巳と続き、41才丙午年、寅午午午戌の火局全以上も以上の上、透丙する流年、全く一言も忌象らしきことを言ってはいないのです。このように任氏の解命を真に受ける限り、命理が理解できなくなるのは当然のことです。

実は、こういう命の人は、多くは学術界にて名を成し、社会的地位向上に伴って、自然と財利が伴ってくるもので、単に財利のみが高くなるものではないのです。それが輔映湖海の象であり、去ることのない食傷の湿土、洩秀・才能能力発揮するための粘着力と水智が伴うからなのです。任氏の解命の誤りは、

(1) 調候を言わず、
(2) 病薬を言わず、
(3) 格局を言わずして、〈水に似るもの〉とし、
(4) 用喜忌閑神を言わず、
(5)〈己卯運、チャンスを得〉がどういう理で、いかなる流年干支かも言わず、
(6)〈戊寅運、寅午戌火局、および丁丑運の二十年、発財四、五万〉とあり、戊寅運は寅午午戌火局全以上は大忌の争財・奪財の運であり、丁丑運は、納火する食傷生財の喜運であり、大きな違いがあるのです。

以上によりますと、日干弱としているのか、強の「従旺格」としているのか、どちらにしても大誤です。「従

旺格」とできないのは、年支丑に有気となる月干壬水の殺があるからです。日干弱と見れないのは、火旺にて午午戌の火局半会以上となっているからです。日干の強弱を間違えたり、格局の分類を誤ったりするようでは、真の命理を看ることはできないのです。

〔77〕

命式	大運	
戊寅		
丁巳	戊午	辛酉
丙寅	己未	壬戌
甲午	庚申	癸亥

丙日巳月火旺に生まれ、月干に透丁し、年支寅、日時支は寅午火局半会して時干に透甲、調候となる壬水も水源の金もないので、「真の従旺格」となる火炎土燥の命、用神は従神の丙、喜神木火土となります。火炎土燥で生金不能ですので、金は喜とならず閑神、時干に透甲しておりますので水も閑神となりますが、水旺運は、「真の従旺格」の破格の大忌となります。多くは財利伴わないのは、調候壬水なく、庚金巳中にあっても無力で、火炎土燥となって、燥土不能生金となるためです。

第三運庚申、この一運のみ財利向上するのは、金旺・水相にて調候よろしくなって、湿土となって生財するからです。これ以降、任氏増注に解命なし。

第五運壬戌、破格とならず、湿土となっても、水源金がないために、水は火多によって涸れる憂いあります。

第六運癸亥、「真の従旺格」の破格となる官殺旺運となり、必死とさえ言えるものです。

任氏解命の誤りを指摘してください。

〔78〕

		大運	
辛	**巳**		癸巳
丁	**酉**	丙申	壬辰
丁	**酉**	乙未	辛卯
辛	**丑**	甲午	

丁日酉月金旺に生まれ、年月干辛丁尅去し、支は全支巳酉酉丑の金局全以上となります。陰干は従しやすいし、丁火の特性「衰而不窮」ですが、丁火尅去して日時干は年柱のほうに接近しています。金局全が解けて、巳火が個有の支となることがあるので、「仮の従財格」となります。用神は庚、喜神土金水、忌神木火となるものです。

第一運丙申、申巳合にて、酉丑金局半会残り、巳は個有の支。格局は「正財格」か「偏財格」に変化し、喜神木火、忌神土金水。大運干丙火も巳に根ある喜の傾向性。また、調候丙が幇身有力となるし、乙木の甲を見る藤蘿繋甲と同義の運となるからでもあります。しかし嫡母の甲がないのが十全とは言い難い点です。

第二運乙未、未丑冲にて、丑と未は個有の支となるものの、干の特性として乙では嫡母とは言い難く、この運は「仮の従財格」のままの喜の傾向性の運。

第三運甲午、火旺運にて、嫡母甲が大運干にあるので、普通格局に変化し、喜の傾向性ある運。辛金は干の特性として尅甲不能です。

第四運癸巳、天干は一癸二丁の情不専、火旺運ではあるものの、金局全以上の上にさらに巳が加わり、巳巳酉酉丑金局全以上となって、「仮の従財格」のままの喜の傾向性の運。

第五運壬辰、「仮の従財格」のまま。喜の傾向性。

第六運辛卯、木旺の印旺ずる運ですから、普通格局に変化しますが、これが「衰神沖旺旺神發」となる運であり、必死となります。

任氏解命は、大誤であり、〈顛倒の理〉が全く通用しないことの証明です。つまり、〈木に似る〉格局などはないもので、『滴天髄』で言われている仮従となることを否定しているのですし、大運による格局の変化の理論さえ分かっていないのです。第一運丙申については何も言わず、乙未運の乙木の干の特性を無視し、未丑の冲さえも無視し、調候をも無視しております。乙未運と甲午運は、格局も違えば喜忌も違うことを知らないのです。「真の従財格」であるなら、第一運は破格であり、寿危うく、仮に寿あって、乙未運を経るなら、甲午運には必死です。嫡母がどういう意かも忘れております。

〔79〕

		大運	
辛	**亥**		36才戊子
壬	**辰**	6才辛卯	46才丁亥
丙	**申**	16才庚寅	56才丙戌
己	**亥**	26才己丑	

一七三一年四月壬辰月節中に丙申日なく、一七九一年壬辰月の二十四日が丙申日土旺となり、立運約6才となります。

丙日辰月土旺生で、亥中蔵甲し、辰中乙はそれほどではない印ですが、日干無根ゆえ、「仮の従勢格」となります。用神財の庚と取り、食傷生財、財生官殺となる通関の用を果たすことになり、喜神土金水、忌神木、閑神火。辰月木旺ですと、印旺ですから、仮従とはできないのです。

第一運辛卯、卯亥亥木局半会以上、印旺運ですので「食神格」に変化し、喜神木火、忌神土金水となりますが、日干無根で尅洩強く、忌の傾向性。

第二運庚寅、寅亥合、寅申冲の情不専で全支個有の支となる印旺にて、寅支に有気ともなって、前運と同様に格局と喜忌が変化する忌の傾向性。

第三運己丑、第四運戊子、第五運丁亥と喜の傾向性ある、仮従運が続きます。丙戌運もまた仮従であるのは、月干壬水に有力な根あって、しかも旺令の己土傷官が生財となるからです。

〔80〕

		大運	
戊	**辰**	壬戌	
戊	**午**	己未	癸亥
戊	**申**	庚申	甲子
己	**未**	辛酉	

戊日午月火旺に生まれる「偏印格」か「印綬格」です。調候壬水日支申にあって適切、また湿土生金、土重々とあるので、用神疏土の甲と取りたいのですが、なく、死令の庚では金埋となるのですが、やむなくの用神庚とし、喜神金水木、忌神火土となるものです。

第二運庚申、第三運辛酉はよろしいものの、甲木の疏土がないのが嫌な面ではあります。

第六運甲子、大運干甲木が疏土開墾します。年齢的に遅きに失しはしますが、それほど悪い一生ではなく、むしろ良好なほうに属するのは、大運の巡りが食傷生財の運となって、財利順調に発展しているからです。第四運壬戌、大運干壬水は二戊が制壬するものの、去とならずに戌を湿土とし、戌中余気の辛金は生壬もすれば、原局中また生庚され、生壬する根あって、〈丙午年死亡〉と言っている流年丙火が壬水を剋する理はなく、原局辰湿土、大運戌の湿土により、午火を、また丙火をも晦火晦光して生庚となるのです。生剋制化の理が歪められて、単純に丙午火が剋申金として〈死亡〉とするのは、いかがなものでしょうか。今一言加えれば、時柱己未の土も申あることによって湿土である、ということです。「火熾乗龍」と『滴天髓』で言われている真義を理解すべきです。このことは「地道有燥溼」にも係わってもいることです。

〔81〕

	大運	
戊戌	5才丁巳	45才辛酉
丙辰	15才戊午	55才壬戌
己巳	25才己未	65才癸亥
己巳	35才庚申	75才甲子

一七七八年四月丙辰月に己巳日なく、一七一八年四月二十日がこの三柱です。立夏は五月六日午前七時三十二分ですから、立運約5才4ケ月、土旺生で、戌辰冲去するが、火土重々とあり、印の丙火が近貼するので、「真の従旺格」となります。用神戊、喜神は火土金水、忌神木となります。大運一路喜用の運を巡り、第八運75才甲子も化殺生身し、それほどの忌とならず、65才過ぎての運ですから寿は論じられないものの、長寿であろうことは誤りないことです。

〔82〕

	大運	
壬辰	乙卯	
辛亥	壬子	丙辰
戊子	癸丑	丁巳
癸丑	甲寅	

戊日亥月水旺に生まれ、亥子丑北方全が団結し、戊癸干合は不化、癸水倍力。壬辛透出するも、年支に辰がありますので、「仮の従財格」です。調候丙火ないため、金寒水冷、池塘氷結の下格、喜神金水木となり、調候ない限り、喜の作用はほとんど期し得られません。

第五運丙辰、調候あって、やや佳。第六運丁巳は「偏財格」となり、喜神火土となるが、原局旺令の北方全、透壬癸して水多火滅。寿危うい忌の傾向性ある運となります。〈火に似る〉と言うよりも、重要なのは格局であり、調候であり、用喜忌を明らかにすべきです。〈甲寅・乙卯運に巡って、干支は皆木、名を成し、利を得ました〉は、第三運甲寅は寅中丙火調候あって、多少良好であったでしょうが、第四運乙卯は、乙辛剋去し、調候なく、支の卯旺じても、攻身はできませんので、前運より良好なことはないのです。甲寅運は、甲の殺が攻身する喜ですが、一支卯のみでは木旺でも、攻身は不能です。

〔83〕

		大運	
癸	**酉**	庚申	
甲	**子**	癸亥	己未
戊	**子**	壬戌	戊午
壬	**子**	辛酉	

戊日子月水旺に生まれ、四支中三子団結して壬癸透出し、年支に水源としての酉金あり、月干に甲木透出する「真の従財格」ですが、前造と同様に調候のない金寒水冷、池塘氷結、寒凍の木となる下格です。喜神金水木ですが、調候ない限り、その喜の作用ほとんどなく、富となることは不可能です。

〔84〕

		大運	
壬	**申**		癸丑
己	**酉**	庚戌	甲寅
庚	**子**	辛亥	乙卯
庚	**辰**	壬子	

庚日酉月金旺に生まれ、支は申子辰水局全くし、月干己土生金、己土濁壬、日干月令を得ているため従することできず、「建禄格」か「陽刃格」となるものです。用神戊と取りたくもなく、やむなくの用神己、喜神土のみとするのは、金は太強の水を生水するので、喜とは言えず、忌神は水木、閑神火とはなるものの、丙は壬水に剋され、丁は丁壬合去となって無作用となり、巳・午は調候ではあっても滅火されるのです。これもまた調候丙火のない、金寒水冷、池塘氷結の下格であり、古来より、庚金金旺に生まれるは丙丁を愛する、と言われている丙火は調候であ

り、丁は煅金の意なのです。この命は濁命、下格であります。『滴天髄』で「天道有寒暖」と言われている調候が格局より優先することを忘れ、また、今まで論じられてきた干の特性も無視して、方も局もその真機を理解せずに、原局の申子辰水局全も大運での申酉戌西方全さえも見落として、用神も喜忌も誤り、何の〈仕路清高〉でしょうか。

〔85〕

		大運		
庚	**申**		己丑	
乙	**酉**	丙戌	庚寅	
庚	**戌**	丁亥	辛卯	
庚	**辰**	戊子		

解命するまでもなく、調候のない「従革格」の下格です。〈名利皆遂げました〉など、とんでもありません。この命、丙子刻生であれば、どうでしょうか。壬午刻生であればどうでしょうか。丙戌刻生であればどうでしょうか。

〔86〕

		大運	
己	**卯**		丙寅
庚	**午**	己巳	乙丑
辛	**卯**	戊辰	甲子
甲	**午**	丁卯	

辛日午月火旺生、年干己土の印日干に無情となり、「仮の従財生殺格」ですが、調候壬水のない下格となります。一応用神甲、喜神水木火としますが、調候壬水がない限り、喜の作用ほとんどなく、忌神は土金となります。第二運戊辰、戊甲尅去し湿土の辰印あるので、「正官格」か「偏官格」となりますが、喜は誠に少なく、第五運乙丑も普通格局の喜少の傾向性ある運です。第一運己巳、第三運丁卯、第四運丙寅、調候なく、喜少の傾向性ある運です。

〔87〕

己 亥　**大運**
丁 卯　丙寅　癸亥
庚 寅　乙丑　壬戌
丙 子　甲子

年干己土、日干に無情ですので、これもまた「仮の従財生殺格」です。癸亥運まで相当に発展向上はするものの、壬戌運、普通格局の財格となり、喜神土金。むしろ忌の傾向性ある運となって、漸次衰退していきます。

〔88〕

壬 寅　**大運**
辛 亥　壬子　乙卯
壬 子　癸丑　丙辰
辛 丑　甲寅　丁巳

壬日亥月水旺に生まれ、寅中調候あって去ることなく、「潤下格」の佳美の命です。用神壬、喜神金水木火、土は化殺生身の辛金が月時干に近貼しているので、忌とならず、閑神です。東西南北いずれの運に行くとも佳となるのです。〈丙に交わり、死亡〉などあり得ません。

〔89〕

癸 亥　**大運**
癸 亥　壬戌　己未
壬 子　辛酉　戊午
庚 子　庚申　丁巳

壬日亥月水旺に生まれ、四支は二亥二子で、透二癸、印庚あるので、「従旺格」となり、用神壬、喜神金水木火、忌神土、調候丙火のない、金寒水冷の下格です。第五運戊午、調候運でも大忌となります。戊土殺が火旺の午から生土されて破格となるのです。またこのような命も、「衰神冲旺旺神發」と言えるのです。つまり、亥子丑北方全くするのは、三壬三癸の蔵干であり、この命は、方は成さないものの、二子あり、支蔵四壬二癸となるからです。

〔90〕

丙　辰　　**大運**
乙　未　　丙申　　己亥
壬　午　　丁酉　　庚子
癸　卯　　戊戌　　辛丑

壬日未月生、〈火土当権〉と言っておりますので、土旺・水死令。未午合去、湿土辰は接近し、陽干従し難いのですが、水死令で、無印ですので「仮の従勢格」となります。それはただ辰が接近するのみではなく、卯も年のほうへ接近することとなり、木火有力となるからです。

第一運丙申、第二運丁酉、金旺運ですので、「正財格」に変化して、喜神金水、忌神木火土となる喜忌参半の運となります。

第三運戊戌は、仮従のままで喜運となり、第四運己亥は、亥卯未木局全で未午解合し、亥卯木局半会残り、仮従のままの喜運。第五運庚子、水旺にて「正財格」となり、喜の傾向性となるものです。しかし第六運辛丑は、丑未冲にて未午解合され、「正財格」となって、喜忌参半の運となります。

〔91〕

癸　卯　　**大運**
戊　午　　甲寅
壬　寅　　丁巳　　癸丑
丙　午　　丙辰　　壬子
　　　　　　乙卯

壬日午月火旺に生まれ、癸戊合、戊壬剋、壬丙剋の情不専にて喚起して、結果的に癸戊干合化火し、戊は丙、癸は丁となり、寅午午の火局半会以上となる「真の従財格」です。用神丙、喜神木火土、忌神金水となりますが、調候のない下格です。第五運癸丑の北方運、破格の大忌となります。

〈……似る〉などという〈顛倒の理〉は有害無益であることを何例か重ねて述べてきました。数例の任氏挙例の誤りは指摘してきませんでしたが、「衰旺之眞機」の例はこれが最後ですので、その誤りを挙げておきます。

○〈水衰極、火に似るもの〉

○調候を言わず、

○格局を言わず、

○用喜忌を言わず、

○〈乙卯・甲寅運、名利双全〉、食傷運で喜の傾向性なるも、食傷生財にて財の喜象大ではあるが、命中一点も土の官殺がないので、社会的地位である「名」は「全」とはならないのです。

○癸丑運は、癸戊解合する破格と言うべきです。

〔92〕

		大運	
己	**亥**		36才壬申
丙	**子**	6才乙亥	46才辛未
丁	**卯**	16才甲戌	
庚	**子**	26才癸酉	

丁日子月水旺の癸分野生の「偏官格」です。用神甲となるのは、日支卯の印に坐し、卯木生丙丁火し、調候とも幇身ともなる丙火月干に近貼して透出し、この丙火生己土して、やや燥土となることにより、多少制水の効もあれば、亥中甲木は日干に無情ではあるものの、生丙火には有情であるからです。時干の庚は年月支亥子の生水には無情であり、時支の子を生水、子水よく生卯木し、庚金劈甲引丙丁火、丁火煅金にはやや不足する嫌いはありますが、喜神木火、忌神土金水となるものです。

第一運乙亥、亥卯木局半会する喜の傾向性。

第二運甲戌、戌卯合去して接近、亥中甲は生丁に有情となり、かつ、大運干甲は庚金劈甲引丁、丁火煅庚の喜の傾向性。

第三運癸酉、酉卯冲去して忌の傾向性。

第四運壬申、金旺・水相にして、申子子の水局半会以上、透壬して制火する、忌の傾向性。

第五運辛未、亥卯未木局全にてやや喜の傾向性となるものです。

徐氏解命の〈地凍天寒、水は堅氷〉は、月干の調候とも幇身ともなる丙火日干に近貼して、水も温み、土も木も暖となっているので、誤りですし、また〈木も必ず枯槁する〉こともありません。この卯中甲木は嫡母であり、丁火日干に近貼してはいませんが、日支にあるだけで、月日干の丙丁を生火助火に有情である、という点を全く無視しており、陰干従しやすいと言っても、印が日支にある以上、従することはできないのが定理なのです。

つまり、徐氏はこの造の人が、

○〈一たび酉運に至りますと、一路順風満帆、続く壬申運も向かうところ皆利〉であるという事象から、強引な考え方により、

○〈その氣勢に順ずる〉「従殺格」としているのです。しかし、

○〈地凍天寒、水は堅氷〉であるなら、癸酉運も壬申運も、地凍天寒、堅氷の水で、金寒水冷の運ですので、発展〈皆利〉となる訳がないのです。特別格局になるからと言って、調候不要とすることはできず、「天道有寒暖」を『滴天髓』が言っていることを〈知らなくてはいけない〉のです。これは、日時の日の替わり目を午後

十一時子としたことの誤りがこうしたところにあるのです。つまり、午後十一時からの早い子の刻としますと、丙日子月水旺、火死令の生にて、己丙並んで丙生己土して燥的となっても、団結の亥子水を制することは不能であり、また、子水に挟まれた寅木は湿木でやや漂木とさえなり、生火するのに難あり。また時干庚は生子水の忌。丙火は寅の印あって、有情であるものの、日干弱となり、用神は化官殺生身する甲、喜神木火、忌神土金水となります。

〔92〕′

		大運	
己	**亥**		壬申
丙	**子**	乙亥	辛未
丙	**寅**	甲戌	
庚	**子**	癸酉	

　第一運乙亥、亥寅合去して忌の傾向性。

　第二運甲戌、喜神甲透出して生丙火、戊土湿土となり、湿土生庚する忌であって、喜忌参半の傾向性ある運。

後はほぼ、徐氏の言っている事象に合致することになります。

事象から、格局や用喜忌をこじつけるようなことがあってはならないのです。

〔93〕

		大運	
丁	**卯**		32才己酉
癸	**丑**	2才壬子	42才戊申
丙	**申**	12才辛亥	52才丁未
戊	**子**	22才庚戌	62才丙午

丙日丑月、一八六八年一月十一日の水旺生にて立運約1才8ケ月。申子水局半会しても戊土制水の「薬」あり、丁癸剋去して、日時干の丙戊は年のほうに移動・接近し、卯木の印が生火に有情となるので、用神甲としか取れませんが、甲が来ても甲戊剋去して、喜の用を果たすことはできません。喜

神は木火、忌神土金水となります。〈わずかに戌運を美とする程度〉と言っておりますが、戌卯合去して用神を失う大忌です。恐らく生時戊子ではないはずです。しかし詳しい事象が不明ですので、生時類推は不可能です。

〔94〕

甲辰　**大運**
丁丑　丙子　壬申
癸亥　乙亥　辛未
癸酉　甲戌　癸酉

私の誤字ではありません。癸日に癸酉刻はなく、辛酉刻か、癸丑刻あるいは癸亥刻です。〈大寒の生まれ〉は土旺・水死令で「偏官格」、調候丙なく、金寒水冷、池塘氷結の下格の命です。用神は亥中甲としますが漂木にて生気なく、喜神木火土でも調候ない限り、喜の作用はほとんどありません。水死令でも日干強。金水忌神であるのに、調候がないから、〈反って金水運に行くを美〉の理はなく、女命の大運逆旋して、疾病太多、夭凶命とさえ言えます。第一運丙子水旺、調候はあるが奔流の水の忌。第二運乙亥水旺の大忌、水多木漂、水多火滅。この二運中、立運何才であろうが、辛亥年、壬子年、癸丑年、庚申年、辛酉年、壬戌年、癸亥年と忌の流年を巡るはずです。

徐氏は、〈これらは皆理外の理で〉〈氣の進退をもって推すべきであり〉と言っておりますが、前述しましたように、命理に〈理外の理〉などはなく、すべては首尾一貫する秩序体系ある理論です。徐氏の言う〈氣の進退〉も理論でありますが、〈氣〉と〈勢い〉をも含めて「天道」が優先し、「衰旺之眞機」の日干と他の四行を質量的に比較して、強弱の度合いを知るべきである、と『滴天髓』が言っているのです。土旺であるから、日干が強であっても、土金水と土から進む気があるから、金水運でさらに日干を強とすべきであるという、〈理外の理〉などではなく、「月令提綱之府。人元爲用事之神。」と抑が宜いか、扶が宜いかを「能識」すべきで、それ以外の理はないのです。〈理外の理〉という逃げ道など全く必要ないのです。理論と事実が合致しないということは、その人の理解している理論が誤りであるか、生年月日時が違うか、のいずれかであります。

〔95〕

		大運	
丙	申		36才己亥
乙	未	6才丙申	46才庚子
癸	酉	16才丁酉	56才辛丑
癸	亥	26才戊戌	

癸日未月生、土旺・水死令の透丙する「偏財格」です、調候であり、湿土生金とさせる壬水が申中にあるが、この申中の印・劫財は日干に無情、陰干弱きを恐れませんが、酉金と亥水が有情ではあるものの、天干丙乙が未に有気であるので、用神庚、喜神金水、忌神木火土とするものです。

第一運丙申・第二運丁酉は、忌より、やや喜の傾向性のほうが大。第三運戊戌も、申酉戌西方全となり、丙の忌が忌を制し攻身の忌も大したことがないのは、木火土金水と流通するからです。むしろ、喜の傾向性となり、北方運さらに喜の傾向性となっていくものです。

〔96〕

		大運	
丙	午		31才己亥
乙	未	1才丙申	41才庚子
壬	午	11才丁酉	51才辛丑
辛	亥	21才戊戌	

〈立秋前三日〉とあるので土旺・水死令で立運約1才です。午未午の妬合は去らず、未土を湿土にさせる亥水が遠隔ではあるものの時支にあり、また印の辛金時干にあって日干を強化。用神辛、喜神金水、忌神木火、閑神土。〈用財官〉ではありませんし、前造も本造も土旺生で、大暑前後の問題ではな

いのです。大暑をもって分界とするのは誤りであり、土旺・水死令であることに変わりはないのです。

既識中和之正理。而干五行之妙。有全能焉。〔闡微〕

《既に中和の正理を識るや、しかして五行の妙において、全てを能くするもの有るなり。》

能識中和之正理。而於五行之妙。有全能焉。〔輯要〕

既識中和之正理。而於五行之妙。有能全焉。〔徴義〕

既識中和之正理。於五行之妙。有能全焉。〔補註〕

原　注

中にして、かつ和ということは、子平・命理学の重要なる用法であります。有病はまさに貴、無傷は貴とせず、ということは大変極端な言い方ではありますが、この病を去らし、日干と財官とが調和するのは、中和を得るということであります。中和するは、すなわち貴に至るということに外ならないのです。身弱で財官旺地、中和せざれば富貴となりませんし、用神強、中和せざれば富貴となりませんし、氣が一方に偏っている場合とて、中にして和せざれば富貴となりません。このように如何なる命とて中和の法則を知らなくては、命理は結局理解できないものです。

任氏増注

中和は命学の正理であります。命が中和を得ているなれば、名利が遂げられないとくよくよすることはなく、一生暢氣に悠々と生活し、険阻なること少なく、幸せを得るものです。人となりも親に孝、兄弟、友、驕りあげつらうことなく、心も平静で節操堅いのは、皆中和の正氣を得るものであります。身弱にして旺地にて富貴を取るとか、身旺にして弱地にて富貴を取るとかするのは、必ず四柱中に欠陥があるのです。例えば、財軽劫重、あるいは官衰傷旺、あるいは殺強制弱、あるいは制強殺弱とかで、これらは中和の氣が得られないものの、その氣は却って純正で、その人の恩怨を明らかに分かつものです。

ただ四柱中に欠陥があって、しかも運がその欠陥を補わず、助長せしめる如きは、妻子財祿に足らざるところあるものです。例えば、財軽劫重は妻に不足するところあり、制強殺弱は子に不足するところあり、官衰傷旺は名に不足するところあり、殺強制弱は財に不足するところがあるものです。その人、志し高く、悠々としており、貧であってもへつらうことがなく、後に歳運がその不足するところを補い、その有余するところを去らし、中和の理を得るなれば、必ず発して富貴となるものです。貧窮に遇い驕態をなすものは、必ず四柱偏氣古怪にして、五行その正を得ぬものです。

所謂、有病有薬は吉凶が顕れやすく、無病無薬は禍福推し難いものである、と言われていますが、この論は偏った考え方です。有病なのは命中にはっきりしていて見やすいし、無病なのは隠れていて見難いものです。すべては、中和をもって主とするに尽きるのです。人にこれを譬えますと、無病であるのは、肢体健全で何事も安心して行なえる、ということで、病氣があるということは、憂多楽少、挙動艱難ということです。良薬に遇えばよろしいのですが、良薬なく、これを治せないのは一生の患となるのです。

〔97〕

辛　巳　**大運**　庚寅　癸卯日元で、亥時に生まれ、日主の氣は既に貫通し、土がないのを
甲　午　癸巳　己丑　喜び、財旺じて自ずから生官しております。さらによいことには、巳
癸　卯　壬辰　戊子　亥遥冲して、去火存金、印星用を得て、木火制を受け、体用不傷で、
癸　亥　辛卯　中和純粋となるものです。人となり、知識深くして、器量優れ、才華

卓越し、珠玉のように光り輝くものです。庚運、辛を助け甲を制し、位階高登。わずかに嫌うのは亥卯木局し、木旺金衰であり、子息には恵まれないことです。これは莫寳齋先生の造です。

〔98〕

己　酉　**大運**　壬申　これは王観察の命造です。癸日子月、旺相に似て、財殺太重なるを
丙　子　乙亥　辛未　知らなくてはいけません。つまり、旺中変弱、局中無木、混濁して清
癸　未　甲戌　庚午　からず、陰内陽外の象です。月干に財が透り、財を欲するの氣甚だ強
戊　午　癸酉　く、時干に官殺に逢い、また名誉欲強く、権謀衆に異なり、才幹〔能

力、腕前〕人に過ぎる所以です。身分はもと低く、心術正しくないものでしたが、癸酉運、機会に恵まれ、佐貳より観察になり、栄華は右に出る者がありませんでした。未運に至り、禍を免れず、飛んで火に入る夏の虫の如く、その欲望のため身を滅ぼす結果となったのです。

強きものは抑えるが宜しく、弱きものは扶けるが宜し、とする扶抑は、煎じ詰めますと、中和ということに帰するもので、中和こそ五行の正理であります。この正理を識った上で、反生・反尅、抑揚・進退、顛倒・陽陰等に研究の歩を進めるべきであります。

妙とは、窮まりなきことで、このこともまた中和ということに帰するものであります。例えば、春木丙火を喜ぶのは、陽和の氣があってこそ生木するもので、洩をもって生とするのです。印綬が多いのは、陰湿重くして根は腐り、枯れるもので、これは生をもって尅をするのです。秋木は生氣下斂して、外見枝は枯れ、葉は落ち、生氣阻まれますので、粛殺を経ざれば、氣が陽和の侯に転じても、木氣は條達することはできず、生機不暢なるものであるからです。故に秋木は金の尅を喜び、殺をもって生とするものです。これらのことは、五行の変ではありますが、まず中和の正理を明確に識ることなければ、その奥、全である妙を知ることはできないのです。

『五言獨歩』に「有病方爲貴。無傷不是奇。」と言われており、張神峯氏はこれを敷衍して、「病薬説」としたものでありますが、これは偏った論です。八字は中和もって貴とし、有病有薬とは、中和に帰することです。病薬の造、優劣・吉凶は見やすいもので、ただ運程一路、東南を喜ぶは必ず西北を忌とするもので、運が逆に巡るは、一落千丈となるものです。中和の造であるなれば、順運はもとより美で、たとえ逆運でも大忌とならず、平穏無波となるのです。いずれがよいかは人それぞれの主観で同じではありません。貴の高低、富の大小に至りましては、配合によるもので、多くの命を看て、よく仔細に体得会得してこそ解るものです。文字でこれを説明することはとても不可能なことであります。

〔99〕

四柱	大運	
癸未		
辛酉	30才戊午	60才乙卯
乙酉	40才丁巳	
丁亥	50才丙辰	

これは閻錫山の命造です。乙木寒露一日前に生まれ、秋深く、辛金透出しており、乙木弱とはいえ、金剋を畏れず、丁火制殺を用とします。運行南方、一躍して三晋の都督となりました。民国以来、変動多き中にあって、ただ一人閻氏は三晋を鎮めて不動の地位にあったのです。これも一重に南方運の助けがあるによるものです。

〔100〕

四柱	大運	
戊子		
辛酉	25才甲子	55才丁卯
乙未	35才乙丑	
丙午	45才丙寅	

これは商震の命造です。乙木秋分一日前に生まれ、閻氏の造と格局は同じです。丙火制殺をもって用としますが、その力は丁火に及びません。けだし丙火は太陽の火で、丁は爐冶の火、陽和調候には丙火が上ですが、煅金制殺の用には丁火が上です。詳しくは「干支篇陰陽順逆節」を参照してください。これは干支性情の特性によるものであります。

考玄解註

「中和之正理」ということが「衰旺之眞機」とどう関連するのか、という点を誰一人として明らかにしていないのです。つまり、「能知」「衰旺之眞機」してこそ、「既識」となった「衰旺之眞機」に立って、さらにその生剋制化を、複雑ではありますが、正理である五行の妙をも識ってこそ、中和ということが理会されるのです。干の特性、冲剋合局方、その組織構造、調候、太過不及、通関、始終等から、格局を正しく選定し得て、用神を取用し、喜忌閑神を定めることにより、「扶之抑之」の中和の正しい理論を識ることともなれば、「有能全焉」である、と言っているのです。ですから、「衰旺之眞機」が理解できないのに、「中和之正理」が分かるわけがないのです。単に中和だけの理ではなく、「於五行之妙」での正理でなければならないのです。

そもそもが、この中和ということの正しい認識をしなければならないのです。つまり、絶対中和ということはなく、破れるためにあるのが中和である以上、中和が良好な喜なる方向へと破れていくのか、悪い忌のほうへ破れていくのか、その破れの質量の度合いを「於五行之妙」によって正しく識別することが「中和之正理」ということになる、と理解すべきなのです。このことは、「基礎理論」である「蔵干理論」にあるのであって、例えば寅午の火局半会と午戌の火局半会を、同じ火局半会と見ている限り、「衰旺之眞機」から「中和之正理」には近付けないのです。寅午火局半会は蔵干三丙一丁であり、午戌火局半会は一丙三丁の蔵干となるものであって、そこにはさらに『滴天髄』言うところの干の特性を重視すべき正理があるのです。さらに、その月令は何が旺じ何が死令であるか、その半会の情が専一であるとして、それが太過の病となるか否か、病とするなら、それを制する薬がどこにどのような力量関係で有力になるか無力になるか、また湿土を納火するものが有情な位置にあるかないか、等の「構造論」と係わりながら、運歳との過程の間に、どのように中和が保たれ破られていくのか、喜忌の質量がどう変化するか、の後遺累積を弁別することが、大まかな一応の「中和之正理」なのです。ですから、絶対に〈身弱にして、旺地にて富貴を取る〉〈身旺にして弱地にて富貴を取る〉といった単純な分類などは、「衰旺之眞機」「中和之正理」に全く反することで、類型化はできないのです。既に身旺〈強〉身弱にさえ無限とさえ言ってもよい段階差があるのです。

「既識中和之正理。而於五行之妙。」であって、ここではそれ以上の、つまり、用神、喜神、忌神、閑神をどう選定するかは言われていないのです。「衰旺之眞機」さえ解らず、「中和の正理」をも解し得ず、さらに、〈財軽劫重〉、〈官衰傷旺〉、〈殺強制弱〉、あるいは〈制強殺弱〉などと言うような単純素朴な分類で〈中和〉は求め得られるものではありません。生尅名の干の特性、旺相死囚休、調候、冲尅合局方とその解、四柱組織・構造の上下・左右、前後・遠近の生尅制化も知らずして、「中和之正理」などはないのです。ましてや、〈財軽劫重は妻に不足する〉とか、〈制強殺弱は子に不足する〉等々の事象など、ここで論ずべきことでもないし、単に、妻とか子だけのことにして決定することでもないのです。

〔97〕

辛　巳　　**大運**　　庚寅
甲　午　　癸巳　　己丑
癸　卯　　壬辰　　戊子
癸　亥　　辛卯

癸日午月火旺に生まれ、卯亥木局半会し、月干に透甲、年柱辛巳、陰干従しやすく、卯亥は三甲一乙の蔵干となって、日時癸水は木局半会を滋木培木、さらに日干癸水も月干甲を滋木培木しますが、陰干にとって陰干の幇は無力、また、年干に無情な辛金がありますので、調候のない「仮の従食傷生財格」とするのが「中和之正理」であります。

原文に対する註としては格局まで触れる必要はないのですが、任氏解命の誤りは、

(1)　旺相死囚休を言わず、

(2)　調候を言わず、

(3)　〈土がないのを喜び〉は、攻身しないのを喜ぶの意であれば誤りですし、この土が戊土であって生時戊午刻なれば、癸戊干合化火して「化火格」となり、己未刻なれば、仮従となる理が理解されていないのです。

(4)　〈さらによいことには、巳亥遥冲〉とありますが、冲とは二支並ぶ理で、遥冲などはなく、仮に遥冲があるとしても、結果が不明確です。しかし、〈去火〉と言うのも、誤りの上に誤りを重ね、〈存金〉もせず、もまた誤りです。

(5)　〈印星用を得て、木火制を受け〉、年支巳中庚は丙火から制金されなくとも、支中の庚は下から上を制することはできない、という原則通り、天干の甲を制することはできません。〈火制を受け〉とありますが、時支の亥が卯を飛び越して月支午火を制することはできず、また巳火も制することはできません。

(6)　〈体用不傷〉ではなく、用は無情、年干辛金尅甲不能、さらに日干癸水の印としては無情・無力です。

(7)　以上よりして、普通格局としている「中和之正理」などではないのです。以上の外、

(8)　卯亥木局半会し、蔵干三甲一乙となる理も解っていない。

(9)　事象をまことしやかに述べていること。

この当時の著名人らしい人のようですから、もしこの生年月日が正しいものとしましたなら、生時庚申か辛酉の生まれでしょう。

この挙例の四柱であれば、用神丙、喜神水木火土、忌神金となるものです。
第三運辛卯、「正財格」か「偏財格」に変化し、喜神金、忌神木火土、閑神水となる大忌の傾向性ある運。
第四運庚寅、庚甲尅去して、辛金印が日干に接近して、前運と同様に財格となって大忌の傾向性。この二運中に死亡しても不思議ではありません。

〔98〕

		大運	
己	**酉**	壬申	
丙	**子**	乙亥	辛未
癸	**未**	甲戌	庚午
戊	**午**	癸酉	

癸日子月水旺に生まれる「月劫格」か「建禄格」です。調候丙火が、月干に透出し、水温み、土も暖温金となって、丙火生己土し、己土生酉、酉金生子水となるものの、己土はやや燥にて制水もする。時支午も調候であり、去とならないのは、癸戊干合し天地徳合にて未午合去しないからです。しかし、倍力となった戊土を午火が生土し、攻身大。しかも、未中己土はまた午から生己土されています。日干癸水旺令なるも弱となること甚だしく、用神は無情ではあるものの、生水の庚と取り、喜神金水、忌神木火土となるものです。

第一運乙亥、乙己尅去して、天干丙癸戊は年のほうへ接近し、日干癸水は酉に有情となる上に、水旺の亥に通根することにより、少喜の傾向性となるのは、倍力の戊土が制亥中壬水となるからで、良い方向へと少しずつ中和が破れていくからです。

第二運甲戌、忌神の甲木が忌神の戊己土を制土し、甲木はまた戌土も制しはするものの、洩身の忌である甲の忌象避けられず、戊土攻身の忌は小となるも、喜はほとんど期し得られませんが、前運の後遺もあります。

第三運癸酉、戊己土から制癸水はされるものの、金旺の酉金は、湿土生酉金されて、生癸水、生子水となって中和はやや大きく良好のほうへと破れます。

第四運壬申、金旺・水相の壬が大運干に透出し、申子水局半会して蔵干二壬、戊土が「薬」となり、日干旺強とはならず、戊土と丙火の喜象、水の喜象発するものの、食傷の喜象に欠けるところはあるものです。流年甲・寅・卯はすべての喜象伴う。この運、中和は良好面に大きく破れるが、やはり食傷が不足する傾向性の運。

第五運辛未、辛丙合去、日干癸水は酉に有情となり、湿土生酉金ともなるので、やや喜のほうへと中和破れ、

第六運庚午、庚丙剋去して、また酉金の生癸水有情となるものの、火旺の午運にて忌の傾向性。前運の喜の後遺は期し得られるが、喜忌は流年により一定せず、変化があります。

〔99〕

		大運	
癸	**未**		40才丁巳
辛	**酉**	10才庚申	50才丙辰
乙	**酉**	20才己未	60才乙卯
丁	**亥**	30才戊午	

乙日酉月金旺に生まれ、時支亥中に壬と甲あるため、従することができず、「偏官格」となります。日干弱にして調候丙火なく、生気に欠けますが、用神は、無情ではあるものの、化官殺生身、滋木培木となる癸と取り、喜神水木、忌神火土金となります。「中和之正理」に従えば、生気ない陰湿の日干乙木は死令、旺令の二酉金に根ある辛金の殺から剋傷され、中和甚だしく欠ける命です。大運を「中和之正理」に従って見ますと、

第一運庚申、中和全く欠け、忌大の傾向性。

第二運己未、湿土が金の忌を強化して、中和甚だしく欠け、忌の傾向性。
第三運戊午、折角の調候運ではあるが、戊癸干合して化火し、癸は丁、戊は丙となり、午未合・午酉蔵干の尅、天干化火した丙丁火旺じ、洩身太過して忌の傾向性ある運。

徐氏の誤りは、

(1)〈金尅を畏れず〉ではありません。乙木も尅己土であるのと同様、辛金尅乙木となる金旺・木死令です。

(2)〈丁火制殺を用とします〉とし、用神丁、と言っておりますが、日干弱であるのに、洩身の丁を用神に取るのは大誤です。丁火は日支酉中の辛金くらいは制金しますが、庚金を制することはできず、月支酉金には、全く丁火の制は及びません。

(3)これも、事象から用神を取った誤りです。

(4)調候は丙火であって、丁火は調候としての用をなさないのです。干の特性、調候を無視した中和の正理はないのです。

〔100〕

		大運			
戊	子	5才壬戌	15才癸亥	25才甲子	35才乙丑
辛	酉	45才丙寅	55才丁卯		
乙	未				
丙	午（子）				

徐氏、〈丙火制殺をもって用とします〉と言っている点からしますと、乙日丙午刻はないので、丙子刻の原本の誤植です。年支子は日干に無情で、時支子は日干に有情なる助身となり、乙丙並んでおりますので、反生の功あり、金旺の辛金から尅乙され、日干弱となる「衰旺之眞機」となるのです。甲木の

幇身なく、用神は癸、喜神水木、忌神火土金、となるのが「中和之正理」なのです。

次に、中和、季節の調和としての調候の重要性が理解されなければならないのです。「天道有寒暖」と「地道有燥溼」は分けて論ずべきところではありません。しかし註はすべて、別々に分けておりますので、一応これに従うことにします。

天道有寒暖。發育萬物。人道得之。不可過也。〔輯要・闡微・徴義・補註〕

《天道に寒暖ありて、萬物を發育せしめ、人道これを得るに、過ぎるべからざるなり。》

原　注

陰支を寒とすれば、陽支は暖。西北を寒とすれば、東南は暖。金水を寒とすれば、木火は暖となります。氣の寒を得るに、暖に遇いますと発しますし、氣の暖を得るに、寒に逢えば成るものです。寒の甚だしいもの、暖の極まるもの、中に一、二の成象するものもありはしますが、決して宜しいものではありません。五陽干が子月に逢うのは、一陽の候ですので、万物懐胎し、陽が陽位に乗ずるなら、東西いずれの運もよく、五陰干が午月に逢うは、一陰生ずる、万物収蔵となり、陰が陰位に乗ずるは、南北いずれの運も宜しいものです。

任氏増注

寒暖とは、万物を生成するの理でありまして、西北の金水を寒、東南の木火を暖とすることにのみ拘泥してはなりません。機微の変であって、上に昇るものは必ず変じて下に降りるものですし、収まり閉じたものは、必ず開くものです。そして、質の成も、形の機によるものです。陽の生は、必ず陰位あるものですし、陽が主として物を生じても、陰でなければ成すことはできないのです。形が成らざれば、また生も虚となるものです。陰は主として物を成しはしますが、陽でなければ、生ずることはできず、物が生じなければ、どうして成すことができましょうか。ただ、陰陽中和変化してこそ、よく万物を発育することができるのです。一陽あって陰がないなら成すことできず。一陰あって陽がなければ生ずることできず、これを鰥寡（かんか）と言って生成の意がないものです。このように考えて来ますと、ただ陰陽の配合のみならず、寒暖とて同様一方が過ぎてはいけないことが分かります。ましてや、一年四時の変化があって、相生して成るものですから、子月陽生、午月陰生に論を定めるべきではありません。原文の末句に、「不可過也」とあるは、中和するが宜しの意で、寒が甚だしくとも、暖があれば宜く、暖が至っているとしても、寒が有根であるなら、万物を生成できるものです。しかし寒氣甚だしく、暖氣なく、暖至りて寒が無根なれば、決して生成の妙はないものです。ですから過寒なるもの、反って無暖を美とするし、過暖なるもの、反って無寒を宜しとするものです。寒極は暖の機であり、暖極は寒の兆であるからで、陰極まりて陽を生じ、陽極まりて陰を生ずる、これ天地自然の理であります。

〔12〕

	大運	
甲申		庚辰
丙子	丁丑	辛巳
庚辰	戊寅	壬午
戊寅	己卯	

〈徐氏補註〉は106頁に掲載の命。これは、寒金冷水、木凋土寒、寅時にあらざれば、年月の木火無根となって、作用すること不能となります。所謂、寒が甚しといえども、暖有氣なるものです。重要なるは寅です。地氣上昇し、木火は絶處逢生、一陽解凍します。しかし丙火

不動なればまた発せず、妙は申寅遥冲にあり、これ動、動じてすなわち生火するものです。およそ四柱緊冲するは尅をなし、遥冲は動をなすものです。さらに東南の運を行くを喜び、科甲出身、黄堂に至る。これが所謂、得氣の寒、暖に遇いて発す、です。

〔101〕
己酉　**大運**
丙子　乙亥　辛未
庚辰　甲戌　庚午
甲申　癸酉　壬申

これも寒金冷水、土凍木凋、前造と大同小異ですが、前造は寅があり、木火有根でしたが、本造は寅なく、火は絶地です。所謂、寒甚だしく暖氣なきもので、反って無暖を美となすものです。

初運乙亥、北方水地、喜ありて憂いなき所以ですし、甲戌運は、丁火を暗蔵、丙火の根をなしますので、刑喪破耗。

壬運では、丙火を尅去し、申運食庫満ちあふれ、癸酉運、財業日に増し、辛未運、運は南方に転じ、丙火が得地生根して、破耗多端。庚午運、寅年、木火斉来して、死亡しました。

〔102〕
丁丑　**大運**
丙午　乙巳　辛丑
丙午　甲辰　庚子
壬辰　癸卯　壬寅

これ、火焔南離、重々刦刃に逢う、暖の至です。一点壬水、本来猛火を制するに力不足なのですが、辰に坐していることが宜しく、通根身庫、さらに丑土をよしとします。丑は北方の湿土、よく生金晦火して蓄水、所謂、暖至といえども、寒有根の命であります。科甲出身、封疆となりましたが、微かに運途不十分ですので、起伏多いものです。

〔103〕

癸未	**大運**	
丁巳	丙辰	癸丑
丙午	乙卯	壬子
癸巳	甲寅	辛亥

これは、南方を全くし、巳時に生まれ、暖の至です。天干兩癸は地支に全く根氣がありません。所謂、「暖之至、寒無根、反以無寒爲美」で、初運丙辰、兩親のお蔭の福を受け、乙卯・甲寅運、洩水生火して、家業増新、癸丑運には、寒氣通根し、兩親相次いで死亡。壬子運、祝融の変があって、破産し死亡しました。

徐氏補註

寒暖燥湿〔「燥湿」は次の節ですが、徐氏は一論としてまとめていますので、それに従います〕は、全局の氣勢を指して言っていることなのです。過ぎたるは及ばざるが如く、皆偏枯に属します。ですから、八字は中和をもって貴しとするのです。氣候の調和は、八字中の重要なものです。天道とは干、地道とは支のことです。天干金水を寒、木火を暖、地支西北を湿、東南を燥、とするのは五行を方位に当てて言っていることです。秋冬を寒湿、春夏を暖燥とするのは時令の氣候について言っているのです。寅卯巳午未戌を、陽暖の郷となし、辰申酉亥子丑を、陰寒の地とします。陽暖の支の上に、天干甲乙丙丁戊己が臨むは、暖にして燥に近くなり、陰寒の支上に、庚辛壬癸乙己が臨むは、寒にして湿に流れることとなります。調和の法には二つあり、暖燥太過するは雨露の潤を喜び、寒湿の太過するは太陽が暖めるが宜しいのです。生剋制化の常道ではないと言いましても、実に進退乗除の至理であります。原注に「得氣之寒、遇暖而成。得氣之寒、逢寒而成。」、また、「過於溼者、滯而無成、過於燥者、烈而有禍。」とも言われています。およそ、八字中調候の需要は、官殺財印、食傷は暫くおいて、ただ調候を急とするものであります。任氏増注に「寒雖甚、要暖有氣、暖雖至、要寒有根。」と言っているのは、調候のことですし、また、根在苗先のことです。原局に有根であるなら、運がその地に至って自然と発栄するものですし、原局無根であれば、佳運に値しても、華は実りません。一生の福澤はまた欠陥を嫌うものです。

〔104〕

辛　丑
辛　丑
壬　寅
辛　丑

大運
26才甲辰
36才乙巳
46才丙午
56才丁未

これは女命です。壬水十二月に生まれ、水凍金寒、池塘氷結ですが、日元寅に坐すを喜び、寅中の一点丙火が用をなし、寒湿の中、蔵する一点陽和の神で、暖有氣となり、さらに運行東南陽和の地を巡るを喜とします。ですから、母家夫家共に門庭鼎盛し、夫栄妻貴となったのです。

〔105〕

辛　丑
辛　丑
癸　丑
癸　丑

大運
22甲辰
32乙巳
42丙午
52才丁未

また、女命です。前造と十一日の違いです。冰結池塘は両造共同じで、行運も同じです。特に前造の壬寅が丙火有氣で、吉神を暗蔵するに、本造は丙火無根であって、原局寒湿に過ぎ、出身や貴賤は同じではありません。南方陽和の運に至って、商人の妻となり、安境にあるのみです。

〔106〕

乙丑	**大運**	54才乙亥
辛巳	24才戊寅	
甲午	34才丁丑	
丁卯	44才丙子	

四月甲木退氣、丙火司令し、癸水にあらざれば用とすること不可なるに癸水不出、富貴倶に仮なるは、氣候暖燥に過ぎるゆえです。これは、呉漁川君の命造で、遜清庚子年の挙乱〔義和団の乱〕には、西狩〔天子が西方で狩りをすること〕の車輿に乗り、知県を従え、貴人、高官と親しく接しておりました。辛金官星被傷、丁火乗旺し得祿、原局印が欠け、官星存し難きのみならず、甲木も自焚の懼れあるものですが、戊寅運、晦火存金、知らぬ間に知遇を得、丁運庚子年、午火を沖去し、庚金は乙に合して助官、高官と親しく接し、観察の地位を与えられる。しかし、この年妻を剋し、宦海にあって浮沈あり、大なる志を得られないのは、原命の偏枯のゆえであります。

〔107〕

癸巳	**大運**	50才癸丑
戊午	20才丙辰	
乙巳	30才乙卯	
己卯	40才甲寅	

乙木五月に生まれ、火旺木焚、癸水の潤沢にあらざれば用とすることできません。戊癸合、癸水の喜は化して忌となります。やむを得ず、木火傷官を取らざる得ないものです。行運印綬の運を喜ぶ。乙卯・甲寅運、幇身すること美とはいえ、その意志を展開できず、癸丑・壬子運に至って、発展の希望

あるは、原命偏枯のゆえです。福沢は不十分です。およそ、食傷太旺、比劫幇身を用とすべく、官殺太旺、比劫を用とするは、反って戦争の局をなすものです。俗に敵殺を美となす、と言われていること必ずしもそうではないのです。

考玄解註

ここは「天道」と「地道」を分断して註をすべきところではなく、その点徐氏は一括して註をしているのは宜しいのですが、任氏増注を否定するどころか、むしろ称賛している論調となっており、しかもその論旨、『窮通寶鑑』と『造化元鑰』に註を施した人とは言えないようなことを述べております。いかに命学の先人とはいえ、誤りを誤りとしてはっきり指摘してこそ註であり、かつ、後学の人への資となるものと言えるのです。

またこのことは、『滴天髓』の作者と原注の人とが同一人物でないことを示しております。既にして多くの古書中にさえも、季節の調和が言われてもいることを『滴天髓』の作者は「寒暖」として、命理の重要理論として、「天道」「地道」として論じているのです。「天道」と言っても「天干」のことではなく、「人道」と言っても、単に地支蔵干のことでもないし、「地道」と言っても、必ず地支のみとは限らないのです。また、単純な陰陽のことでもありません。ですから、「天道」を天干のこととし、「地道」を地支のこととしますと、大誤や矛盾が生じますので、「天道」「地道」は四柱八字と解するのが妥当なのです。

「寒暖」ということは、人体が感ずるところの寒い暑いということではなく、地球との相関関係にあるところの、太陽の躔度（てんど）のことなのです。この太陽の位置によって各十二ケ月一回帰年が分けられていることにより、その太陽の躔度（てんど）の位置による寒暖に対して、季節の調和・中和が適切であることが必要であって、暖であるからと言って寒となるものが過ぎるのも、寒であるから暖となるものが過ぎるのも「不可」である、と言っているのです。これが命理の「天道」であって、格局などよりも優先する「發育萬物」のもとなのです。つまり、特別格局であっても季節の調和が必要であるのです。また陰陽のことではありませんので、〈陽極まりて陰生じ〉とか〈陰極まりて陽を生じ〉などと言うことでもないのです。暖の極は、火炎土焦となって土は乾燥するだけでは止まらず、大地はひび割れてしまい、何ものも「發育」できないこととなり、寒の極は、金寒水冷、池塘氷結し、凍土となり、堅氷となって、万物を死滅さえさせるのです。任鐵樵氏が大きな影響を受けたとされる、陳素庵相國の『命理約言』中の、貧賤夭凶の格の中のものとして、火炎土焦、池塘氷結、金寒水冷が挙げられていることを任鐵樵氏は理解できなかったのでしょう。これらの用語は何も陳素庵氏が言い出したものではなく、それ以前二、三百年前の古書や歌訣等にも散見されるのです。ですから、任氏増注の〈過寒なるもの、反って無暖を美とする〉ことも、〈過暖なるもの、反って無寒を美とする〉と言っていることも、大誤大謬、暴論であります。これでは「中和之正理」もあったものではありません。この点を指摘し、否定しなかった徐樂吾氏も徐樂吾氏です。

十干にはそれぞれ特性があり、十干の十二ケ月の調候と、干と干の相関関係についてはここで述べ切ることはできません。一覧表などで簡単に済ませる訳にもいかないことであり、略述するだけでも、少なくとも六十頁以上は必要となるので、『造化元鑰和訳』『造化真髄』を参照していただきたいのです。当然、調候となる干にも特性があり、組織構造上の位置により適切である位置と不適切である位置があります。例えば、日干が丙火ですと丙火の特性で言われているように「欺霜侮雪」ですので、他の日干のように調候としての太陽丙火の照暖を必要とはしませんが、厳寒の候となる丑月には調候丙火が必要となってくることもあります。幇身としての丙火の視点と調候の視点とは別ですので、水旺月は火が死令であるからと言って、一点の丙火を弱いと決め付けてはならないのです。調候はあくまで調候と考えなければならないのです。ですから庚金が日干で、子月水旺であって調候急を要するのに、丙火調候となるものが日干に近貼しているような組織構造であるのを、単純に偏官・七殺の攻身とのみ思い込むのは誤りです。調候の照暖によって、水は温み庚金も、暖められているると考えなければならないのです。この丙火殺が攻身となるのは、他に付随するものがあることにより、そうなる場合もあるのです。

さらにまた、緯度と高度によってさえも、この調候も多少違ってくるものです。こうした点に考えが及びますと、同じ経度であっても日本海沿岸と太平洋沿岸を同一視することはできない、ということにもなれば、さらに北半球と南半球は同一干支としてはならない、という地球規模的思考へと発展し、「南半球干支論」となるのです。南半球の季節は北半球と正反対であることから、季節の代名詞である十二ケ月の支が正反対となり、また南半球の調候の理論ともなっていくのです。

〔12〕

		大運	
甲	**申**		庚辰
丙	**子**	丁丑	辛巳
庚	**辰**	戊寅	壬午
戊	**寅**	己卯	

庚日子月水旺、調候急を要する子月、丙火月干にありますが、支は申子辰水局全くする「病」であるのを、戊寅の殺印相生の戊土が制水の「薬」の効あるのは、蔵干二癸となる辰支のみで、寅中甲も二癸を納水し、さらに、年月支の三壬一癸を年干甲が戊寅と共に「薬」とな

るのです。その甲木が調候丙を生火しますので、攻身する「不可過也」となるものです。救いとなるのは、天干甲丙と寅とが無情な位置にあることです。「薬」がありますが、戊土から生庚されても子の壬癸水への洩身の忌となる、洩身に耐え得るだけの根がないのです。ゆえに日干弱の「食神格」か「傷官格」となり、用神戊、喜神土、忌神水木で、金は閑神となり、さらに火も閑神となるのは、日干に近貼して用神戊が高透しているからです。つまり、「病」に対する「薬」も「中和之正理」であり、やや「過」となる月干の生火される調候丙火と、寅中の丙火も、季節の調和となる調候であり、さらにやや攻身となる丙火を化殺して生身する戊土が「中和之正理」となるのです。任氏の解命中の誤りは、

(1) 水局を見落とし、これが「病」であることを明確にもせず、「薬」の協力を見落とし、

(2) 〈寅時にあらざれば、年月の木火無根となって、作用すること不能〉と言い、

(3) 調候は、子月水旺丙火で十分（ただし、位置による効用の限界はある）となるのを、丙火の根がないと、調候の効がないように、初学の人に強く印象付けている点、

(4) さらに、寅中調候あっても、甲寅運冲動し生火するから、丙火調候の効が生ずるように言っている点、しかも、甲寅運などはなく、第二運戊寅で、寅申冲にて水局を解き、子辰の水局半会を残し、申は個有の支となる、解法の正理も解っていないのです。それのみではなく、第一運丁丑にて、丑子の合があることにより、水局全が解局して、全支個有の支となる正理も理解していないのです。

(5) この組織構造よりして、「不可過也」となることも理解していない点、

(6) 〈遙冲は動をなす〉も誤りで、この誤りが水局全とならない解命となっているのです。

第一運丁丑、丑子の合にて水局解けて全支個有の支となり、辰も丑も生庚し、これ以上の土は埋金の憂いがあるのを、甲木が疏土して埋金としませんので、喜大の傾向性ある運。

第二運戊寅、木旺運、戊甲尅去し、原局の月日時干接近して、水局の「病」に戊土の「薬」が月日支に及ぶものの、やや不及となるところを、二寅の二甲が納水の「薬」ともなれば、丙火調候も助け、佳運の傾向性。

第三運己卯、木旺運にて、己甲合去するも、接近する戊土の制水と卯の旺木が納水し、さらに、方は局に優先する強さがありますので、寅卯辰東方全くし、申子水局半会を残す。つまり、上記のような原局と大運となることで、戊土の殺印相生の根がなくなる上に、寅卯辰の木が生丙し、攻身すること大となる忌の傾向性ある運。

第四運庚辰、庚甲尅、庚丙尅の情不専、申子辰辰の水局全以上となり、大運干庚は生水しますので、甲・戊寅が納水し切るのにやや難あり、喜忌参半の傾向性ある運となる、この運中、戊己土は情不専となるので尅・合去はしません。

	大運
--→ 申（壬 壬）	
丙 子（壬 癸）	卯（甲 乙）
庚 辰（乙 乙）	
戊 寅（甲 甲）	

第五運辛巳、火旺の調候運、巳申合にて水局が解け、子辰水局半会残り、巳・申・寅は個有の支。火旺の巳は戊土を生じ、戊土制水と、殺印相生の寅支は納水と生土に向かい、戊土は生庚、一応五行流通して、やや喜の傾向性ある運。

第六運壬午、火旺運、午子冲、午寅火局半会の情不専なるも、冲をもって重しとするのと、大運干は忌神壬水にて、水太過し、水多土流、水多木漂、水多火滅の憂い大となり、この運中に死亡もあり得ます。

大運干支の有り様も解命せず、どのような干支であろうとも全く関係なしに〈東南の運を行くを喜び、科甲出身、黄堂に至る〉としているのです。

〔101〕

		大運	
己	**酉**	壬申	
丙	**子**	乙亥	辛未
庚	**辰**	甲戌	庚午
甲	**申**	癸酉	

庚日子月水旺に生まれ、調候急を要するに、月干に透丙、支は申子辰水局全くして、水源日干庚と、日干に全く無情なる年支酉が生水、納水の甲木は不及、月干から生土される年干己土はやや燥となりますが、制水するより生酉金に向かい、己土は生身に無情であり、日干無根であるので、「仮の従児格」となります。用神壬、喜神水木火、忌神土、閑神金とするものです。大運にて水局が解け、日支辰が個有の支となれば、「食神格」か「傷官格」に変じ、喜神土金、忌神水木火となるのです。

しかし、第二運甲戌は西方全となるので、この運は、普通格局となりますが、日干強となるので、喜神水木火となるものです。第三運癸酉は酉辰合にて水局解ける金旺運、癸己尅去して日干庚は接近して、酉にも申にも有情となり、前運同様、普通格局となって、喜神水木火となります。また第六運庚午、午子冲と午酉蔵干の尅にて解局せず、「仮の従児格」のままで、喜神水木火となるものです。しかし、「衰神冲旺」となります。

ところで任氏解命、

(1)〈反って無暖を美となす〉として、月干丙火を無視し、

(2) 格局を言わず、用喜忌にも触れず、「中和之正理」を無視し、申子辰水局にも言及せず、「病」「薬」も無視。

(3)〈初運乙亥、北方水地、喜ありて憂いなき所以です〉と言い、

(4)〈甲戌運は、丁火暗蔵、丙火の根をなしますので、刑喪破耗〉として、申酉戌西方全に気付かず、丙火を忌としております。

(5)〈壬運丙火を尅去し〉は、丙庚尅あって、不去となる理を誤り、

(6)〈申運食庫満ちあふれ〉と、大運五年分断論の誤りの上に、申申子辰の水局全以上となるのを無視して、喜運としていること。

以下の格局、用喜忌も誤っております。これでは『滴天髓』言うところの季節の調和も、「衰旺之眞機」も「中和之正理」も全く無意味なものになってしまいます。

〔101〕′

己酉
丙子
庚辰
乙酉

この挙例、真正生時が一刻違いの酉刻としますと、上記のようになって、結果として調候やや適切なる「食神格」か「傷官格」となり、用神壬、喜神水木火、忌神土金、となって、任氏の言っている事象に大分近付きます。

〔102〕

丁丑
丙午
丙午
壬辰

大運
乙巳　甲辰　癸卯
壬寅　辛丑　庚子

丙日午月火旺に生まれ、調候壬水の水源有情を必要とするのは、三夏の水は涸れやすいためです。本造は壬水辰に坐し、さらに年支の湿土丑が晦光・納火することによって、調候よろしいことになります。火は団結しておりますので最強となり、用神壬、喜神土金水、忌神木

火となる輔映湖海の象あって、相当に発展する大運の傾向性あるものです。

〔103〕

		大運	
癸	**未**		癸丑
丁	**巳**	丙辰	壬子
丙	**午**	乙卯	辛亥
癸	**巳**	甲寅	

丙日巳月火旺に生まれ、全支巳巳午未の南方を全くし、癸丁尅去、調候壬水の水源有情であるのを必要としますが、一点の壬水もなく、一点癸水あるため、「仮の炎上格」となり、喜神木火土金、忌神壬水となるものです。

第三運甲寅までは、喜神運ですが、調候ないため、それほどの喜の作用なく、やや忌を生じさえします。第四運癸丑以降の水旺となると、「建禄格」か「陽刃格」となり、喜神土金水、忌神木火となる喜運となります。しかし、第五運壬子は「衰神冲旺旺神發」となる大忌の傾向性ある運となります。

〔104〕

		大運	
辛	**丑**		56才丁未
辛	**丑**	26才甲辰	
壬	**寅**	36才乙巳	
辛	**丑**	46才丙午	

壬日丑月土旺に生まれ、透辛する「印綬格」です。厳寒の候、調候二丙くらい欲しいところですが、日支寅中丙は甲生丙生戊となっていますので、調候やや不及と言えます。年柱は日干に無情ではあるものの、陰干無力とはいっても、月時支丑中癸水の水源深く、月時干の辛金印が有力となるので、日干強、用神は寅中丙としてよろしいのです。喜神は木火、忌神金水、閑神土、となるものです。「源半清」と

言うべきで、大運喜用の運を巡り、「流清」とも言える好命です。

〔105〕

	大運	
辛丑	2才壬寅	32才乙巳
辛丑	12才癸卯	42才丙午
癸丑	22才甲辰	52才丁未
癸丑		

癸日丑月土旺の生まれで、辛金が透出する「偏印格」です。調候二丙くらい欲しいところ、一丙もなく、金寒水冷、池塘氷結の下格、用神取るものない濁命です。

しかし、第一運壬寅、調候丙火蔵し、寅木納水して、やや良化。続く第二運癸卯、第三運甲辰は、調候なく、中和得られず、続く第四運乙巳、第五運丙午火旺運は、調候運にて喜の傾向性となる。「流半清」と言える命です。

〔106〕

	大運	
乙丑		34才丁丑
辛巳	4才庚辰	44才丙子
甲午	14才己卯	54才乙亥
丁卯	24才戊寅	

甲日巳月火旺、庚分野に生まれ、透辛する「偏官格」です。乙辛尅去、甲・丁は年干のほうへ接近し、調候癸水は丑中にあって、水源深く、滋木培木します。日干の根時支卯にあるものの、旺令の巳・午・丁の洩身にはやや耐えられません。用神癸、喜神水木、忌神火土金、となるもので、大運干支に補救・救応の神あり、一路喜運を巡ります。徐氏、〈氣候暖燥に過ぎる〉と言っておりますが、三夏甲日、調候癸水、有情なる水源必要とするもので、丑土一点あるのみでは、調候不及です。

〔107〕

		大運	
癸	巳		40才甲寅
戊	午	10才丁巳	50才癸丑
乙	巳	20才丙辰	
己	卯	30才乙卯	

乙日午月火旺に生まれ、調候癸水の水源巳中にしかなく、癸戊干合化火し、癸は丁に、戊は丙に変化。日干卯に根あるが、「仮の従児格」とします。用神丙、喜神火土金、忌神水木とはなるものの、調候のない「源濁」の命となるものです。

第三運乙卯、第四運甲寅の二運は、「傷官格」に変化し、調候がないため、喜神水木とするも、あまり喜となりません。第五運癸丑まで「傷官格」となって、癸水が滋木培木し調候ともなる、「流半清」となります。

地道有燥溼。生成品彙。人道得之。不可偏也。〔輯要・闡微・徴義・補註〕

《地道に燥溼ありて、品彙（ひんい）を生成す。人道これを得るに、偏するべからざるなり。》

原　注

湿に過ぎる者は、滞って成ることなく、燥に過ぎる者は、烈しくて禍あります。金の生があるのに、水が寒土に遇うのはますます湿となりますし、木の生があるのに、火が暖土に遇うのはますます燥となるもので、皆これらは偏枯するものです。水火にして燥をなすは吉ですし、木火傷官は湿を要するものです。土水にして湿をなすは吉ですし、金水傷官は燥を要するものです。土湿にして燥が宜しく、用土として後に用火とするもの、金燥にして湿が宜しく、用金として後に用水とするものが時々あります。

任氏増注

燥湿は、水火相成の謂いであります。主氣ありて、内に五行を秘さず、局に氣ありて、外必ず四柱に貫くものです。湿は陰氣でして、燥に逢えば成るし、燥は陽氣でして、湿に逢えば生ずるものです。木が夏令に生まれるは、精華発洩しますが、外に有余して内実虚脱するは、必ず壬癸をかりて木を生ぜしめなければなりませんし、丑辰の湿土で木を培養しなければなりません。そうであるなら、火も烈しからず、木も枯れず、土も燥とならず、水も涸れずして、生成の義があるのです。しかし、未戌の燥土を見、反って助火して晦火不能たらしめるなら、たとえ水がありましても、力となることはできません。ただ、金は百煉して、その色を変えませんから、金が冬令に生まれ、洩氣休囚していても、丙丁火を用として寒に敵し、未戌の燥土で除湿するなら、火も晦からず、水も狂わず、金も寒からず、土も凍らずして、生発の氣機があるのです。しかし、丑辰の湿土を見るは、反って助水して制水することできず、たとえ火があっても、力とはならないものです。これ地道生成の妙理であります。

〔108〕

		大運	
丙	辰		乙巳
辛	丑	壬寅	丙午
庚	辰	癸卯	丁未
丙	子	甲辰	

これは俗論をもってしますと、寒金は火を喜び、干に兩丙透って、独殺留清、その木火の運中にて名利双全と推すものです。しかしそれは、支中重々の湿土、年干丙火は、辛と合して化水し、時干丙無根で、ただ寒湿の氣あって、生氣の意ないもので、用水にして用火不能なのです。ですから初運壬寅・癸卯、制土衛水して、衣食頗る豊か、丙午・丁未運二十年、妻子皆傷、家業破尽、髪をそって僧となりました。

〔109〕

丁未　**大運**　戊申
壬子　辛亥　丁未
庚戌　庚戌　丙午
丙戌　己酉

この造、水勢をもってこれを論ずるに、仲冬水旺、喜ぶところは支中重々の燥土があり、その湿氣を去らしめるに十分であることです。子未相尅して、子をして壬水を助けしめず、丁壬一合、壬水をして丙火を尅させないものです。中運土金、弁事に入部するも十分発展できず、意に反すること多きも、丁未運南方火旺にて、議叙に出仕し、丙午運に至る二十年、奇遇を得て、州知事となりました。

〔110〕

癸未　**大運**　癸丑
丁巳　丙辰　壬子
甲午　乙卯　辛亥
庚午　甲寅

甲午日元で、巳午未南方全く、燥烈の極です。天干金水無根、反って火の烈を激しくし、ただ火の氣に順ずるのがよろしいのです。初運木火、その氣勢に順じ、財喜頻増するも、癸丑運に至り、刑喪の嘆きあり、挫折に遭い、破耗多端。壬子運では、冲激さらに甚だしく、人命を犯し、火災に遭い、破家、死亡しました。

〔111〕

癸丑　**大運**　癸丑
丁巳　丙辰　壬子
甲辰　乙卯　辛亥
庚午　甲寅

本造は前造と、辰と丑の二字が換わっただけです。丑は北方の湿土にして晦火蓄水、癸水通根し丑に載り、辰はまた湿土にて木の余氣、日元盤根に足り、庚金生水して用を輔けることできずとはいえ、丑に通根しますので、結局作用あるものとなります。初運木旺、幇身護用、和平順吉、癸丑運に至り北方水地、および壬子・辛亥運の三十年、経営得意、事業大成しました。

徐氏補註

〔寒暖の節と共に、既述。〕

考玄解註

「寒暖燥湿」は一緒にして理解すべきであって、燥は暖とは限らず、湿は寒とは限らないものですし、支にのみ燥湿があるのでもないのです。原則的には辰・丑土は蓄水するので湿土であり、未・戌土は丁火を蔵しているので燥土ではあります。しかし燥土となり不能生金となるのは、三夏における未や戌土の場合であり、三冬において池塘氷結、凍土となるのは、辰・丑土のみではなく、組織構造によっては未・戌土さえも凍土となるのです。

この三夏調候は水源有情なる壬水もしくは癸水ですが、その水が燥土である未・戌土と有情でない限り、湿土とはならないことをよくよく注意しなければならないのです。しかし、三夏であっても辰や丑の湿土が燥となることはなく、湿土であって生金有情となるのです。未月に生まれて、壬癸水有情でなくとも、冲去・合化しない丑があるとか、辰があるとかするなら、燥土の未は生金せずとも、丑・辰は生金有情となるものです。また三秋・三冬には、火が太過しましても、丑や辰が燥土となることもないのです。この辰や丑はそのように、生金もすれば、よく滋木培木もし、生木された木は生火し、火は生土し、土また納火するので、「生成品彙」と言っているのです。

戊月は戊土燥土であり、かつ三秋寒気進んでいますので、調候の丙火と戌の燥土を湿とする壬癸水が戌に有情であることを必要とするのです。

また支のみのことではない、と言いましたのは、干にも燥湿がある、あるいは干もまた燥湿となる場合さえもある、ということなのです。原則的には、水によって生木されることから、同じ木でも乙木は湿木と言えるのです。ですから、三夏を除いて日干乙に丙火が近貼しているなら、これを〃反生の功〃あることとする意は、乙は丙に洩らすことによって、湿の乙をやや燥とすることによって、乙木をやや強化するし、庚辛金の尅乙するのを護身もし、三秋・三冬ではこの丙火が調候ともなる、という作用があるのです。水太過するのは、湿木過湿となって生火不能ともなるのです。

火は陽にして燥です。土は己土を「卑溼」と『滴天髓』で言われています。しかし、金にはほとんど燥湿はありません。あるのは硬軟です。もちろん水は壬癸いずれも湿です。ですから、調候ということは、あくまで季節の調和・中和であって、「燥溼」ということは、全局の組織構造上の干支配合の視点なのです。

〔108〕

		大運	
丙	**辰**		40才乙巳
辛	**丑**	10才壬寅	50才丙午
庚	**辰**	20才癸卯	60才丁未
丙	**子**	30才甲辰	

一七三七年一月二十一日の庚辰日ですと土旺となり、また一七九七年一月六日も庚辰日ですので、水旺、立運は10才となります。水旺なれば丙辛干合化水して丙は壬、辛は癸水となります。しかし一七三七年ですと土旺ですから、化水せず

合去となります。これでは大変困りますが、まあ水旺として解命しましょう。

庚日丑月水旺生まれ、丙辛干合化水し、辰子水局半会し、調候二丙くらい必要となる厳寒の候にて、時干に丙火が透り、調候はあるがやや不及です。この丙を殺と見てはいけません。あくまで調候です。洩身太過とはなるが、丑土の印あるので不従で、「傷官格」となり、年上傷官恐るべしに当たるものです。水太過の「病」に「薬」なく、湿土の丑が生庚するも、やや金寒水冷の憂いあることとさえなります。用神戊、喜神土のみ、忌神水木火、閑神金となります。

第一運壬寅、忌神の壬水あって、傷官の忌象避けられませんし、立運前の4才庚申年、申子辰辰水局全以上、庚金さらに生水、冲天奔地も凄まじいものです。つまり壬水の特性「通根透癸。冲天奔地。」とある原局である上での庚申年、事故死しても不思議ではありません。さらに5才辛酉年生水、6才壬戌年でさえ冲天奔地、7才癸亥年は、亥子丑の北方全で二辰は個有の支となるものの、冲天奔地の上に、丑中己土が化して蔵干二癸。4才から7才まで大忌が続いて、どうして寿が保てましょうか。

病弱の限りで、仮に寿あって、10才大運壬寅に立運しても、大運干壬水は原局の冲天奔地の忌神の元神であり、水多金沈、水多木漂、水多土流。16才壬申年も、17才癸酉年も無事であったと言うのでしょうか。

このように、凶格の命運にして、60才まで寿あった人は一人も知りません。

しかし、土旺の生まれであれば、丙辛合去し、時干丙は調候的となり、庚金も丑に有気で、辰土から生金されることになりますが、辰子水局半会します。やはり、用神は制水し生身する戊の燥土、喜神は一応土金、忌神は水木火となり、水旺にて丙辛化水する命ほど凶命ではなくなります。

〔109〕

		大運	
丁	**未**	戊申	
壬	**子**	辛亥	丁未
庚	**戌**	庚戌	丙午
丙	**戌**	己酉	

庚日子月水旺に生まれ、調候丙火急を要するに、時干に透丙し、年月干丁壬合去して庚丙接近するので、調候よろしい「食神格」か「傷官格」となります。年支の未も、日支の戌も、子水によって湿土となり生庚するので、日干強となり、用神壬、喜神水木火、忌神土金となるのです。第一運辛亥のみは喜ですが、第二運庚戌、第三運己酉は大忌。第四運戊申、喜忌参半となるのは申子水局半会となるからです。任氏の解命の誤りを列記すれば、次の通りです。

(1) 丙火調候を言わず、

(2) 丁壬合去を無視し、

(3) 年支未と日支戌は子と並び、湿土となって生庚、納火します。しかし、時支戌土は湿土とならず、

(4) 未・子を相剋と言っているのは、未中己土が子中癸水を剋することの意かも知れませんが、これによって、未中己土と癸水が去とならない以上、相剋などと言うべきではありません。重要なのは未も戌も共に湿土となるということです。ここは燥湿を明確にすべきところなのです。

(5) 〈丁壬一合、壬水をして丙火を剋させない〉という理はありません。

(6) また、用喜忌を言わず、

(7) 事象は正しいのでしょうか。

〔110〕

癸　未　　**大運**
丁　巳　　丙辰　　壬子
甲　午　　乙卯　　辛亥
庚　午　　甲寅

甲日巳月火旺に生まれ、癸丁尅去、癸水を失い、支は巳午午未の南方全以上、日干無根、「虎馬犬鄉。甲來焚滅。」癸丁尅去して無印ですが、「仮の従児格」となります。用神丙、喜神木火土金、忌神水となるのですが、調候ない限り、喜も喜の作用はほとんどありません。

第一運丙辰の湿土にて、喜の傾向性ある運。第二運乙卯も喜の傾向性ですが、調候なく、第三運甲寅も喜の傾向性となるものの、調候がありません。

第四運癸丑、癸丁解尅し、調候よろしくなりますが、南方全が「病」でもある「食神格」となり、喜神水、忌神火土金、閑神木となります。やや喜の傾向性ですが、日干無根ですから安定性に欠けます。

第五運壬子、水旺運にて、「食神格」となり、「衰神冲旺旺神發」となるもので、大凶の運です。

「地道有燥溼」の例としては適切ではありません。任氏解命の誤りを列記してください。

〔111〕

癸　丑　　**大運**
丁　巳　　丙辰　　癸丑
甲　辰　　乙卯　　壬子
庚　午　　甲寅　　辛亥

甲日巳月火旺に生まれ、癸丁尅去し、甲庚接近、調候となる年支癸水去となりますが、年日支丑・辰中に二癸水あり、水源の庚辛もあって、調候ほぼ適切です。用神癸、喜神水木、忌神火土金となります。

第一運丙辰、丙は制庚、辰は納火するとともに生庚し、喜忌参半の傾向性ある運。

第五運壬子、喜の傾向性ある運ですが、日干無根です。

このような順を経て、格局を選定するのですが、しかしまだ基礎理論中に入るものとして、五行と干の、それぞれの一年十二ケ月の経過での、生成・発展・衰退の周期律や、干と支の有り様について、知っておかなければならない理があるのです。この中には「構造論」にも係わる重要な点も含まれているので、その論を十分理解しておかなければならないのです。

陰陽順逆之說。洛書流行之用。其理信有之也。其法不可執一。〔闡微・徵義・補註〕

《陰陽順逆の説は洛書流行の用なり。その理、信ずべきものあるも、その法は一を執るべからず。》

陽順陰逆。其理固殊。陽生陰死。其論勿執。〔輯要〕

原　注

陰生陽死とか、陽順陰逆とかの理は洛書〔夏の開祖禹王の時、洛水から出てきた神龜の背にあったという文〕より出たもので、五行が流行して行くの理として用いられており、もとより信ずるに足る理であります。しかし、甲木は午に死するは、午は洩氣の地であるから、その理は当然であります。が、乙木が亥に死すとしているのは、亥中には壬水、すなわち、乙木の生みの実母がありますのに、どうして亥に死す、と言えるのでしょう。およそ命理を論ずる者は干支の軽重の機微を詳らかにし、母子相寄り添うの勢いとか、陰陽消息の理を重んじて吉凶を論ずべきであって、ただ単に生死敗絶の説に頼って推断したなら、多くの誤りを犯すこととなります。

任氏増注

陰陽順逆の説、その理は洛書より出たもので、五行の流行に用いているのは、陽は聚るとし、進むをもって退くとなし、陰は散ずるもので、退くをもって進むとするに過ぎないのです。もし命理を論ぜんとするならば、順逆をもってもっぱら信ずべきこととはせず、須らく、日主の衰旺を見極め、生時の浅深を察して、四柱の用神を追究して吉凶を論ずべきであって、そのように努力したならすべては、はっきりと出来るものなのです。長生・沐浴等の名称は、単なる仮借した形容の文字にしか過ぎないのです。長生は人が初めて生まれるものであり、沐浴は生まれて湯浴みし、垢を流すようなものであり、冠帯は形も氣も漸く長じ、人が年長じて冠や帯をする如きものであり、臨官は、長じ旺盛となって出仕して官に仕える如きものであり、帝旺は旺盛の極みで、帝を輔けて大いになすことがある如きものであり、衰は、盛んの極は衰え始める物の初変であり、病は、衰の甚だしきものであり、死は、氣はことごとく尽き果てて余るところなきであり、墓は、造化されたるもの収蔵であり、人の死した後、土に埋められる如きものであり、絶は、前の氣は絶して後の氣が続かんとするのであり、胎は、後の氣続いて結胎するものであり、養は人の母のお腹の中で養われる如きものであり、そしてまた再び長生となって循環して終わることがないものである、という循環の過程の決まりを形容しているのです。

しかし、必ずしも生まれて祿旺に逢うとは限らないのです。すなわち、月令休囚して年日時中に長生祿旺を得れば弱とはならないのです。庫に逢ってもまた有根です。時に投墓と言うのは必ず冲するものである、といっているのは、俗書の謬であります。古法はただ、四長生あって、子午卯酉の陰の長生の説はなかったのです。水生木、申を天関とし、亥を天門とし、天一生水、生々息まず、ゆえに木は皆亥に長生し、木は午の火旺の地で死す、木は午に至って既に発洩し尽くし、ゆえに木は皆午に死となるのです。木を例に採って言いましたが、他にも類推して然るべきです。五陽は生方に育ち、本方に盛んとなり、洩方に倒れ、尅方に尽きる理を順となし、五陰は洩方に生じ、生方に死すの理は曲為の説なのであります。子午の地は、何ら産金産木の理もなく、寅亥の地、何ら滅火滅木の理もないのです。古人は格を取るに、丁が酉に遇うを財論をもってし、乙が午に遇う、己が酉に遇う、辛が子に遇う、癸が卯に遇うを、食神洩氣をもって論じたもので、生論をもってはしていません。乙が亥に遇い、癸が申に遇うを印論をもってして、死論をもってしてはいないのです。己が寅蔵の丙火に遇い、辛が巳蔵の戊土に遇うもまた、印論をもってし、死論をもってしていないのです。このように観て来ますと、陰陽は同生同死とすべきは明らかです。陰陽順逆をとって、陽生陰死、陰生陽死で命を論ずるは、大誤であります。ゆえに、「知命章」の中で、「順逆之機須理會」とあるのは、正にこのことであります。

〔112〕

		大運	
丙　子			癸卯
己　亥		庚子	甲辰
乙　亥		辛丑	乙巳
丙　子		壬寅	

乙亥日元、亥月に生まれ、天干に二丙が透っているのを喜びます。陽春の景を失わず、寒木向陽、清にして純粋。惜しむらくは火土無根、水木太重、読書するも物にならず、兼ねて中年一路水木、生扶太過して、局中の火土皆傷付き、財も集まること少なく、志も伸ばし難いものです。しかし無金を喜び、業は必ず清高たるものです。もし年時をもって乙木の病位とし、月日をもって死地としたなら、休囚は既に極まっており、生扶の運が宜しく、用神とならないことがありましょうか。今、亥・子水にして、生と論ずるなれば、再び水木を見るのは宜しくないこ

ととなるのです。

〔113〕

戊　午　　**大運**
乙　卯　丙辰　己未
癸　卯　丁巳　庚申
癸　亥　戊午　辛酉

これ春水多木、洩氣に過ぎ、五行無金で、亥時の比劫の幇身に頼るのみですが、亥卯拱局し、また透戊して、尅洩並身なるを嫌い、戊午運に死亡しています。書に、「癸水兩坐長生。時逢旺地。何以不壽。」、また、「食神有壽妻多子。食神生旺勝財官。」とも言われておりますが、そうしますと、この命は名利兩全で、多子有寿の格となります。すべて陰陽生死の説は信憑性がないものです。

徐氏補註

陰陽順逆とは天干の謂いであります。洛書九宮とは地支の謂いであります。五氣は十二宮を流行して歳と時となります。陽が止まると陰が生じ、陰が止まると陽が生じます。ちょうど円のように端となるところがないのです。

甲乙は一木、丙丁は一火、庚辛は一金、壬癸は一水です。例えば木は亥に生じ、亥・子・丑・寅と四宮を経て、長生より臨官に至り、遂次生長するを陽となすものです。卯に至って生長力は停止し、旺の極、まさに衰えんとするの時で、衰より病、死と巡り、遂歩収斂するを陰となすものです。午に至って死となります。木死するといえども、なお余氣存し、ゆえに未を木墓となします。墓は、太陽地平線下に沈み、迴光返照するが如きものです。申に至って絶します。万物無より有に至るは、突然生ずるのではなく、必ず醞釀の時があるもので、木氣既に絶した後、また孕育し、少しずつ長養するものです。酉・戌二宮が木氣醞釀の時で、亥に至って生ずるのです。ゆえに未・申・酉・戌は、木氣休囚の時で、未・申は陰の余で、陰に属し、酉・戌は陽の初となし、陽に属します。『内經五運論』に、謹んでその時を候がうに、氣は期とすべきであり、けだし六氣は四年に一周をなす。十二宮を分けて三期となす。一、五、九、歳氣会同。二、六、十。三、七、十一。四、八、十二。また歳氣会同。この三合の由って起こる所であります。木をもって論じますと、亥から寅を一期となし、卯より未までを一期となし、未より亥に至るまでを半陰半陽、また一期をなします。これが三期の六氣を起こすところです。時刻相同です。ゆえに名付けて、三合会局と言うものです。このように五氣の流行の用を推し計ることができます（すなわち十二支蔵用です）。亥を木の始生、寅卯辰東方、木氣主旺の時で、皆木を蔵しています。長生より臨官に至るは陽に属し、ゆえに蔵するところ甲木、卯辰は陰に属し、乙木を蔵するところです。未は木の氣の余となし、亥卯と蔵氣会同しますので、木を蔵し、陰に属するもので、蔵乙木するものです。木氣はかくの如きもので、金水火も同様類推すべきであります。図にしますと、次のようになります。まさにこの四図重ね合わせ、一となるものです。すなわち、地支蔵用の理、顕然と見るべきです。

土は中央にあって、四隅に寄せ、四隅は艮巽坤乾であります。艮は丑寅、巽は辰巳、坤は未申、乾は戌亥です。土は時なくして旺ずることなく、木は土なくしては不生、金は土なくして蔵せず、水火は土なくして不載であります。四時の中、土なくして、時なく、刻なく、流行しないものです。ゆえに、土は寅に長生し、巳に建祿となり、申に長生し、亥に建祿となるもので、長生と建祿は陽に属します。ゆえ寅申巳亥は同じく戊土を蔵するのです。建祿は巳にあり、帝旺は午にあり、帝旺は陰に属するものですから、午は己土を蔵します。火旺、すなわち、土の氣は、燥にして用顕れ、水旺、すなわち土の氣は虚、しかして用息む。亥子の土、名は存しても実なく、棄てておいて用いず、蔵していないのではありません。土を四隅に寄せ、寄る所の宮に従って陰陽を分かち、辰戌は戊土とし、未丑は己土とします。ゆえに三合の局は木火金水にあっても土にはないのです。正に土は中央にあるのです。

「五氣流行図」を本書末頁に附してあります〔末頁に図があるように徐氏は言っていますが、私の手元にある徐氏の『補註』にはありません。欠頁ではなく、掲載を忘れたようです。〕。

考玄解註

「陰陽順逆之理」は河図洛書から出ているものとしておりますが、これらは神話的伝説であり、陰陽五行哲学は殷朝前後の頃から長い歴史の間に理論付けられてきたものです。陰陽ということは、世の中の多くの事やものは相反するものによって形成されているし、さらにこの五行は世の中のものをつくる五つの原素のようなものであって、この陰陽五行が一定の法則である循環律の元で、流れ巡っていく、とする哲学は理論的に正しいものではあるが、その方法論に誤りがあってはならない、としているのが本義なのです。その具体論が大運理論でもあれば、一年十二ケ月の生成発展、衰退の周期律としての生旺墓絶であり、旺相死囚休の循環律なのです。しかし、各註はすべてがこの中の生旺墓絶にのみ向けられ、旺相死囚休から生じる大運の理論に言及されておりません。

任氏は、陰陽順逆の説、洛書流行の用は、その理は信頼すべきものはあるが、生旺墓絶の十二支の仮設代名詞にこの陰陽順逆を持ち込んで、「陽生陰死・陰生陽死」とするのは、俗書の誤りで、「同生同死」とすべきであると言っているのです。徐氏は、生旺墓絶の十二宮の中に陰陽があり、陰の余があり、陽の初があると、『黄帝内經素問・霊枢經』を引用して、結論は支蔵人元の論となって、生旺墓絶について、「陽生陰死・陰生陽死」の論を採るか、「同生同死」を採るか、触れていませんが、陽死するところ陰生ずるとして、十二宮中に、陽木甲、陰木乙に分かれるといった、複雑な論となっているのです。そして図に示すといって図がないことも括弧註中で述べた通りですが、『子平眞詮評註』の中には、人元司令図が掲げられておりますし、また、生旺墓絶の歴程も、「陽生陰死・陰生陽死」の表を掲げており、註文には「同生同死」であると言いながら、実際の命の解説には、「同生同死」によって論じていない場合がほとんどです。ですから、ここでも、註は、このような説明を持ち込んで曖昧となっているのです。陳素庵氏は、断固として、「同生同死」とすべきで、「陽生陰死・陰生陽死」の論を採るべきではない、としております。しかし、それにも拘わらず、現在の命家のほとんどは、「同生同死」を採用していないのが実情です。

しかし、いくら多くの命家が、「陽生陰死・陰生陽死」の生旺墓絶を採ろうとも、それは理論的に誤りであって、原注・任氏増注や陳氏の言っているように、「同生同死」が理論的に正しいのであって、『滴天髓』が書かれた時代も「陽生陰死・陰生陽死」の生旺墓絶を採るものが多かったので、「不可執一」と注意を喚起しているのです。その十二の仮設代名詞の意は任氏が譬えをもって言っていることで正しいのですが、これのみで、日干や他の四行の強弱の分類の基準としているのは誤りです。つまり、生月が建禄であるのと、生月が建禄以外で、年が建禄であるとか、日が建禄であるとか、時が建禄であるとかするのは、同じ建禄であっても、全く違うということが明確にされていないのです。

五行の強弱の見方は既述のように、旺相死囚休に基準をおくべきなのですが、この点『滴天髓』の作者さえも気付いてはいなかったのです。

つまり、旺相死囚休とは、五行の循環律であり、生旺墓絶は一行の一年十二ヶ月の経過の周期律であるのですから、同じ建禄であっても、年支のみにあるのと、月支が建禄であることと、日支のみが建禄であるのと、時支のみが建禄であるのとでは、強弱がそれぞれ全く違うのです。ですから、強弱の分別は、旺相死囚休による四柱組織・構造よりして、補正修正をして結論付けるべきで、生旺墓絶のみに拘わると、大誤が生じてくるのです。

さらに、この生旺墓絶で、土を火に寄せて、火と土が同じ生旺墓絶とすることは、火＝土ではないのですから、誤りです。この土と火を同じ生旺墓絶とした誤りから、午中に己土を入れざるを得なくなり、誤りの上に誤りをも重ねることになったのです。ですから、土には生旺墓絶はない、とするのが理論的に正しいことになるのです。

実は、『滴天髓』では、大運について述べているところは方法論中で「進兮退兮宜抑揚」とある喜忌をも含めて言っているところと、「休咎係乎運。尤係乎歳。」とあるところの二箇所しかないのですから、ここの句中に大運が含まれていると解すべきなのです。つまり、「大運理論」と、生旺墓絶を含めてここで述べているものと解さなければならないのです。

大運は、男命陽、女命陰、生年干支の陰陽によって、大運順旋と逆旋の順序の違いがありますが、生旺墓絶には順逆がないとして、「不可執一」と言っているのです。このように解しませんと、『滴天髓』の作者ともあろう人が、何も大運に注意を喚起することなく、終わりのほうで、突然「休咎係乎運」などと唐突なことを言い出す、というあまりにも無謀なことになってしまうのです。しかし、原注が生旺墓絶のみの話となっていることからして、この点からも『滴天髓』の作者と原注の人とは同一人物ではない、という証明となるのです。こういった原注ですから、任氏増注も生旺墓絶の註のみとなり、後人の誰一人として、ここで「大運理論」も併論されていることに気付かずにきてしまったのでしょう。

さらに、ここで言われていることの中に、その一つである生旺墓絶の土について『滴天髓』以前の書には、土を水に寄せて、生旺墓絶を配した時代があり、それがどうして土を火に寄せるようになったのか、という疑問もこの句中に含まれて、結局は、生旺墓絶は土を水に寄せるのも、火に寄せるのも矛盾がある、ではどうすべきであろうか、という問題提起の句でもあったのです。この点についてさえも、誰一人としてその註で取り上げてはいないのです。私は、この理論的結論は、前述のように、土には生旺墓絶なしとした通りです。

さらにもっと重要な点は、この句は大運をも同時に論ずることから、生旺墓絶は究極のところ、五行の強弱を分別する基準ではなく、事象につながるわずかな補助的視点ではないか、という疑問が隠されてもいる、と解することが真義なのです。

ですから、ここでの挙例は、「同生同死」と「陽生陰死・陰生陽死」の生旺墓絶が、事象といかに相違するかの例とすべきところなのですが、あまり明確にされていないのは、すべての事象が生旺墓絶ではないからです。

〔112〕

		大運	
丙	子		癸卯
己	亥	庚子	甲辰
乙	亥	辛丑	乙巳
丙	子	壬寅	

この命にしても、調候、干の特性、組織構造、五行の力量から、用喜忌、さらに運歳を無視して、生旺墓絶のみで事象を看ようとしても、全く解りません。これらを含めて、「同生同死」と「陽生陰死・陰生陽死」のいずれが正しいのかを説明することができるのです。

丙子　沐浴（同生同死）　病（陽生陰死・陰生陽死）
己亥
乙亥
〇〇

年柱のみをもって言いますと、「同生同死」をもってすると、年支「沐浴」で生家の環境はよろしく、生々の気あって、やや過保護となります。「陽生陰死・陰生陽死」をもってすると、年支「病」ですので、生家の環境よろしくなく、月支「衰」ともなるので、衰退の家に生まれることになるのです。

しかし、生旺墓絶のみでは何事も理解できませんので、解命は次のようになるのです。

乙日亥月水旺に生まれ、月干に透己する「正財格」です。調候急を要するに年干と時干に丙火透出し、調候適切なる上に、時干丙は乙と近貼しているので、反生の功あり、支は二子二亥にて、亥中蔵甲し、日干乙木相令で、強となるものです。用神は戊土の制水・制印と取り、喜神火土金、忌神水木となるものです。しかし大運は一路忌神運を巡り、特に第四運癸卯、卯亥亥木局半会以上となり、大忌の傾向性。さらに第五運甲辰、甲己干合により己乙解尅し、辰子子の水局半会以上の大忌の傾向性が続きます。

任氏解命の誤りは、次の通りです。

(1) 〈清にして純粋〉とは、このような組織構造ではなく、「清」とか「濁」とか、「純粋」とか「雑乱」とかは、今後の『滴天髓』で論じられていることで、それをここで持ち出すのは註者としての誤りです。

(2) 〈火土無根〉というより、日干の根である寅・卯の支がないことと、庚金天干にないことを言うべきです。

(3) 〈水木太重〉ではなく、水多木漂の憂いある水多にして、藤蘿繫甲ではない、印太過の忌です。

(4) 格局、用喜忌を言っておりません。

〔113〕

		大運	
戊	**午**	己未	癸日卯月木旺の生、卯亥木局半会して日干無根となり、かつ無印である「仮の従児格」。用神は甲、喜神木火土、忌神金水となるものです。
乙	**卯**	丙辰　庚申	
癸	**卯**	丁巳　辛酉	第二運丁巳の火旺運は、巳亥冲にて解会、日干の根あって時干癸水あるので「傷官格」か「食神格」に変じ、喜神金水、忌神木火土となる、大忌の傾向性ある運。特に食傷の忌象発生する可能性多大です。
癸	**亥**	戊午	

さらに第五運庚申、第六運辛酉金旺運で、普通格局に変わり、喜大の傾向性の運。任氏解命では、〈尅洩〉と言っておりますが、年干戊土は日干癸水を尅する情もなければ、また干の特性として乙木が尅戊土もせず、乙木生午火、午火生戊土となるのみで、「仮の従児格」となるところを普通格局と間違えております。「従児格」のところをよく読んでください。〈戊午運に死亡〉ということはあり得ません。しかし立運不明ですので、立運に

よっては、丁巳運、普通格局となる忌の傾向性ある運で、この運中の終わりの流年の頃発病して、戊午運に入ってから死亡しない、とも言い切れません。しかし問題は『滴天髓』で言われている「仮従又發其身」を、場合によっては仮従が破格となれば死亡することもあれば、その他の忌象が発生することもあると言っている点にもあります。仮従を全く理解していない、ということにあるのです。しかも、書にいうように〈癸水兩坐長生。時逢旺地。何以不壽。〉ということは、この命の亥水は亥水ではなくなっている支ですので、陽生陰死・陰生陽死の生旺墓絶も、同生同死の生旺墓絶も当てはまらないことにもなります。格局を間違えて、生旺墓絶は〈信憑性がないものです。〉は的外れとしか言いようがありません。しかも、任氏増注に〈ゆえに木は亥に生じ〉と言っているところがあって、乙木の長生が亥にあり、水の建禄は亥にある訳ですから、亥卯木局半会は、三甲一乙の蔵干となる理こそ命家なら知るべきことなのです。

故天地順遂而精粹者昌。天地乖悖而混亂者亡。不論有根無根。倶要天覆地載。〔闡微・徴義・補註〕

《ゆえに天地順遂にして精粋なる者は昌んなり。天地乖悖(かいはい)して混亂する者は亡ぶ。根の有る無しを論ぜず、倶(とも)に天覆地載なるを要す。》

原　注

〔なし〕

任氏増注

干支の法を取用するに、干が支に載るをもって切とし、支が干に覆われるをもって切なるもの、大切・切実なものとするのです。例えば、甲乙を喜ぶものでしたなら支が寅卯亥子であれば、すなわち生旺ですが、申酉の支上に載りますと、すなわち尅敗するものです。また丙丁を忌むものでしたなら、支に亥子がありますと制伏され、巳午寅卯がありますと肆逞となります。また、寅卯を喜ぶものでしたなら、甲乙壬癸が覆うは生旺となりますが、庚辛が覆いますと尅敗されます。また巳午を忌むに壬癸が覆いますと制伏され、丙丁甲乙を覆いますと肆逞となります。特にこの例だけではありません。干が支に通根し、支の生扶に逢うのは干の根は堅く、支が沖尅に逢いますと、干の根が抜かれるのです。支は干のお蔭を受けるので、干が生扶に逢っていますと、支の受けるお蔭が盛んとなりますが、干が尅制に逢いますと、お蔭は衰えます。およそ、命中の四柱干支が顕然として吉神であるに拘わらず吉をなさず、凶神が高らかにあるにも拘わらず凶をなさないのは、皆これがゆえであります。これは天干一氣、地支双清を問わず、総て、天覆地載を必要とするものであります。

〔114〕

		大運	
己	亥		癸亥
丁	卯	丙寅	壬戌
庚	申	乙丑	
庚	辰	甲子	

庚金が春令に生まれてはいますものの、支坐祿旺、時が印比に逢って、官を用神とするに足ります。地載するは卯木財星、また亥水の生扶を得て有情、丁火の根いよいよ固く、所謂「天地順遂而精粋者昌」で、歳運壬癸亥子に逢うは、干に己土印あって衛官し、支に卯財がありますので、化象、平生危険なことに出合っても無事で、少年にして

科甲に及第し、出世して封疆にまでなっております。経にいう、「日主最宜健旺、用神不可損傷。」は、誠に信ずべきことです。

〔115〕

己酉	**大運**	癸亥
丁卯	丙寅	壬戌
庚辰	乙丑	
甲申	甲子	

これも丁火官星を用となすものです。地支に卯木を蔵する前造と大同小異です。ただ卯酉冲、丁火の根尅敗され、支中に水少なく、財星有尅無生、時に甲木透るも地支は申、地支不載となるのです。有るとも無きが如く、ゆえに出身旧家ですが、詩書を継がず、破耗刑傷し、一たび戌運に交わるや、支は西方を成し、貧乏堪えられません。

〔116〕

庚申	**大運**	丙戌
壬午	癸未	丁亥
辛酉	甲申	戊子
癸巳	乙酉	

これは庚辛壬癸、金水双清、地支申酉巳午、煅煉して功あり、午火真神用を得ると言い、理は名利双輝に応ずるものです。惜しむらくは、五行無木、金は失令といえども党多、火当令となるも輔けなく、さらに、壬癸が覆っていますし、庚辛が近貼して水を生じ、申中また壬水ありて長生を得、壬水肆逞となっているのを嫌います。巳火は午火を助けるといっても、巳酉拱金、すなわち午火の勢い孤立し、申・酉両運、破耗異常。丙戌運中、用神を助起して、大いにチャンスを得るも、一たび亥運に交わるや、壬水得祿禄、癸水臨旺にて、火氣は尅尽し、破家、亡身することとなったのです。

〔117〕

庚申　**大運**　丙戌
壬午　癸未　丁亥
辛酉　甲申　戊子
甲午　乙酉

これもまた午中の丁火の殺を用神とし、壬水覆い、庚金緊貼して生水。喜ぶところは、午時一助、さらに天干甲木覆するを妙となすのは、火は甲木のお蔭を受けて盛ん、かつ壬水は甲木を見て貪生して、火に来敵しないのです。四柱相生の誼（よしみ）ありまして、争尅の風なく、中郷に傍し、仕は観察に至っています。前造と変わったところと言えば、ただ本造が一刻遅れて生まれているのみなのに、天地の隔たりが生じているのです。所謂、ほんのわずかな差が千里の違いを生ずる、と言われる所以であります。

徐氏補註

天地とは、天干地支のことです。順遂とは、体用の配合適宜で、相生は有情にして、生意悖（もと）らざることです。精粋とは、氣勢団結して、四柱互相衛護して有情なることを言います。これに反するのが乖悖混乱であります。格局の高低、貧富貴賤は、この兩句にすべての関鍵がかかっているのです。干支の配合は、生・尅・制・化・会・合・刑・冲の八法に外なりません。格局を配成すれば、自ずから、順遂、精粋、乖悖、混乱皆同じものは一つもありません。順遂精粋を清と言い、無形の中に、自ずから一種の精神があるものです。乖悖混乱を濁と言い、あるいは散漫偏枯に流れるとも言い、各家命書、その表現は違いますが、意義は一であります。『子平眞詮』は有力無力、有情無情をもって格局の高低を分けています。すなわち有力・有情が順遂精粋であり、無力・無情が乖悖混乱であります。同じ貴格にしましても、貴に高低があり、同じ富格でも、富に大小があり、同じ貧賤にしても、また相違があるものです。その関鍵はこの八字の中にあって分別されるのであります。所謂、順遂精粋は必ずしも通根し祿旺じているものとは限りません。印綬相生、四柱生尅、配合中和、冲すべきものは冲し、合すべきものは合している、これが順遂精粋であります。干が支に有根無根であるかを論ずる必要のない所以であります。ただ上下有情、配合通宜、これが好き八字であります。天覆地載とは上下有情の謂いです。次に順遂精粋の意義を箇条書きにしますと、

(1) 天道能容。地徳能載。
(2) 陽乗陽位。陰乗陰位。
(3) 地生天。天合地。
(4) 殺印相生。
(5) 情和氣協。
(6) 始其所始。終其所終。

と、子平の法はこれに尽きるのです。これに合致する者は吉、反する者は凶です。命書の千言万語をもって説明するのは理解せしめるにあって、これ以外にないのです。すべて八字には必ず順悖純雑の別があるのです。

〔118〕

癸 未
甲 寅
乙 亥
己 卯

これは李鴻章の命造で、「曲直仁寿格」です。地支亥卯未全くして寅月の生まれ、時に己土透るを甲木が制して印綬無傷、水木相生、格の純粋なるものです。印が透って、金運に行くも、官殺生印し、金氣を化してもって生木、官印為権、封侯拝相、均しく金運中になったのです。もし印が透っていなければ、金運で吉となり得ることはできないのです。

〔119〕

乙　丑
己　卯
乙　亥
癸　未

段祺瑞の命造です。また「曲直仁寿格」で、亥卯未全くして、卯月に生まれ、年支丑で、丑蔵辛金、木の旺氣に逆らうものですから、微かな疵であることは免れません。月干己土、乙木が制するとはいえ、甲木の有力には及びません。水木の氣純粋とは言いましても、前造には及びもつかないのです。あるいは、壬午時であると、もしそうだとしますと、氣はさらに雑となります。

〔120〕

丁　丑
己　酉
丙　午
己　丑

唐子培の命造です。火金相成で、富格です。酉丑会局、己土これを生じ、財傷官の引通するものがあり、劫は争財せず、順遂にして精粋なるものです。

〔121〕

丁　丑
丁　未
丁　酉
丁　未

某君の命造です。これも火金相成で、富格です。酉丑会局し、食傷の引となすものがなく、金は生意がありません。酉丑の間は、未土が隔てています。未土は火の余氣、ただ生金できないのみでなく、金局を冲破します。丁火蓋頭、財星不透、時柱は丁未であり、火土不能生金、後嗣に艱があります。八字純粋ですが精神に欠けています．同じ富格でも、高低があるものです。俗流命家は天干一氣貴となすと。こうした連中は、比肩争財を知らないのです。本造は前造に遠く及ばないのです。

考玄解註

この一節は『闡微』『徴義』『補註』にはありますが、『輯要』その他には出ておりません。しかし、非常に重要な箇所であるとともに、以後の『滴天髄』が言わんとしていることの概論的なもので、後文は、この一節の具体論とも言えますので、『滴天髄』として欠かせない文となっているのです。原注になし、という点からしますと、後の人が入れたか、あるいは任氏が入れたか、劉伯温氏がもし原著者であったなら、このような大切な文に註を入れないはずがない、と思います。あるいは、註者が入手したものと別書があったのか、その辺は全く分かりません。ある書は本文を「地支論」の註の中に入れているものもあります。ただ「故(ゆえに)」とある点や、文章自体から見ますと、どうも後人が註として入れたものを、その後の人が『滴天髄』の本文と錯覚して、原文にあったかのように挿入したものが任氏に伝わったとも考えられます。それは、いずれとしましても、非常に重要なことを言っているもので、徐註は、四柱八字の千言万語はすべてこれに尽きる、とまで言っている点からも理解されるところです。

総論的と言いましたように、この文はそういう点で「構造論」をも含めて言っている、と解すべきです。

「故」とあるのは、単なる接続詞と解してもよろしいのですが、「大運理論」や生旺墓絶のゆえにということではなく、陰陽五行哲学である「陰陽順逆之説」が命理学の基本的理論背景となるものであるがゆえに、という「故」なのです。

「天地順遂而精粋」と「天地乖悖而混亂」は対句であって、両極を言っているのですが、これは、一干支の上下、支の蔵干を含めての生尅の有り様と、誕生の瞬間の〃生命エネルギー〃全体の干支の組織構造を結果的に、良いものと、悪いものを両極として言っているのです。この「順逐」と「乖悖」は実は『滴天髄』の初めの方法論であると述べた文中に言われていることですので、ますます後人の挿入ではないかという疑いが濃厚となってくるのです。しかし、だからと言いまして、『滴天髄』の価値が下がるものではなく、六十干支が四柱八字の組織構造となった場合、結果として、無限の段階差のある良し悪しを知るべきである、と言っている点では、根底は方法論とはなるものの、干と支を理解した上で、さらに干支の生尅制化の有り様を知らなければならない、としている点では、方法論から一歩発展していることになります。

さらに四柱八字の「構造論」から、大運の喜忌につながり、結論的に、「位相」の高低の段階差の識別ということになるのです。

つまり、一組の天干と地支の生尅制化がどうなっているのかを知る必要があるのです。このことは、干の相生・相尅の理によるものですが、一干一支の関係で定義付けますと。

○天干は地支蔵干の本気・余気は尅することができる。しかし、中気を尅することはできない。

ということを忘れてはならないのです。これを中気蔵干を尅するように考え勝ちですが、誤りです。この理により、天干の陽干が地支の三合の「病」の「薬」となる理が生まれるのです。

○天干は地支蔵干の本気・余気を生ずることができる。しかし中気を必ずしも生ずるとは限らない。それは支中蔵干の如何による。

○天干は地支蔵干中の本気からも、中気からも余気からも生じられる。
○地支蔵干本気が旺令のものであっても、天干と尅の関係であるとしても、天干を尅することはできない。
○天干と地支蔵干が同一五行のものはそれだけ有力となる。
○地支蔵干中の生尅は、余気と本気は生尅をなさない。本気と中気の生尅はあるが、これは旺相死囚休の如何による。特に火旺月の巳中の蔵干庚は死令に当たるので、ほとんど無力となる。しかし去となるものではない。辰中癸水は土旺であっても、湿土とさせる癸水であって、死令でもある。
中気蔵干から本気は尅さないが、余気を生ずる。中気蔵干から余気はほとんど尅さない。（以上より、十二支中、本気から中気を生じ、中気から余気を生ずる蔵干の支は、丑と寅のみである。）

という定義となるのです。

この干支が四柱八字となった場合、隣り合わせの干支の生尅制化も同理となるのです。つまり、
○最も生尅制化が無情となるのは、年柱と時柱である。
○次に無情となるのは、年柱と日柱、月柱と時柱。
という定義も成立するのです。

四柱組織・構造のみで、単純には「順遂而精粋」の程度も、「乖悖而混亂」の程度も全く論じられないのです。つまり、月令、調候から、重要な格局、用神、喜神・忌神・閑神を定め、「構造論」のあらゆる点からしてのみ、結果としての全構造が「順遂而精粋」であるか「乖悖而混亂」であるかの度合いや程度を分別でき得ることと

なるのです。ですから、この段階で、徐氏の言っていることを理解することは不可能なことですし、徐氏が〈順遂精粋の意義を箇条書きにしますと〉と言って挙げている六項目は、格局、用喜忌の結果の上に立っての条件中の六点でしかないのです。格局を誤り、日干の強弱の度合いの程度も、用喜忌も言わず、調候を忘れ、初歩的な干の特性をも忘れての六項目はあり得ないことなのです。順次理論的に理解していきましたなら、必ず解るものです。まだ初めの段階でこのような難しいことを述べられては、よく理解できないと嘆くことになるのです。しかも、後論する「始終」のところでも、「始終」あれば、どんな場合でも良好である、と誤解を招くことになってしまうのです。

さらに以上のことは、運歳にも援用されることで、原局と運歳の間での、精粋・順・清・喜と乖悖・乱・濁・忌の段階差ということになるのです。

「天地」とは、「天覆地載」のことで、干と支、これが原局八字中と大運・流年の間で、「順遂」にして「精粋」、喜用であるなら、「昌」んとなるものである、と言っているのであって、一干一支の生尅制化の関係のみではなく、原局の組織構造のみのことでもなく、吉凶生じる運歳をも含めてのことです。そのためには「衰旺之眞機」を正しく分別し、「中和之正理」によって、「天道」「地道」をも含めて、「道有體用」の用神から、喜忌閑神を選定すべきである、と解するのが真義なのです。ここで、「不論有根無根」と言っていることは、その裏に、「不論干透不透」をも含めてもいる、「有根無根」のことなのです。つまり、原局四柱八字は四干四支であり、特に大運についてのみ言いますと、大運干が原局の支に有根となることも、また無根であることも生じます。大運支が原局干に透出することも、透出していないこともあることを端的に「不論有根無根」として言っている、と解するのが真義なのです。

〔114〕

	大運	
己亥	癸亥	
丁卯	丙寅	壬戌
庚申	乙丑	辛酉
庚辰	甲子	庚申

庚日卯月木旺に生まれる「偏財格」か「正財格」です。亥卯木局半会し、卯月生ですから、調候丙火は不要です。年干己・月干丁透出し、死令の年干己土は月干丁火から生ぜられますが、日干庚の生金に無情です。日支申、時柱庚辰で、二庚団結し、この湿土の辰は生金し、囚令といえどもよく庚金劈甲引丁となっており、用神は煅金の丁とするもので、一応、喜神水木火、忌神土金となるものです。

(1) 任氏、「順遂」「精粋」と言っているのは正しいのですが、庚金の干の特性、丁火煆庚、庚金劈甲引丁ということが忘れられております。

(2) 年支の亥は水にして卯木を生ずるのに〈有情〉と言っているのは誤りで、亥卯は木局半会して亥中蔵干甲甲となります。

(3) 〈歳運壬癸亥子に逢うは、干に己土印あって衛官し〉と言っていることも正しくありません。つまり、o壬水と辛金は、用神丁と合去、尅去となり、命中無丁となります。癸水は己土尅癸と癸水傷丁との情不専で不去です。

○亥ですと、亥卯木局半会以上となっても、日干に近貼する時干庚が「薬」となりますが、子ですと、申子辰水局全となり、年干の卑湿の己土では「病」に対する「薬」として不及です。

五行流通という点から見ますと、始まるところに始まり、木火土金水木と辰中乙木で、終わるところに終わり、五行流通よろしく、蔵干中一点も丙火がないのが惜しまれますが、「源清」と言ってもよろしいでしょう。

さらに、大運の喜忌の傾向性を観ますと、

第一運丙寅、木旺にて、寅卯辰東方を全くして透丙。時干庚金の薬あって、大運干丙火は木生丙となり、丙火助丁の喜となります。

第二運乙丑も、丁火の効を無力化することなく喜の傾向性。

第三運甲子に至っては、申子辰水局全となり、申金も生印の辰湿土も化水し、水旺の洩身に耐えられず、亥卯の木局半会に根あり、生木される財の甲が大運干にあって、木多金缺とさえなる、忌の傾向性。木の忌象、金の忌象が発生します。

第四運癸亥、亥亥卯木局半会以上、用神丁不去、喜神運となります。

第五運壬戌、壬丁合去し、戌は湿土生金。日干やや強となり、破木の忌の傾向性ある大運。流年丁・戊・辛・壬にて壬丁解合しますと、壬水通関となり喜の流年となります。

第六運辛酉、辛丁尅去、忌神の金旺酉運。第七運庚申、流年により寿危ういものです。以上よりして、用神運には巡らないものの、原局や大運干が救応となっていますので、「順遂」「精粋」となります。

〔115〕

		大運	
己	**酉**		癸亥
丁	**卯**	丙寅	壬戌
庚	**辰**	乙丑	
甲	**申**	甲子	

庚日卯月木旺に生まれ、「偏財格」が「正財格」です。酉卯冲去し、日支辰、時柱甲申、甲申殺印相生、辰中癸水滋木しますが、移動・接近により、辰中乙木は全く無力、湿土辰生金し、申に根あるも、囚令の庚金劈甲するには難があります。日干また生水するので、日干やや弱に近いことになるので、申中庚金をもって用神とし、喜神土金、忌神水木火となるものです。土金水木と忌の木に流通していくことになりますので、「順遂」とも「精粋」とも言えませんし、かといって、「乖悖」とも「混乱」とも決め付けられない組織構造ということになるのです。強いて言うなれば、やや悪いほうへと「順遂」となっている、と言えるのです。

第一運丙寅は忌運。第二運乙丑、酉卯解冲して忌運。第三運甲子、申子辰水局全の大忌の大忌の運。第四運癸亥、酉卯解冲して忌運。第五運壬戌、壬丁合去して、印の己土有情となり、喜に転じはしますが、ここまでの忌の累積後遺があります。第六運以降、辛酉・庚申は喜用運にて、喜となる寿長い命とは言えるのです。

任氏の解命に〈これも丁火官星用となす〉と言っているのは大誤です。こういう点で生旺墓絶によるとか、干支の数によるのみで、強弱を分別することの誤りがあるのです。これは、旺相死囚休の循環律を知らないことから生じる大誤なのです。つまり、木旺・火相・土死・金囚・水休であるところの囚金の日干庚は2の力量しかないものが、旺令の甲木5を劈甲することが喜となるか否かを考えればよいのです。2対5です。しかも休令の水に金は洩らし、その水の壬癸水は生甲しており、一方、死令の辰土は生庚し申に根ある程度です。この後に言われている「甲申戊寅。眞爲殺印相生。」の甲木です。これまで前述した干支の生尅制化の定義にも述べてもあります。日干弱となるのに、4の力の丁火の煆庚に耐えられる訳がないのです。ですから、この甲を制木するのに耐えられるよう、申中庚金をもって用神と取らなければならないのです。

任氏解命に〈甲木透るも地支は申、地支不載となる〉と言っていることは、『滴天髓』でこの後直ぐに、甲申戊寅。殺印相生。とあることを全く忘却しているのです。つまり甲木を〈有るとも無きが如く〉としており、〈丁火官星を用〉とするならば、喜神一応は水木火、となるのに、どうして任氏の言うような事象があったのでしょう。壬戌運が忌となることなどないものです。

〔116〕

		大運		
庚	**申**		丙戌	
壬	**午**	癸未	丁亥	
辛	**酉**	甲申	戊子	
癸	**巳**	乙酉		

辛日午月火旺生の「正官格」か「偏官格」です。調候壬水の水源が有情であることが必要ですが、月干壬水は、年柱庚申と日柱辛酉から生水され、かつ申に有気であって、癸水も透出するため、「不可過也」とある調候太過となります。火旺・金死令の日干辛金は、午酉蔵干の尅の情と、酉巳金局半会の情不専によって全支個有の支にて、年支申と日支酉金に通根しますが、年柱庚申は日干に無情であり、また日支酉金は旺令の午火と巳火に制尅され、日干辛金の根として力不足です。また、辛金の干の特性は、壬癸の淘洗を喜ぶものの、さらに午月火旺の調候壬水は、庚辛に近貼して透出するため、辛・酉金は尅洩交加となって、日干は弱。用神は、火を化官殺すると同時に、洩身の水を制する戊あるいは己と取りたいものの、年支申の余気の戊己土では無情・無力で用神と取り難く、や

むなく庚と取り、喜神は土金、忌神は木火、水は忌に近い閑神となります。

大運を観ますと、

第一運癸未、巳午未南方全となり、原局壬癸水あると言っても、熔金に向かう忌の傾向性ある運。

第二運甲申、甲庚尅去し、年柱のほうに移動・接近し、日干は年支申中本気庚に有情となるとともに、大運支申に通根して強化され、食傷に洩らす喜となっても、財の木が断切し、水から木、木から火へと流通はしないものの、やや喜の傾向性。

第三運乙酉、金旺運であり日干を強化し、また乙木は微弱ではあるものの、水木火と五行流通させる喜の傾向性ある運。

第四運丙戌、申酉戌西方全くし、大運干丙火は強力な壬水によって忌が忌を制することとなって、火金尅戦というほどのことはなく、喜忌参半の傾向性ある運。

第五運丁亥、亥中に甲木あってもほとんど財に繋がらず、忌の傾向性ある運。

任氏の解命は誤りでもあれば、事象も誤りです。〈巳酉拱金、すなわち午火の勢い孤立し、申・酉運、破耗異常〉と言われていますが、原局巳酉金局半会することはなく、肆逞の壬が制火しますが、巳火もあって火は〈孤立〉することなく、また申・酉金旺の用神運にあって〈破耗異常〉はあり得ないのです。〈一たび亥運に交わるや、壬水得祿、癸水臨旺にて、火氣は尅尽し、破家、亡身することとなった〉のではなく、壬癸水は水旺の亥水に通根して、食傷への洩身太過して〈亡身〉の可能性がないとは言えませんが、火気が尅尽したためではないのです。

〔117〕

		大運	
庚	申		丙戌
壬	午	癸未	丁亥
辛	酉	甲申	戊子
甲	午	乙酉	

前造と同年同月同日生まれで、生時が甲午、調候やや「過」ではあるものの、辛金では尅甲不能であり、休令の甲木は月支の午火を生火はしませんが、時支の午火を生火し、この午は日支酉金を熔金して、生壬の作用を失わせ、間接的に月支午火を有力にさせます。年柱庚申は日干に無情であるので、日干弱となり、用神庚とするもので、庚甲尅去により、時干甲木が時支午火を強化するのを制し、月干壬水が接近して、制午火となって、日干を護ることになる用神なのです。喜神土金、忌神木火、閑神水となります。しかし、陰干弱きを恐れずの上に、日干に無情な庚申が運歳の生尅制化に強く係わってきますので、間接的に日干を幇身するということにもなるのです。運歳の喜忌は複雑ですから、「順遂」とも「精粋」とも「乖乱」とも断定しかねる原局なのです。

第一運癸未、前四年火旺、後六年土旺ですが、この運はいずれが旺じても喜の傾向性ある運。

第二運甲申、金旺運にして甲庚尅去し、日干二申に根あり、大運支申中壬水が時干の甲に有情となるので、喜の傾向性。

第三運乙酉、金水木と流通する流年は喜の傾向性ある運。

第四運丙戌、前四年金旺、後六年土旺ですが、申酉戌西方全し、丙火は壬水に制せられるものの、原局二午の薬が日支酉を制尅するので、喜忌参半の傾向性ある運。

第五運丁亥水旺運、亥中蔵甲することにより、喜の傾向性ある運。

第六運戊子、ほぼ喜となる運。

以上により、大運は「流清」に近いことになりますので、命運はほぼ「順遂」と言えるのです。

このように、原局のみで「順遂」とか「乖乱」とかを断定することは誤りです。

○〈午中の丁火の殺を用神とし〉は大誤です。辛金は尅甲できないどころか、甲生午火、午の蔵干は日支酉の蔵干を尅金して、日干無根に近いのに、どうして丁火を用神に取れるのでしょうか。ですから、

○〈天干甲木覆するを妙〉とは言えないのです。

○〈壬水は甲木を見て貪生し〉などの上下・左右ではないのです。

解命の誤りも、偶然大運が喜の傾向性となっているので、事象はそれほどの誤りとは言えないのです。しかし、大運が何ゆえ喜の傾向性となるかの解命がありませんので、やはり誤りであることになるのです。

〔118〕

癸未
甲寅
乙亥
己卯

乙日寅月木旺に生まれ、寅亥合あるも亥卯未木局にて透癸する「曲直格」です。李鴻章の命で、「曲直格」は印がなくとも成立するのですが、本造は、化殺の印が年干に透出しておりますので、さらに佳美となるもので、「精粋」ではあるが、「順遂」という点から見ますと、ちょっと違って来ます。

徐氏が〈時に己土透るを甲木が制して印綬無傷〉と言っているのは誤りです。乙木の特性、「乙木雖柔。刲未解牛。」、乙木が己土を制しているし、己土が年干癸水を損傷する理はないのです。

〔119〕

乙　丑
己　卯
乙　亥
癸　未

これも「曲直格」です。段祺瑞の命で、徐氏の『古今名人命鑑』には、生時壬午刻となっております（『造化真髄』上巻参照）。癸未刻生なれば、「曲直格」で、佳美の造となります。丑は蔵辛はしているものの、酉が来ても卯があり、酉丑金局半会も不成ですので、「仮」とするほどのこともなく、己土生辛、辛金生癸水となっているので、「真」として可なるものです。この命も、そういう点から見ると、「順遂」にして「精粋」となるものです。

〔120〕

丁　丑
己　酉
丙　午
己　丑

大運
乙巳
戊申　甲辰
丁未　癸卯
丙午　壬寅

丙日酉月の「偏財格」か「正財格」です。日干丙で調候不要ですが、丑酉金局半会、酉午尅の情により全支個有の支となり、月干己土および丑土の傷官が生金するので、用神甲と取りたくもなく、やむなく用神丙と取らざるを得ません。喜神木火、忌神土金水となり、「順遂」とは言えない原局です。

しかし、第一運戊申、第二運丁未の後、第三運丙午、第四運乙巳の喜の傾向性ある運。さらに第五運甲辰、第六運癸卯、第七運壬寅と木旺運の喜の傾向性ある運が続くので、富とはなり得たのです。甲辰運、癸卯運、壬寅運は、まさに「順遂」と言えます。

徐氏の言う、

○〈火金相成〉などではありません。

○〈己土これを生じ………順遂精粋〉と言っているのは誤りです。己土が生金しているのですから、「順遂」ではありません。

〔121〕

丁丑
丁未
丁酉
丁未

丁日未月に生まれ、火旺なれば「建禄格」、土旺なれば「食神格」です。火旺の調候、壬水と有情なる水源の庚辛を必要とし、土旺であれば湿土とする壬水を必要とするのに、丑未冲去し、調候を失い、用神湿土と取りたくもなく、燥土不能生金の「乖」、土旺にても「乖」「乱」となるものです。徐氏が言っている、〈酉丑会局し〉は大誤です。〈八字純粋〉などではありません。

八字索引（巻一～巻四）

乙丑　甲申　甲辰　己巳　〈二七三〉②三四五
癸巳　庚申　甲申　壬申　〈三六四〉③一六二
庚戌　甲申　甲戌　乙丑　〈三七二〉③一八七
癸巳　庚申　甲申　壬申　〈三六四〉③四一一
癸未　庚申　甲申　乙亥　〈五九〇〉④三〇八
己巳　壬申　甲寅　戊辰　〈五九六〉④三二〇
庚戌　乙酉　甲寅　庚午　〈四四〉①二四六
壬午　己酉　甲申　甲子　〈一四五〉②六四
壬辰　己酉　甲申　甲子　〈一四六〉②六五
癸未　辛酉　甲申　丙寅　〈一四七〉②六六
己亥　癸酉　甲辰　丙寅　〈六三〇〉④四〇七
丁亥　庚戌　甲辰　壬申　〈五〉①一〇九
甲申　甲戌　甲寅　甲戌　〈一二二〉②八
甲戌　甲戌　甲寅　甲戌　〈一三〇〉②二三
戊辰　壬戌　甲辰　己巳　〈二七四〉②三四六
己卯　甲戌　甲子　己巳　〈二八七〉②三七九
甲子　甲戌　甲寅　乙亥　〈三四五〉③一一七
戊子　壬戌　甲寅　庚午　〈四三七〉③三五二
癸巳　癸亥　甲寅　壬申　〈一九〉①一九九
壬子　辛亥　甲寅　甲子　〈五三〇〉④一八〇

壬寅　辛亥　甲寅　己巳　〈五三一〉④一八二
丙戌　己亥　甲戌　庚午　〈五六七〉④二六二
癸未　癸亥　甲午　丁卯　〈五七七〉④二九〇
甲子　丙子　甲申　己巳　〈二八八〉②三八〇
壬辰　壬子　甲寅　戊辰　〈三二四〉③六八
壬戌　壬子　甲子　戊辰　〈三二五〉③六九
③二三七
辛酉　庚子　甲子　丙寅　〈三七三〉③一八八
庚寅　戊子　甲寅　丙寅　〈四一三〉③二七四
丁未　癸丑　甲辰　甲戌　〈一八二〉②一六六
丁亥　癸丑　甲子　辛未　〈一八三〉②一六七
甲寅　丁丑　甲戌　己巳　〈二八九〉②三八一
甲午　丁丑　甲午　丙寅　〈二九八〉②四〇二
壬午　癸丑　甲寅　丁卯　〈六一四〉④三五六

◆乙日

丙辰　庚寅　乙卯　丁亥　〈五四〉①二七五
辛亥　庚寅　乙未　己卯　〈六七〉①三〇二
③三二六
癸未　甲寅　乙亥　己卯　〈一一八〉①四三三
戊午　甲寅　乙卯　己卯　〈三五〇〉③一二九

癸巳　壬戌　乙巳　戊寅　〈五六〉①二七六
甲戌　甲戌　乙卯　丙戌　〈'一三〇〉②二一三
癸巳　壬戌　乙卯　戊寅　〈五八九〉④三〇七
庚午　丙戌　乙卯　丁丑　〈五九七〉④三二一
乙卯　丙戌　乙卯　丁亥　〈六四三〉④四二二
丙子　己亥　乙丑　壬午　〈一一〉①一二四
甲寅　乙亥　乙卯　癸未　〈五七〉①二八〇
甲寅　乙亥　乙卯　庚辰　〈A〉①二八一
丙子　己亥　乙亥　丙子　〈一一二〉①四一五
丙子　己亥　乙酉　壬午　〈一三二〉②二九
壬子　辛亥　乙亥　丙子　〈三九五〉③二三一
乙丑　丁亥　乙未　己卯　〈四八四〉④七一
己亥　丙子　乙丑　壬午　〈一三三〉②三〇
甲申　丙子　乙酉　丙戌　〈三二九〉③七九
戊寅　甲子　乙亥　甲申　〈三六七〉③一七二
辛巳　辛丑　乙酉　乙酉　〈二六七〉②三二一
壬申　癸丑　乙丑　辛巳　〈三三二〉③八二
③二七九
③三九九
丙子　辛丑　乙巳　乙酉　〈四一二〉③二六七

◆丙　日

辛亥　庚寅　丙子　乙未　〈三七〉①二三四
②一三五
丁亥　壬寅　丙午　丁酉　〈三九〉①二三六
丁丑　壬寅　丙申　壬辰　〈二八一〉②三六〇
壬申　壬寅　丙子　乙未　〈四二七〉③三二三
④三三一
辛卯　庚寅　丙戌　己丑　〈四三二〉③三三九
甲午　丙寅　丙午　丁酉　〈四五五〉③四一四
丙辰　庚寅　丙午　壬辰　〈四六九〉④三六
丙辰　庚寅　丙午　癸巳　〈'四六九〉④三七
乙亥　戊寅　丙子　甲午　〈四七三〉④五一
辛巳　庚寅　丙辰　己丑　〈四七四〉④五三
丁亥　壬寅　丙子　丁酉　〈五〇六〉④一二五
癸酉　甲寅　丙午　癸巳　〈五二六〉④一七二
甲辰　丙寅　丙寅　壬辰　〈五五一〉④二二三
癸巳　甲寅　丙戌　庚寅　〈六〇〇〉④三二四
庚辰　己卯　丙申　戊戌　〈四八〉①二五一
癸未　乙卯　丙午　辛卯　〈一六四〉②一二八
丁巳　癸卯　丙辰　癸巳　〈一七一〉②一三六

癸巳 戊午 丙午 庚寅 〈五〇七〉④一二六
丙戌 甲午 丙午 己丑 〈五一三〉④一四二
辛巳 甲午 丙子 甲午 〈五一四〉④一四四
丙寅 甲午 丙午 己丑 〈五二四〉④一七〇
丁卯 丙午 丙午 庚寅 〈五二五〉④一七一
壬戌 丙午 丙寅 己丑 〈五三四〉④一八八
丙寅 甲午 丙申 壬辰 〈五三八〉④二〇〇
丙申 甲午 丙寅 壬辰 〈五三九〉④二〇一
戊子 戊午 丙辰 戊戌 〈五四〇〉④二〇二
庚戌 壬午 丙子 壬辰 〈六〇三〉④三三七
丁卯 丙午 丙子 壬辰 〈六〇七〉④三四〇
庚戌 壬午 丙寅 己亥 〈六五三〉④四四三
己丑 辛未 丙寅 己丑 〈二二〇〉②二五五
戊申 己未 丙戌 己丑 〈二三一〉②二六八
丙子 乙未 丙辰 乙未 〈二三六〉②二七四
癸酉 己未 丙午 癸巳 〈二四〇〉②二七九
己未 辛未 丙戌 戊戌 〈二九七〉②四〇一
己卯 辛未 丙子 辛卯 〈三六五〉③一七〇
戊戌 己未 丙子 庚寅 〈三九一〉③二二一
己巳 辛未 丙午 丁酉 〈四〇一〉③二四四

癸亥 己未 丙午 己丑 〈四五二〉③四〇九
丙戌 乙未 丙子 甲午 〈五一二〉④一三七
壬寅 丁未 丙申 甲午 〈五五〇〉④二二二
戊戌 己未 丙辰 戊戌 〈六二一〉④三九八
癸丑 己未 丙寅 辛卯 〈六五二〉④四四一
丙戌 丙申 丙申 壬辰 〈A〉①一一五
壬寅 戊申 丙寅 癸巳 〈二八〉①二一三
戊寅 庚申 丙申 丙申 〈三一七〉③三五
丙子 丙申 丙子 丙申 〈三七六〉③一九〇
戊辰 辛酉 丙午 癸巳 〈四九〉①二五九
丁丑 己酉 丙午 己丑 〈一二〇〉①四三四
己巳 癸酉 丙寅 庚寅 〈一五〇〉②七六
戊子 辛酉 丙申 己丑 〈二九三〉②三八六
乙丑 乙酉 丙辰 辛卯 〈四八六〉④七八
辛卯 戊戌 丙辰 己亥 〈二一二〉②二二〇
辛卯 戊戌 丙辰 壬辰 〈二一三〉②二二一
丙午 戊戌 丙午 戊戌 〈三一二〉②四三一
癸丑 壬戌 丙午 庚寅 〈三八三〉③二〇四
辛酉 戊戌 丙午 庚寅 〈四二五〉③三一一
乙丑 丙戌 丙午 庚寅 〈五三三〉④一八七

◆丁日

戊申	丙辰	丁卯	甲辰	〈四〇〇〉③二四三
壬午	甲辰	丁巳	己酉	〈五九一〉④三一〇
丁酉	甲辰	丁巳	丙午	〈'五九一〉④三二一
辛酉	壬辰	丁巳	甲辰	〈六三二〉④四〇八
壬戌	甲辰	丁酉	己酉	〈六五七〉④四四八
丁卯	乙巳	丁卯	乙巳	〈三一一〉②四三一
乙亥	辛巳	丁巳	庚戌	〈三四〇〉③一〇六
壬午	乙巳	丁丑	丙午	〈三六六〉③一七一
癸巳	丁巳	丁卯	丙午	〈三八五〉③二〇六
丁酉	乙巳	丁丑	丙午	〈四〇九〉③二六五
丁未	乙巳	丁酉	癸卯	〈四九三〉④九三
丙辰	癸巳	丁丑	甲辰	〈六三五〉④四一三
丁巳	丙午	丁酉	丙午	〈'C〉①二五八
丁未	丙午	丁巳	丙午	〈D〉①二五八
庚寅	壬午	丁卯	癸卯	〈五〇〉①二六〇
戊申	戊午	丁巳	乙巳	〈二四一〉②二八〇
甲申	庚午	丁亥	壬寅	〈三六一〉③一五九
甲申	庚午	丁亥	癸卯	〈'三六一〉③一六〇
丁丑	丁未	丁酉	丁未	〈一二一〉①四三五
壬申	丁未	丁未	癸卯	〈二〇三〉②二一一

壬申	丁未	丁未	己酉	〈二四八〉②二八八
丁巳	丁未	丁卯	癸卯	〈三八六〉③二〇七
戊辰	己未	丁巳	丙午	〈三九二〉③二二一
丙申	乙未	丁未	庚戌	〈五四九〉④二二〇
己丑	壬申	丁未	丙午	〈一六三〉②一二七
辛未	丙申	丁亥	壬寅	〈三六三〉③一六一
辛巳	丁酉	丁酉	辛丑	〈七八〉①三五九
己未	癸酉	丁巳	丁未	〈一三四〉②三一
				②一三七
庚辰	乙酉	丁丑	乙巳	〈四六三〉④二二
癸未	壬戌	丁未	戊申	〈二一八〉②二二七
丙申	戊戌	丁卯	乙巳	〈二二四〉②二六〇
甲子	甲戌	丁未	甲辰	〈二四九〉②二八九
戊午	壬戌	丁卯	癸卯	〈三八二〉③二〇三
丙寅	戊戌	丁酉	乙巳	〈六〇九〉④三四六
癸丑	壬戌	丁亥	壬寅	〈六五六〉④四四七
己丑	乙亥	丁巳	辛丑	〈一五七〉②八八
癸亥	癸亥	丁卯	癸卯	〈一九四〉②二〇三
戊寅	癸亥	丁未	辛亥	〈四二一〉③三〇五
癸卯	癸亥	丁卯	辛亥	〈四六四〉④二八

◆戊日

己未 己巳 戊午 乙卯 〈三九六〉③二三一
辛酉 癸巳 戊申 丁巳 〈四四五〉③三七一
辛丑 癸巳 戊申 丙辰 〈四四一〉③三七四
乙未 辛巳 戊戌 丁巳 〈四九七〉④一〇五
戊辰 戊午 戊申 己未 〈八〇〉①三六一
戊子 戊午 戊戌 戊午 〈一二三〉②一〇
戊申 戊午 戊子 戊午 〈一二四〉②一〇
甲申 庚午 戊戌 丙辰 〈一三一〉②二四
戊午 戊午 戊午 甲寅 〈三四八〉③一二二
丁酉 丙午 戊午 乙卯 〈三九七〉③二三二
庚寅 壬午 戊午 丁巳 〈四四三〉③三七五
甲寅 庚午 戊寅 甲寅 〈五四七〉④二一六
己丑 庚午 戊申 癸亥 〈五九八〉④三二二
丁亥 丙午 戊寅 甲寅 〈六一一〉④三四八
庚子 癸未 戊寅 壬子 〈一七三〉②一四一
戊戌 己未 戊戌 丙辰 〈四〇七〉③二五五
丁酉 丁未 戊戌 丁巳 〈五〇〇〉④一〇八
己巳 辛未 戊戌 己未 〈五五九〉④二四五
己酉 辛未 戊辰 壬戌 〈六四一〉④四二〇
丁酉 戊申 戊申 戊午 〈二五三〉②二九三

壬子 戊申 戊戌 辛酉 〈四五八〉④一八
癸丑 庚申 戊午 己未 〈六三九〉④四一八
癸丑 庚申 戊午 丙辰 〈六三九〉④四一九
癸未 庚申 戊戌 己未 〈六四〇〉④四一九
辛卯 丁酉 戊子 戊午 〈二〇〉①二〇〇
丁亥 己酉 戊子 丁巳 〈一四四〉②五六
辛酉 丁酉 戊午 辛酉 〈二二一〉②二五六
戊子 辛酉 戊午 丁巳 〈二二六〉②二六二
癸亥 辛酉 戊申 己未 〈二二八〉②二六五
己未 癸酉 戊戌 庚申 〈二二九〉②二六六
壬戌 己酉 戊戌 乙卯 〈二三七〉②二七六
戊戌 辛酉 戊戌 辛酉 〈三一三〉②四三二
己亥 甲戌 戊寅 丙辰 〈四〇〉①二三七
己巳 甲戌 戊寅 丙辰 〈四一〉①二三七
戊辰 壬戌 戊辰 己巳 〈二七四〉②三四七
甲辰 甲戌 戊子 甲寅 〈四五〇〉③三九八
辛未 戊戌 戊戌 丁巳 〈五六五〉④二六〇
壬辰 辛亥 戊子 癸丑 〈八二〉①三六二
癸酉 癸亥 戊子 丁巳 〈一七四〉②一四二
戊戌 癸亥 戊戌 癸亥 〈三一四〉②四三三

◆己日

③三一〇
④一五〇
戊辰　庚申　己卯　戊辰　〈四八三〉④七〇
丁亥　庚戌　己巳　庚午　〈二五四〉②二九三
③五五
壬午　庚戌　己酉　庚午　〈二五五〉②二九三
③五七
甲子　乙亥　己巳　丁卯　〈二〇九〉②二一七
甲寅　丙子　己酉　己巳　〈三四九〉③一二三
丙寅　庚子　己亥　甲戌　〈三五七〉③一四六
戊戌　甲子　己巳　戊辰　〈五〇八〉④一二七
癸卯　乙丑　己亥　己巳　〈一七六〉②一四四
丙戌　辛丑　己卯　甲子　〈三五八〉③一四七
庚辰　己丑　己亥　壬申　〈五六〇〉④二四五
己丑　丁丑　己亥　乙丑　〈五六六〉④二六一

◆庚日

辛卯　庚寅　庚午　己卯　〈一三〉①一三六
②六八
己酉　丙寅　庚申　庚辰　〈一八八〉②一九七
丙申　庚寅　庚申　辛巳　〈一八九〉②一九八

壬寅　壬寅　庚寅　戊寅　〈二六四〉②三一九
丁卯　壬寅　庚午　丙戌　〈二六六〉②三二一
己亥　丁卯　庚寅　丙子　〈八七〉①三六五
己亥　丁卯　庚申　庚辰　〈一一四〉①四二七
④三三二
己酉　丁卯　庚辰　甲申　〈一一五〉①四二九
乙亥　己卯　庚辰　丁丑　〈一七二〉②一四〇
丙辰　辛卯　庚申　丁丑　〈二〇五〉②二一三
癸酉　乙卯　庚戌　戊寅　〈五六九〉④二六三
甲子　戊辰　庚申　壬午　〈一〇〉①一二二
戊午　丙辰　庚寅　丙戌　〈一九三〉②二〇二
庚辰　庚辰　庚申　庚辰　〈三九三〉③二二九
壬辰　甲辰　庚午　丙戌　〈五五四〉④二三五
乙卯　庚辰　庚申　丁丑　〈六一二〉④三四九
乙巳　辛巳　庚辰　甲申　〈四六七〉④三〇
丁卯　丙午　庚午　己卯　〈一四〉①一三七
壬申　丙午　庚午　庚辰　〈一五四〉②八六
壬午　丙午　庚申　戊寅　〈一五五〉②八七
壬申　丙午　庚午　丙戌　〈一九八〉②二〇七
癸酉　戊午　庚寅　丁丑　〈三五六〉③一四五

癸酉　甲子　庚辰　甲申　〈三九四〉③二三〇
己卯　丙子　庚寅　辛巳　〈四一九〉③二九三
乙未　戊子　庚辰　丁丑　〈四三四〉③三五〇
壬申　壬子　庚辰　丙子　〈五二一〉④一六一
甲子　丙子　庚辰　庚辰　〈五四五〉④二〇六
甲戌　丙子　庚子　丙戌　〈五六三〉④二五八
丁亥　壬子　庚子　辛巳　〈五七三〉④二七七
己亥　丙子　庚子　辛巳　〈五八〇〉④二九二
辛巳　辛丑　庚申　辛巳　〈五五〉①二七五
④一二七
丙辰　辛丑　庚辰　丙子　〈一〇八〉①四〇二
癸卯　乙丑　庚申　丁丑　〈四九二〉④九二
丁未　癸丑　庚子　丁亥　〈六二四〉④四〇〇
丁丑　癸丑　庚子　乙酉　〈六二五〉④四〇二

◆辛日

丁卯　丙寅　辛亥　庚寅　〈二八三〉②三六一
丁卯　壬寅　辛亥　庚寅　〈′二八三〉②三六一
己卯　丙寅　辛亥　庚寅　〈″二八三〉②三六一
甲午　丙寅　辛酉　己丑　〈四六六〉④二九
丙子　庚寅　辛巳　戊子　〈六一〇〉④三四七

壬子　癸卯　辛亥　甲午　〈七〇〉①三二六
辛卯　辛卯　辛卯　辛卯　〈一二五〉②一一
戊辰　乙卯　辛丑　丁酉　〈四二二〉③三〇六
己巳　丁卯　辛卯　乙未　〈四二三〉③三〇七
壬子　甲辰　辛亥　甲午　〈′七〇〉①三二六
戊子　丙辰　辛酉　壬辰　〈二六二〉②三〇一
癸丑　丙辰　辛亥　戊子　〈二九二〉②三八五
己巳　戊辰　辛酉　己亥　〈三二六〉③六九
戊戌　丙辰　辛丑　戊戌　〈三三四〉③九一
丁卯　甲辰　辛亥　癸巳　〈四七〇〉④三八
己丑　戊辰　辛亥　戊戌　〈四八七〉④七九
壬辰　甲辰　辛酉　丁酉　〈六〇一〉④三二五
己卯　庚午　辛卯　甲午　〈八六〉①三六四
庚申　壬午　辛酉　癸巳　〈一一六〉①四三〇
庚申　壬午　辛酉　甲午　〈一一七〉①四三二
丁酉　丙午　辛酉　戊子　〈二一七〉②二二六
丁未　丙午　辛卯　甲午　〈二七二〉②三二七
辛卯　乙未　辛酉　庚寅　〈三七九〉③一九二
戊子　己未　辛亥　戊子　〈五八六〉④二九九
丁酉　戊申　辛丑　己丑　〈四〇六〉③二五五

◆壬日

壬寅　癸卯　壬寅　癸卯　〈B〉②三九六
戊午　乙卯　壬子　庚子　〈二五八〉②二九七
④一七一
己卯　丁卯　壬午　甲辰　〈二七五〉②三四七
己卯　丁卯　壬午　癸卯　〈二七六〉②三四八
甲辰　丁卯　壬辰　辛亥　〈二九一〉②三八四
戊辰　乙卯　壬寅　甲辰　〈三〇四〉②四〇七
丙子　壬辰　壬申　乙巳　〈八〉①一一六
癸巳　丙辰　壬寅　丙午　〈七一〉①三二七
甲寅　戊辰　壬辰　壬寅　〈二一五〉②二二三
壬申　甲辰　壬寅　癸卯　〈C〉②三九七
壬申　甲辰　壬申　戊申　〈六五五〉④四四六
壬寅　乙巳　壬午　乙巳　〈二七〉①二一二
癸酉　丁巳　壬午　丙午　〈四一一〉③二六六
癸卯　戊午　壬寅　丙午　〈九一〉①三六六
丁亥　丙午　壬寅　己酉　〈一七〇〉②一三二
丁亥　丙午　壬寅　戊申　〈一七〇〉②一三四
戊辰　戊午　壬辰　甲辰　〈一九五〉②二〇三
癸亥　戊午　壬午　己酉　〈二〇七〉②二一六
壬子　丙午　壬子　丙午　〈三七八〉③一九二

癸丑　戊午　壬寅　庚戌　〈五五五〉④二三五
丙辰　乙未　壬午　癸卯　〈九〇〉①三六六
丙午　乙未　壬午　辛亥　〈九六〉①三七一
己巳　辛未　壬午　乙巳　〈一四〇〉②五一
戊午　己未　壬申　辛亥　〈二一一〉②二二〇
丁巳　丁未　壬寅　壬寅　〈二七八〉②三四九
丙辰　乙未　壬辰　甲辰　〈三三〇〉③八〇
己酉　辛未　壬寅　壬寅　〈四七九〉④六五
戊子　庚申　壬寅　辛丑　〈三八〉①二三五
辛巳　丙申　壬寅　庚戌　〈四一八〉③二九〇
癸巳　壬申　壬寅　庚戌　〈四一八〉③二九二
庚辰　甲申　壬辰　壬寅　〈四七五〉④五四
癸亥　庚申　壬申　甲辰　〈五二二〉④一六七
癸亥　庚申　壬子　丙午　〈五二三〉④一六八
癸亥　庚申　壬子　庚子　〈五二三〉④一六九
丁丑　戊申　壬戌　庚子　〈五二七〉④一七二
戊申　庚申　壬申　甲辰　〈五九三〉④三一二
壬申　戊申　壬申　戊申　〈六五四〉④四四五
戊戌　辛酉　壬寅　辛丑　〈三三七〉③九二
己亥　癸酉　壬申　戊申　〈五九四〉④三一三

◆癸日

壬午　丙午　癸巳　甲寅　〈二八五〉②三六四
壬申　丙午　癸亥　戊午　〈四五七〉④一二
戊子　戊午　癸酉　戊午　〈六二七〉④四〇四
戊子　戊午　癸酉　壬子　〈A〉④四〇五
戊子　戊午　癸酉　癸丑　〈B〉④四〇五
丙申　乙未　癸酉　癸亥　〈九五〉①三七一
甲寅　辛未　癸亥　戊午　〈二九〇〉②三八二
癸亥　己未　癸亥　己未　〈三一五〉②四三三
丁卯　丁未　癸巳　癸丑　〈五八八〉④三〇〇
甲寅　壬申　癸巳　癸亥　〈一八〉①一九七
戊戌　庚申　癸亥　乙卯　〈一五九〉②九七
辛卯　丙申　癸卯　壬戌　〈一六五〉②一二九
辛卯　丙申　癸卯　甲寅　〈一六六〉②一三〇
辛丑　丙申　癸巳　庚申　〈四六二〉④二一
丁巳　戊申　癸丑　乙卯　〈六二九〉④四〇六
庚辰　乙酉　癸卯　庚申　〈A〉②三三三
〈三五二〉③一三〇
庚辰　辛酉　癸卯　庚申　〈'A〉②三三三
癸亥　辛酉　癸丑　壬戌　〈五三五〉④一九一
壬辰　己酉　癸卯　乙卯　〈五七八〉④二九一

癸巳　壬戌　癸酉　壬戌　〈一八四〉②一六八
癸亥　壬戌　癸丑　癸亥　〈一八五〉②一六九
③四一三
丙戌　戊戌　癸巳　壬戌　〈二七七〉②三四八
癸亥　壬戌　癸丑　癸丑　〈五九五〉④三一四
乙酉　丙戌　癸酉　丁巳　〈六一六〉④三五九
壬子　辛亥　癸丑　壬子　〈三〇九〉②四二一
丁丑　辛亥　癸亥　癸亥　〈五三六〉④一九二
癸酉　甲子　癸亥　辛酉　〈四〉①一〇三
己酉　丙子　癸未　戊午　〈九八〉①三八〇
丁酉　壬子　癸亥　壬子　〈三五五〉③一三六
甲申　丙子　癸亥　癸亥　〈三六〇〉③一五八
甲子　丙子　癸亥　乙卯　〈五四八〉④二一六
丁亥　壬子　癸丑　甲寅　〈六四二〉④四二一
甲辰　丁丑　癸亥　癸酉　〈九四〉①三七〇
辛丑　辛丑　癸丑　癸丑　〈一〇五〉①三九七
②三三
癸丑　乙丑　癸丑　癸丑　〈三六二〉③一六〇
辛丑　辛丑　癸酉　癸丑　〈四八九〉④八〇

（全七〇二造）

著者略歴

武田考玄

日本命理学会前会長

大正５年12月１日午前８時頃、横浜に生まれる。

早稲田大学政治経済学部卒業。中国に７年間。俳優座、新東宝を経て、ＮＥＴ（現テレビ朝日）開局時より、演出家、プロデューサーとして活躍。脚本も手掛ける一方、中国の古書により、四柱推命学、奇門遁甲学、漢方、家相、姓名学、観相学などを研究。昭和46年、同局を退職後、四柱推命学の通信講座を開講するとともに、多くの人のために実審を行う。昭和49年、日本命理学会設立。

著書に『四柱推命学詳義』（全十巻）『滴天髄和解大全』（全四巻）『造化真髄』（上・中・下巻）『奇門遁甲個別用秘義』『命理姓名学』『２１世紀の家相』他、多数。

滴天髄真義　巻一　限定版

二〇一九年五月三十日　初版第１刷発行

著者　武田考玄

発行者　土屋照子

発行所　秀央社

〒一七七－〇〇四五

東京都練馬区石神井台八－十三－一

ＴＥＬ　〇三－三九二九－三五八一

ＦＡＸ　〇三－三九二九－三三三八

振替　〇〇一四〇－〇－七九六二六

http://www.meirigaku.com

発売元　星雲社

〒一一二－〇〇〇五

東京都文京区水道一－三－三〇

ＴＥＬ　〇三－三八六八－三二七五

ＦＡＸ　〇三－三八六八－六五八八

印刷　モリモト印刷株式会社

函装丁　板谷成雄

武田考玄著作目録

秀央社 〒177-0045 東京都練馬区石神井台8－13－1 TEL 03（3929）3581 FAX 03（3929）3331

通信講座（全十巻）

四柱推命学詳義 七巻

事象論 (1)(2)(3) 三巻

B五判上製

「武田命理学」の全貌を余すところなく論述・解説した、『四柱推命学詳義』全七巻、および『事象論』全三巻をテキストとする本格的な四柱推命の「通信講座」です。テーマは厖大ですが、理解されるまで解答することによって、具体的な事象審察に至ることができるようになります。受講者の都合で、半年で終了することも、三、四年かけて修了することも自由です。また、本講座の受講生の希望者を対象として特別講義も行なっております。修了されますと、「日本命理学会」の、正会員・準師範・師範になることができます。ご希望の方には、**案内書**を無料でお送りいたします。

増補改訂 未来予知学としての 四柱推命学入門

四六判上製

定価二、六〇〇円＋税

全く初歩の方でも理解できるよう、四柱推命の基礎から新理論「南半球干支論」に至るまで平易に解説。改訂に際し、干支暦他、多数の早見表を付け、未来の事象を的確に知ることができる一書です。

増補改訂 目的達成法としての 奇門遁甲学入門

四六判上製

定価二、六〇〇円＋税

命運良化を図るための、最も積極的かつ効果的な奇門遁甲について解説した入門書。増補改訂により、目的別活用法の他、より実践的な活用例を掲載し、わかりやすく解説しています。

四柱推命による 姓名学入門

四六判上製

定価二、一九〇円＋税

巷間に流布される姓名判断の矛盾をご理解いただき、生命と姓名の係わりの見方をわかりやすく解説。実例も豊富で、命名・改名の参考となるよう一万余例の名前の一覧表が付いた便利な一書です。

家族が幸せになる 21世紀の家相

四六判上製

定価二、〇〇〇円＋税

〈家族の絆〉によって少年犯罪を防ぐとともに、天災や環境汚染から身を守り、家族が安心して暮らせる家造りを、モデルハウスの平面図によって解説。さらに、地鎮祭の方法などについても詳細に説明した、全く新しい視点による家相の本です。

あなたの生命エネルギー 四柱推命

新書判

定価九七一円＋税

難解と言われる四柱推命学を、「生じる」「尅する」の二つの視点のみによって解説した画期的な書です。著名人の実例も多く、性情、病源、適職、相性、そして財、社会的地位等々の見方まで大変わかりやすく説明されております。

天中殺をブッタ斬る

新書判

定価七〇〇円＋税

愛と怒りを込めて、天中殺、空亡をもって世を欺瞞する輩を、完璧なまでにブッタ斬った必読の快著です。

秀央社のホームページ ⇒ http://www.meirigaku.com

命理・遁甲万年暦

一八〇〇年～二〇四〇年　B五判上製
定価一三、〇〇〇円＋税

一八〇〇年から二〇四〇年までの二四一年間にわたる年・月・日干支、年・月・日盤局数・九宮、時盤三元を一目でわかるよう明示するとともに、天文計算により求めた精度の高い節気入り・土旺の入りの日時分をも掲載した、命理学のみならず奇門遁甲学にも活用でき得る、便利にして正確無比な万年暦です。また暦法、均時差・経度差表、等々の多くの資料も掲載されており、『奇門遁甲万年盤』と共に、命理家、遁甲家必携の書と言えるものです。

命学秘本 造化元鑰和訳

B五判上製
定価一五、〇〇〇円＋税

『欄江網』なる一書から『窮通寳鑑』『造化元鑰』なる二書に分かれたものを、ここに再び一書として集結し、相違する所、前後矛盾する所、また、徐樂吾氏の両書の評註の異なる所、等々を一貫した理論のもとに統一し、真意を、正確、かつ平易・丁寧に解説・和訳した、一生座右を離すことのできない書であります。本書を知らずして、命を云々すること全く不可能、とも言える書であります。

造化真髄

（造化元鑰和訳補註）　全三巻

B五判上製
上・中巻一八、〇〇〇円＋税
下巻二〇、〇〇〇円＋税

『造化元鑰和訳』の全挙例を、その後十年以上の命理研究の成果の上に立って刻明に解命し、ここに『造化真髄』と題して、整然とした秩序ある一貫した理論体系に基づき、克明に解説しつつ、一年十二ヶ月の調候的視点を論じた大著です。『造化元鑰和訳』を底本として、命理学の真髄を展開し、考証可能なものは、できる限り考証もしてあります。また各十干の三春・三夏・三秋・三冬の後に設問を附し、これによって、どの程度理解できたのかの自己勉学の目安ともなるよう配慮してあります。『造化元鑰和訳』と共に、一生座右を離すことのできない必読の書と確信いたします。

滴天髄和解大全

全四巻
B五判上製
各巻一五、〇〇〇円＋税

『滴天髄』は、難解なものとされて来ましたが、これをここに、初学の人にも理解・納得し易いよう、説きほぐしたものであります。先賢の論を掲げつつ、平易かつ正確に意のあるところを訳出し、解註として、その相違点を分析・整理し、各所に新視点からの解釈を克明に加えた、現時点における、命理の聖典『滴天髄』の一大集約書であります。命理学の深奥をさらに極めるための、初学の方も、練達の士も、必読の大著であります。

子平真詮考玄評註

上・下巻　B五判上製
定価　上下二巻セット
三〇、〇〇〇円＋税

『子平眞詮』が命理学の入門書として、今からおよそ二百六、七十年前に沈孝瞻氏によって著されたということは、まさに偉業であると言えます。これを私どもが入手できるのは、徐樂吾氏が『原本子平眞詮評註』を出刊したことによるものです。本書は、各所に宝石をちりばめたような原本の優れた点を掘り起こしつつ、実造を挙げながら、その矛盾点を現代命理学の立場から理論的・実証的に評註した書であります。『滴天髄』『造化元鑰』とともに、命学三大書として必読の書と確信いたします。

考玄命稿集

巻一《現代編》

巻二《明治維新編》

B五判上製

巻一　一五、〇〇〇円＋税

巻二　二〇、〇〇〇円＋税

巻一《現代編》

政治・経済・芸術・学術などの各界の一流人、著名人、また、事件によって名を知られた方、故人となられた方々の命を詳細に解命するとともに、その方の経歴・事跡を大運、流年、年齢順に細かく摘出・説明し、個人を通しての、大正・昭和の現代史とも言える、命稿・命譜の書であり、また、著者の実審や研究成果をも併録した命理学研究の貴重な資となるものであります。

巻二《明治維新編》

本書は、幕末から明治にかけての疾風怒濤の時代に生き、歴史にその名を残した人々の生きざまを追求・解命した命譜であります。

明治を知らずして現代を語ること不可能とさえ言えるもので、その歴史的背景のもとに、個人の生命エネルギーの互換性に照明を当てた大著であります。

命理姓名学

B五判上製

定価二〇、〇〇〇円＋税

『四柱推命姓名学』を発刊してより十七有余年が経過し、この間、生命エネルギー学としての命理学はより高度なものへと向上発展して来ました。それに伴い、命運との関連において、姓名とはいかなるものかを完全に理解する段階に至りました。前著において、「前人未発の書」と申し上げましたが、その点は本書においても同様であり、姓名学における終極の書と言えるものです。

さらに、五百数十人の現代有名人の姓名、命運を無作為に掲げるとともに、「常用漢字表」「人名用漢字表」をも併録、実用性も高く、姓名学を志す者の座右の書となるものと確信いたします。

極意　奇門遁甲玄義

B五判上製

定価二〇、〇〇〇円＋税

太公望、諸葛孔明がこれを用いて百戦百勝したという奇門遁甲の原理・原点から「戦闘の機」の吉凶の方位現象のあり方に至るまで、先賢の業績を踏まえて、詳細かつ平易に、現代的照明のもとにその「玄の義」を論述し尽くし、これを現代の日常生活の種々様々なる目的や期待や願望に、的確に活用出来るように、立向盤作盤法、五層の意義、等々について懇切丁寧に説いたものです。併せて易理的遁甲命理、四柱推命的遁甲命理、紫微斗数的遁甲命理をも徹底的に追究・解明した、遁甲研究家は言うに及ばず、命理学を学ぶ方々にとって、必読の大著であります。

改訂　奇門遁甲個別用秘義

B五判上製

定価二〇、〇〇〇円＋税

本書は、旧来の奇門遁甲の曖昧。不明瞭なる諸点を分析し、その真髄を解明。かつ、気学が奇門遁甲の〝愚かなる息子〟であることを歴史的に明らかにするとともに、時間と空間、すなわち、命理学と遁甲学が不即不離の関係にあることを「エネルギー理論」の元に証明。さらに、奇門遁甲による造命開運法の真髄を一点も秘し隠すことなく公開した前人未発の書であります。また、「九天星歌訣」の解釈は正に白眉たるもの。遁甲家はもとより、すべての命理学の研究家にとって、必読不可欠の書と言えるものであります。

池宮秀湖著作目録

奇門遁甲 **万年盤**

B五判四分冊

定価一三、〇〇〇円＋税

遁甲盤一〇八〇局をいちいち作盤することは、大変時間のかかる作業ですので、この繁雑さをとり除き、即座に求める盤を引けるようにした、遁甲家必携の書であります。

○凡　例　○順日盤　○陰遁局　○陽遁局

の四分冊からなり、文字通り万年活用できるものであり、遁甲活用に欠かすことのできない一書です。

滴天髄真義　**全四巻【限定版】**

B五判上製

《全巻一括》

定価五〇、〇〇〇円＋税

命理学の聖典ともいうべき『滴天髄』の優れた点と矛盾点を整理しつつ、著者の到達した「武田理論」によって詳細に解説した命理家必読の大著です。

『滴天髄』の原文をもとに、原註、任註（任鐵樵氏註）、徐註（徐楽吾氏補註）を忠実に和訳し、さらに解註を加え、より体系的に理解できるようまとめてあります。各巻末には、七〇〇造にも及ぶ命造を一覧できる索引を付しております。

色彩分布図による

最新　四柱推命

定価二、〇〇〇円＋税

「武田理論」に色彩分布図で迫る革新的四柱推命の書!!四柱八字と大運によるカルテを作成、それを五色のカラーで塗ることによって、その人の一生の命運の起伏の有り様や、他の人との生命エネルギーの合わせ性、その他が視覚的に理解可能となる、画期的な本です。

運命を切り開くための

四柱推命学入門

定価二、五〇〇円＋税

四柱推命の原点から始まり、ご自分や大切な人の命運を『命運カルテ』に記入し、理解できるまでを懇切丁寧に解説した、独学書的意味合いを含んだ画期的な入門書です。四柱推命学の奥深さに触れるとともに、これからの時代をどう生きていくのか、どう運命を切り開いていくのかの方法を知ることができます。付録に多くの図表や干支暦を満載し、初歩の方でも大変理解しやすくなっています。常に座右をはなすことのできない、人生の医学書です。

奇門遁甲カレンダー

アルバム二冊（陰・陽遁）
本体15，000円＋税
包装送料（別途）

２年目以降において、ケース不要の場合は中身のみ10，000円＋税で購入することができます。
包装送料（別途）

「奇門遁甲カレンダー」は、一年間の万年盤の組み合わせを陰遁（夏至から冬至まで）、陽遁（冬至から翌年の夏至まで）それぞれ一冊ずつ、計二冊のアルバムにまとめたものです。

一日毎に、曜日・祝日とともに、日盤と十二刻の時盤が一頁に掲載されております（下記見本例参照）。

日盤に使用できる盤があれば、一目でその日の時盤を確認することができ、ご自身にとって最高の盤を見つけやすいようになっています。かなりの時間短縮と、遁甲盤を探す上での間違いもなくなり、大変便利で優れたアイテムです。

ご自身やご家族の皆様の命運良化や希望、願望、目的達成における遁甲活用のために、お手元に置かれることをお勧めいたします。

《奇門遁甲カレンダーの見方》

一日毎に、その日の日盤と12刻の時盤が一頁に掲載されていますので、一目でご自身の最高の盤を見つけやすいようになっています。

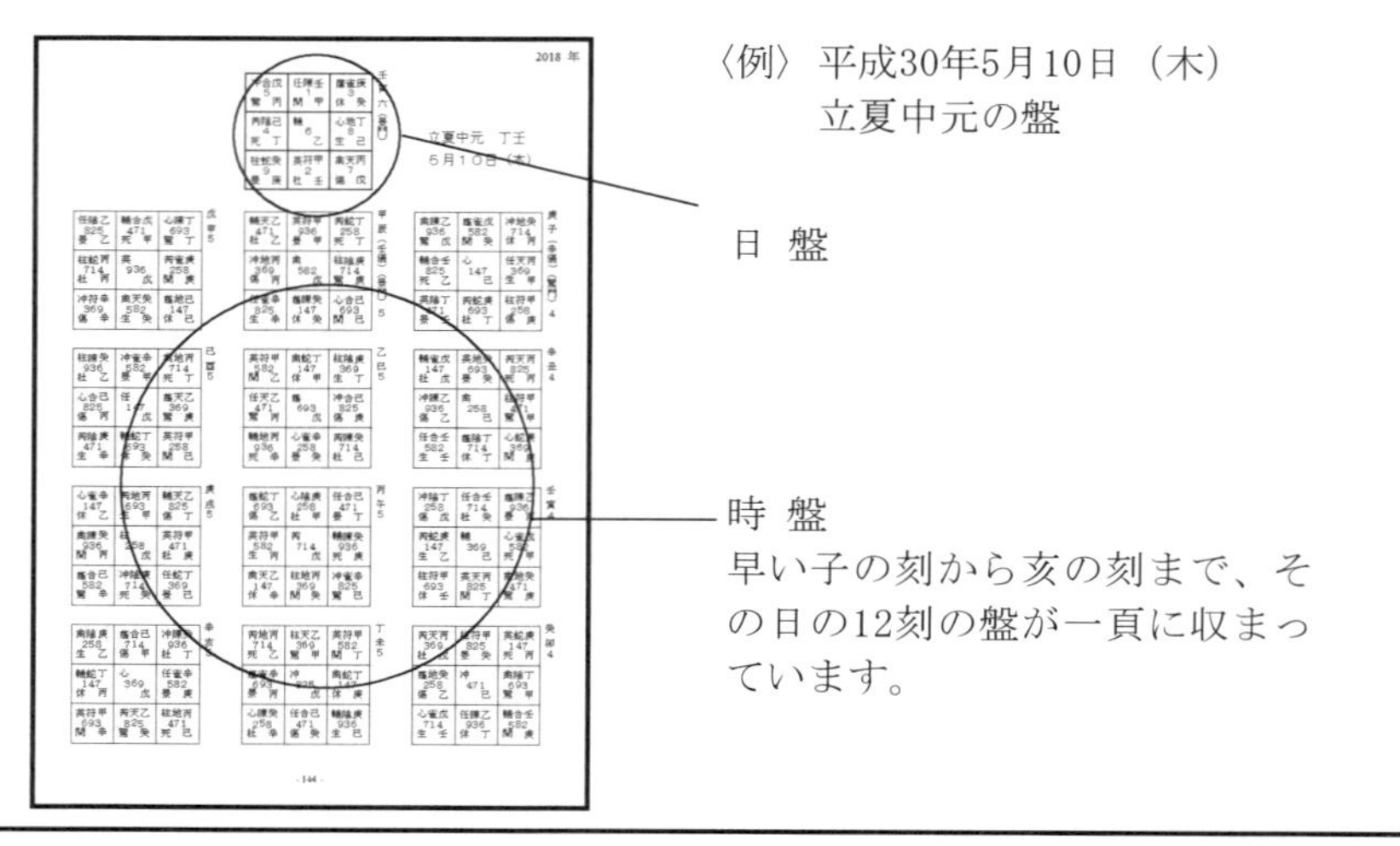

日本命理学会とは

占術としてではなく、あくまでも学術として、科学的方法論に基づき命理学、奇門遁甲学・姓名学・命理学漢方を研究する日本における唯一の学術研究団体です。日本各地および諸外国にも、本部・支部を設置し、真の命理学、奇門遁甲学の向上発展のために寄与し、社会にこれを還元することを目的としております。

当会は、『四柱推命学詳義』『事象論』を修了し、命理学、奇門遁甲学、命理姓名学、漢方等々を学んだ師範・準師範・正会員より成り立っております。また、会誌『天地人』を出刊し、命理学向上発展の一助ともしております。

※師範・準師範・正会員は、必ず期限付きの極印入り身分証明書を所持いたしております。この身分証明書を所持することなく、「日本命理学会」の名を名乗る者が横行しておりますので、ご注意ください。また、ご不審な点がありましたなら、日本命理学会総本部までご照会ください。

日本命理学会総本部
〒177-0045 東京都練馬区石神井台八ー十三ー一
ＴＥＬ ○三（三五九四）一二一五
ＦＡＸ ○三（三五九四）一二一五
振替 ○○一○○ー六ー四三六六六

日本命理学会会誌

天地人

年間購読料

年一回（十二月）発行
前納六、○○○円
Ｂ五判　本文六十四頁

前会長 武田考玄先生による「古書研究」「病症別・命理学漢方」を連載するとともに、各地区研究会からの「研究会報告」、「奇門遁甲による大気造命」の結果報告、また、師範・準師範・正会員、受講者からの研究発表。命理・遁甲・姓名・命理学漢方等、毎号多くの実造が掲げられ、「武田命理学」を学ぶ同学の士の共同・協力・参画によって成立しているところの、運命学の世界における一級の研究誌であります。

○購読をご希望の方は、総本部にお問い合わせください。なお、バックナンバーは年度別にお分けしております（平成三十一年の時点で84号まで発刊されております）。

2019・3

日本命理学会のホームページ ⇒ http://nihonmeirigakkai. jp/